# 啟動餐旅學習力
## STEAM-6E 與自我調整學習策略的教學設計與實踐

蘇家嫻◎著

# 本技術報告貢獻度

本研究融合 **STEAM-6E** 教學模式與自我調整學習（Self-Regulated Learning, SRL），發展創新且具擴散潛力的餐旅教育模式，提升技職教育與產業培訓的效能。

## 一、創新性（Innovation）

### 1. STEAM-6E 融合應用，提升學習動機與成效

將 STEAM（科學、技術、工程、藝術、數學）與 6E 教學模式（Engage、Explore、Explain、Engineer、Enrich、Evaluate）結合，用用於菜單設計課程，建構餐旅專業的跨領域學習：

- **科學（S）**：運用 BMI、BMR、TDEE 計算，提升營養與健康素養。
- **技術（T）**：應用 Excel 進行數據分析，搭配 Quizizz、IRS 進行即時測驗回饋。
- **工程（E）**：設計健康菜單與成本分析，強化邏輯推理與問題解決能力。
- **藝術（A）**：學習菜單設計與擺盤技巧，提升美學表達。
- **數學（M）**：營養配比與食材成本計算，提高數據運用能力。

### 2. 自我調整學習策略，培養自主學習能力

相較傳統技職教育以教師主導訓練為主，強調**自我調整學習**（SRL），透過**自主學習規劃、反思、行動研究**，引導學生設定目標、選擇策略、監控學習進度，培養終身學習素養。

### 3. 數位科技輔助，提升學習效果

- **降低數學焦慮**：開發 Excel 自動計算工具，簡化 BMI、TDEE、營養計算，使學生專注於概念應用。

啟動餐旅學習力

- 混成教學（Blended Learning）：整合 Moodle、Quizizz、數位教材，提供學生彈性學習，適應需兼顧工讀的技職學生。
- 即時回饋機制：透過 IRS 測驗，提升學習參與度與掌握度。

4. 專題式學習（PBL）與跨文化合作

- 專題導向學習（PBL）：學生透過小組合作，解決**健康菜單設計**、**食材處理**、**餐盒製作**等真實問題，增強應用能力。
- 跨文化學習：透過**同儕教學**，促進來自不同文化背景的學生交流，提升語言與職場適應力。

5. 多元評量機制，提升職場即戰力

- 專家評量：邀請餐飲業主廚、營養師參與評量，確保課程與業界需求對接。
- 情境評量：透過**健康餐盒設計**、**菜單開發**等實作任務，驗證學生專業能力。
- 同儕互評：促進團隊合作與學習反思，提升學習深度。

6. 與永續發展目標（SDGs）接軌

- **SDG 12（減少食物浪費）**：透過標準食譜與循環菜單設計，提升食材管理與成本控制能力。
- **SDG 3（健康與福祉）**：培養學生健康飲食意識，促進未來職場與個人應用。

# 二、擴散性（Scalability & Transferability）

## 1. 適用於不同類型的餐旅課程

本模式可應用於**烘焙管理**、**團膳設計**、**餐飲創新與行銷**等課程，並可拓展至**技職院校**、**大學餐旅管理系**、**企業內訓**，亦能針對**營養學**、**食品科學**、**行銷管理**等學科調整應用。

2. **技職教育創新示範**
   - 提供完整**數位教材**（**Excel** 模板、學習單、案例分析），可透過**教學工作坊或線上課程**推廣至其他技職院校與高中餐飲科教師。
   - 與 **餐飲集團、健康管理機構**合作，發展企業內訓，提升從業人員健康飲食與成本管理能力。

3. **數位工具應用，提升遠距與混成教學可行性**
   - **遠距教學模式**：透過 **Moodle、Quizizz、Excel** 自動計算工具，發展**線上學習與遠距實作評量**，提升學習彈性。
   - **適應性學習系統**：透過**數據分析**，提供針對不同學生的個別化學習輔導。

4. **產學合作，提升市場應用價值**
   - **健康菜單與餐盒開發**可與餐飲業者合作，將學生作品市場化，並於校內餐廳或合作企業試行，提升產學連結價值。
   - **業界導師制（Industry Mentorship）**：邀請企業主管參與專題學習（PBL），提供學生更貼近實務的學習經驗。

5. **推動跨國技職教育合作**
   - 本模式適用於**海外華僑生**，可與**國際技職院校**合作，推廣「**自我調整學習 × 數位學習 ×PBL**」，提升國際學生的學習效能與職場競爭力。
   - 未來可發展為**開放式線上課程（MOOCs）、微學分課程**，讓更多技職院校與在職學習者受益。

# 結論

本研究透過 **STEAM-6E 與自我調整學習策略**，成功提升餐旅學生的學習動機、職場能力與數位應用能力，並具備**高度擴散潛力**。

# 自序

當我踏入餐旅教育領域的那一刻，便深信：「學習不該只是知識的傳遞，更應是一場探索與創新的旅程。」在這個瞬息萬變的時代，傳統的教學模式已難以滿足餐旅產業對創新思維與實務技能並重的人才需求。因此，我開始思考，如何讓教學設計更貼近真實場域，如何讓學生在學習過程中能夠培養自主學習能力，並提升面對挑戰的自信？這些問題成為我投入教學實踐研究的動力，也成為本書的核心脈絡。

本書匯集了我在餐旅教育領域的創新教學實踐歷程，主要探討「STEAM-6E 模式融入菜單設計課程之學習成效與影響因素」以及「自我調整學習策略於食物製備原理課程之應用：提升學習動機與自我效能的實踐研究」。透過這兩項研究，我嘗試將跨領域學習方法與自我調整學習策略導入課程設計，不僅強調知識與技能的習得，更關注學習者的思維模式、問題解決能力與自主學習能力的培養。

第一部分 聚焦於 STEAM-6E 模式在菜單設計課程中的應用，探討如何結合科學（Science）、技術（Technology）、工程（Engineering）、藝術（Arts）、數學（Mathematics）以及 6E 學習架構（Engage、Explore、Explain、Engineer、Enrich、Evaluate），使學生在菜單設計的過程中，不僅學會搭配食材與成本計算，更能發揮創意思維，透過實證研究分析其學習成效與影響因素。

第二部分 則著重於 自我調整學習策略在食物製備原理課程的應用，透過實際課堂實踐，探討如何透過目標設定、策略使用與

自我監控，提升學生的學習動機與自我效能。當學生能夠掌握適合自己的學習策略，他們不再只是被動接受知識，而是能夠主動學習、反思並調整，以更有效的方式面對挑戰。

這本書不僅是對個人教學歷程的一次整理與回顧，更希望能為餐旅教育界提供一個參考範例，讓更多教育工作者思考如何將創新教學方法與學生的學習需求相結合。本書的研究成果，雖然僅是一個起點，但我期望透過這些教學實踐經驗，為未來的課程設計與教育改革提供更多可能性。

本書得以順利出版，首先要感謝東南科技大學一路上支持與指導我的同仁們、餐旅管理系所有參與研究的學生以及教育部教學實踐研究計畫提供提供經費的支持。感謝教學資源中心在研究過程中給予我的寶貴建議與協助，讓本研究得以順利進行。同時，我也要感謝揚智出版社的編輯團隊，在出版過程中給予我的專業指導與協助。

最後，我誠摯地希望本書能對餐旅教育工作者有所啟發，共同為提升餐旅教育品質而努力。

蘇家嫻

2025/01/01

# 目錄

本技術報告貢獻度 ..................................................... I
自序 ..................................................... V
**困頓、學習與成長　教學實踐研究的歷程** ................... - 1 -
　一、　學習與成長：專業知能的累積 ........................ - 2 -
　二、　實踐與進步：創新教學的應用與反思 .................. - 6 -
　三、　成果與貢獻：研究發表與產學連結 .................... - 12 -
**前言** ..................................................... - 19 -
**系列代表著作一　STEAM-6E 模式融入菜單設計課程之學習成效與影響因素** ......................................... - 21 -
　獲獎證明 ............................................... - 23 -
　公開發表證明 ........................................... - 24 -
　一、　教學實踐研究動機與主題 ............................ - 26 -
　二、　教學實踐研發之學理基礎 ............................ - 34 -
　三、　創新教學設計與多元內容 ............................ - 61 -
　四、　研究設計與執行規劃 ................................ - 107 -
　五、　研究成果及學生學習成效 ............................ - 118 -
　六、　教學成果之創新性及擴散性 .......................... - 133 -
　七、　參考文獻 .......................................... - 136 -
　八、　附件 .............................................. - 144 -
**系列代表著作二　自我調整學習策略於食物製備原理課程之應用：提升學習動機與自我效能的實踐研究** ............... - 155 -
　獲獎證明 ............................................... - 157 -
　公開發表 ............................................... - 158 -
　一、　教學實踐研究動機與主題 ............................ - 160 -
　二、　教學實踐研發之學理基礎 ............................ - 164 -
　三、　創新教學設計與多元內容 ............................ - 183 -

四、 研究設計與執行規劃 ................................................ - 202 -
五、 研究成果及學生學習成效 ........................................ - 208 -
六、 教學成果之創新性及擴散性 .................................... - 226 -
七、 參考文獻 .................................................................... - 229 -
八、 附件 ............................................................................ - 241 -

# 圖目錄

| 圖 1-1 | 計畫案開設之產業互動課程 ........................................ - 17 - |
| 圖 1-2 | 計畫案辦理之專精課程 ................................................ - 18 - |
| 圖 2-1 | 本研究使用 Moodle 平台紀錄學生的學習成果 .......... - 32 - |
| 圖 2-2 | 6E 教學模式 .................................................................... - 40 - |
| 圖 2-3 | 本課程實施之場域 ........................................................ - 62 - |
| 圖 2-4 | 本研究採用之複合式教學方法 .................................... - 65 - |
| 圖 2-5 | 六大食物類練習 ............................................................ - 66 - |
| 圖 2-6 | 課程教材融入 SDG 永續發展目標 2 ............................ - 77 - |
| 圖 2-7 | SDG 永續發展影片觀後感想 ........................................ - 79 - |
| 圖 2-8 | PBL 討論與作答 ............................................................ - 81 - |
| 圖 2-9 | 食物採購量計算練習 .................................................... - 83 - |
| 圖 2-10 | 期中考試學生作答 ...................................................... - 89 - |
| 圖 2-11 | 期中考試學生檢討與反思問題 ................................ - 90 - |
| 圖 2-12 | 「學生出題策略」學習成果 .................................... - 92 - |
| 圖 2-13 | 學生使用軟體設計菜單 ............................................ - 93 - |
| 圖 2-14 | 健康餐盒設計菜單成果 ............................................ - 95 - |
| 圖 2-15 | 學生依菜單設計製作「健康餐盒」 ........................ - 97 - |
| 圖 2-16 | 「健康餐盒」專家評量 .......................................... - 100 - |
| 圖 2-17 | 「健康餐盒」組外同儕互評表單 .......................... - 101 - |
| 圖 2-18 | 同儕互評 .................................................................. - 102 - |
| 圖 2-19 | 本研究架構圖 .......................................................... - 107 - |

| 圖 2-20 | 本研究之實驗流程圖 | - 115 - |
| --- | --- | --- |
| 圖 3-1 | 自我調整功能分析圖 | - 166 - |
| 圖 3-2 | 自我調整循環模式 | - 168 - |
| 圖 3-3 | 學生透過數位平臺進行影片測驗 | - 190 - |
| 圖 3-4 | 學生參與 Quizizz 系統即時測驗 | - 191 - |
| 圖 3-5 | 學期初學生設定課程達成目標及策略 | - 193 - |
| 圖 3-6 | 數位平臺記錄學習活動 | - 193 - |
| 圖 3-7 | 學生簡報與出題策略 | - 194 - |
| 圖 3-8 | 線上同儕互評標準化評分規範（Rubric） | - 195 - |
| 圖 3-9 | 數位練習題庫紀錄 | - 196 - |
| 圖 3-10 | 業師協同教學 | - 199 - |
| 圖 3-11 | 學習歷程反思 | - 199 - |
| 圖 3-12 | 研究架構圖 | - 202 - |
| 圖 3-13 | 研究流程圖 | - 205 - |
| 圖 3-14 | 研究假設模式之標準化徑路係數圖 | - 215 - |

# 表目錄

| 表 1-1 | 持續參加教學實踐研究研習 | - 2 - |
| --- | --- | --- |
| 表 1-2 | 近年持續執行校內教學實踐研究相關計畫 | - 7 - |
| 表 1-3 | 學生學習歷程記錄 | - 8 - |
| 表 1-4 | 近年教授相關科目及教學評量分數 | - 11 - |
| 表 1-5 | 近五年教學相關研究發表 | - 12 - |
| 表 1-6 | 近五年改進教學 | - 13 - |
| 表 1-7 | 近年執行校外教學實踐研究相關計畫 | - 14 - |
| 表 1-8 | 近五年計畫開設之新課程 | - 15 - |
| 表 1-9 | 近五年教學研究相關獲獎紀錄 | - 16 - |
| 表 2-1 | 多層次學習成效評估機制 | - 33 - |
| 表 2-2 | 本課程內容與 STEAM 領域之對應 | - 37 - |
| 表 2-3 | 近年關於 STEAM-6E 教學模式之相關研究 | - 41 - |
| 表 2-4 | STEAM-6E 教學模式在本課程的應用 | - 45 - |

| 表 2-5 | 「課程學習內容 vs. 職場能力 vs. 產業需求」對應表 | - 50 - |
|---|---|---|
| 表 2-6 | 本研究具體教學活動 | - 63 - |
| 表 2-7 | 本研究具體教學活動成果 | - 104 - |
| 表 2-8 | 期末教學評量反映學生對本課程的滿意度 | - 106 - |
| 表 2-9 | 本研究前實驗設計表 | - 111 - |
| 表 2-10 | ARCS 學習動機量表各向度與題號對照表 | - 113 - |
| 表 2-11 | 本研究量表之信度 | - 118 - |
| 表 2-12 | 自我效能人數分布與分數總表 | - 119 - |
| 表 2-13 | STEAM-6E 模式導入菜單設計對學習動機之影響 | - 120 - |
| 表 2-14 | 動機後測 ANCOVA 描述性統計 | - 122 - |
| 表 2-15 | STEAM-6E 模式導入菜單設計對學習投入之影響 | - 123 - |
| 表 2-16 | 投入後測 ANCOVA 描述性統計 | - 123 - |
| 表 3-1 | 參與研究者的背景 | - 205 - |
| 表 3-2 | 本研究問卷參考來源 | - 206 - |
| 表 3-3 | 問卷的構面信度與收斂效度分析 | - 209 - |
| 表 3-4 | 交叉負荷表 | - 212 - |
| 表 3-5 | 區別效度檢定表 Fornell-Larcker Criterion | - 213 - |
| 表 3-6 | 各構面 VIF 值 | - 214 - |
| 表 3-7 | 結構模型評鑑檢定表 | - 214 - |
| 表 3-8 | 學習表現 | - 219 - |
| 表 3-2 | 學生學習成效 | - 220 - |
| 表 3-3 | 學生學習成效 | - 223 - |

# 困頓、學習與成長

# 教學實踐研究的歷程

啟動餐旅學習力

在教學實踐的初期，我投入教育部 106 年度技專校院教學創新先導計畫，積極嘗試創新教學法。然而，當教育部 107 年度開始辦理教學實踐研究計畫時，我的申請屢次受挫。這些失敗經驗使我深刻體會到自身在研究設計、理論架構及計畫撰寫方面的不足。面對挑戰，我選擇不氣餒，而是以「困，然後知不足」的態度反思並尋求改進之道。

# 一、學習與成長：專業知能的累積

為了提升教學與研究能力，自 108 年至今，我參與超過 50 場以上的教學研究講座與工作坊，累計時數達 540 小時，涵蓋課程設計、數位學習、AI 技術應用及素養導向評量等多元領域。

這些學習活動使我掌握最新的教育趨勢，並從其他成功教師的經驗中汲取養分。與此同時，我積極參與教師社群，如「台灣教學故事」，透過跨校交流深化對教學實踐研究的理解。這些經驗讓我在課程規劃、研究方法與成果評估方面不斷精進。

表 1-1　持續參加教學實踐研究研習

| 年度 | 活動名稱 | 主辦單位 | 時數 |
|---|---|---|---|
| 113 | 數位課程管理：簡化操作、增加學生互動及評分透明化 | 國立陽明交通大學語言中心 | 1 |
| 113 | Bring Out the Best in People—ESG 企業永續之「高齡議題融入課程設計」師資培育工作坊 | 輔仁大學創意設計中心 | 4 |
| 113 | 如何利用 AI 圖片生成融入設計教學 | 國立高雄大學 | 2 |
| 113 | AIGC 教學賦能系列工作坊【4】多媒體與教學】 | 國立臺北科技大學 | 2 |
| 113 | 掌握 Notion：時間管理、筆記與資料庫 一網打盡」 | 教學實踐研究計畫東區基地 | 3 |

| 年度 | 活動名稱 | 主辦單位 | 時數 |
|---|---|---|---|
| 113 | UCAN 教學實踐研究實作工作坊-「超越分數：透過素養導向評量促進深度學習」 | UCAN 計畫辦公室、教學實踐研究計畫專案辦公室 | 3 |
| 113 | 從程式到 AI 教育的推動：醫學大學未來教育的無限可能 | 國立高雄大學 | 2 |
| 113 | AIGC 教學賦能系列工作坊【3】程式設計 | 國立臺北科技大學 | 2 |
| 113 | 跨域職能提升的教學實踐研究計畫分享—民生學門、技術與實作學門 | 教育部教學實踐研究計畫北區基地 | 2 |
| 113 | EMI 教學中 AI 與免費數位資源的創新應用 | 朝陽科技大學 | 2 |
| 113 | 設計學習經驗：素養導向的課程、教學與評量 | 國立高雄大學 | 2 |
| 113 | 113 年度北區基地跨校教師社群期初共識會議 | 教學實踐研究北區區域基地－國立臺北科技大學 | 2 |
| 113 | AIGC 教學賦能系列工作坊【2】發想 與教學 | 國立臺北科技大學 | 2 |
| 113 | AIGC 教學賦能系列工作坊【1】RAG 先備知識 與計畫撰寫 | 國立臺北科技大學 | 2 |
| 112 | 校務研究：「學生學習成效、招生資源規劃」線上工作坊 | 國立屏東大學 | 2 |
| 112 | 第十屆海峽兩岸創新與融滲式教學研討會 | 東南科技大學 | 8 |
| 112 | 教學實踐研究區域論壇－－成效評量、論文寫作 | 教學實踐研究計畫北區區域基地 | 3 |
| 112 | 「教學實踐研究區域論壇－－計畫撰寫、研 究設計 | 教學實踐研究計畫北區區域基地 | 1.5 |
| 112 | 112 年度教學實踐研究計畫申請暨 執行經驗分享 | 國立臺東大學 | 2 |

啟動餐旅學習力

| 年度 | 活動名稱 | 主辦單位 | 時數 |
|---|---|---|---|
| 112 | 國立屏東大學112年度教學實踐研究計畫線上分享講座 | 國立屏東大學 | 3 |
| 112 | 讓ChatGPT成為職場小幫手&AI工具在教學現場的應用 | 教學實踐研究計畫東區基地 | 3 |
| 112 | 超越教室：我的教學實踐與升等之旅 | 國立陽明交通大學 | 2 |
| 112 | 教學實踐研究計畫撰寫與統計分析研習交流：以UCAN為例 | 工業技術研究院 | 3 |
| 112 | 教學實踐研究計畫111年度教育暨民生學門成果交流會 | 財團法人高等教育評鑑中心基金會 | 12 |
| 112 | 設計思考系列課程—設計思考 x 場域觀察工作坊 | 德明財經科技大學 | 7 |
| 112 | 大專教師職場體驗研習 | 和德昌股份有限公司 | 3 |
| 112 | AI人工智慧結合資訊概論教學發展研習 | 全域科技有限公司 | 16 |
| 112 | 教學研究計畫撰寫與改投期刊之「心」攻略：主題創新、教學理論及研究設計 | 致理科技大學 | 2 |
| 112 | 設計素養導向的課程、教學與評量 | 教學實踐研究南區區域基地—國立中山大學 | 2 |
| 112 | 教學實踐研究升等交流會 | 學實踐研究計畫東區基地—國立宜蘭大學 | 2 |
| 112 | 教學實踐研究計畫撰寫與執行經驗線上分享會(商管學門場次) | 教學實踐研究北區區域基地—國立臺北科技大學 | 3 |
| 111 | 111年度北區基地跨校教師社群期末成果交流會暨共識會議 | 國立臺北科技大學 | 2.5 |

- 4 -

困頓、學習與成長

| 年度 | 活動名稱 | 主辦單位 | 時數 |
|---|---|---|---|
| 111 | 2022 創新數位學習與教學媒材應用成果分享會 | 弘光科技大學 | 3 |
| 111 | 【教師知能講座】線上教學輕鬆 GO：遊戲化 體驗與案例示範 | 國立彰化師範大學 | 3 |
| 111 | 撰寫計劃書重點 與如何將課堂資料轉換為申請計畫書內容 | 國立暨南國際大學 | 2 |
| 111 | 111 年教育部數位學習課程實務增能工作坊 | 國立空中大學 | 28 |
| 111 | AI 圖像辨識工具軟體高階課程研習(參數調整、獨立完成標記、訓練、驗證) | 東南科技大學 | 6 |
| 111 | AI 圖像辨識工具軟體進階課程研習(VisLab 模型訓練) | 東南科技大學 | 3 |
| 111 | 如何把教學實踐研究計畫成果轉成教育論文 | 教學實踐研究計畫北區基地 國立臺北教育大學 | 2 |
| 111 | 服務學習工作坊 | 學務處 | 2 |
| 111 | 110 學年度多元升等分享會 | 亞東科技大學 | 2 |
| 110 | 如何將教學實踐研究計畫轉為成果論文發表 | 國立高雄大學 | 2 |
| 110 | AI 人工智慧研習 | 東南科技大學研究發展處 | 9 |
| 110 | 「教學實踐研究計畫撰寫全攻略 2.0」線上工作坊 | 東吳大學 | 12 |
| 110 | 高互動線上教學線上工作坊 | 國立陽明交通大學 | 2 |
| 110 | 109-2 創新教學工作坊「教學實踐與研暨研究績優教師分享」 | 東南科技大學 | 2 |
| 109 | 學習共同體教學 | 東南科技大學 | 2 |
| 109 | 雙創課程培訓 | 東南科技大學 | 28 |
| 109 | 評量尺規(rubrics)實作工作坊 | 國立交通大學 | 5 |

啟動餐旅學習力

| 年度 | 活動名稱 | 主辦單位 | 時數 |
|---|---|---|---|
| 109 | 教學實踐研究計畫撰寫指南與拆招解密 | 東南科技大學 | 3 |
| 109 | 教學實踐研究計畫之研究方法實戰營 | 國立交通大學 | 5.5 |
| 108 | 2019東南科技大學學習共同體國際演討會 | 東南科技大學 | 3 |
| 108 | Wacom 數位電繪時代創意設計教師專業實作研習 | 德明財經科技大學多媒體設計系 | 8 |
| 108 | 情境式商用雲端 APP 設計教師研訓研習 | ERPS 中華企業資源規劃學會 | 30 |
| 108 | 教學升等經驗分享座談會 | 東南科技大學 | 3 |
| 總計 | | | 540.5 |

# 二、實踐與進步：創新教學的應用與反思

　　隨著專業知能的提升，我在課程中導入問題導向學習（PBL）、學習共同體（LC）及 UbD 課程設計模式，並融入數位學習工具與 AI 應用。這些創新教學法不僅提升了學生的學習動機，也有效增進學習成效。

　　在教學評量方面，我的課程在學生回饋調查中的平均評分多達 4.5 以上（滿分 5 分），顯示學生對於課程內容與教學方法的高度認可。此外，我亦致力於教材編撰與教學資源開發，確保教學內容符合學生需求與產業趨勢。

　　同時，我積極申請並主持多項教學實踐研究計畫，如「結合曼陀羅思考法之 UbD 課程設計模式導入餐旅行銷管理課程之行動研究」，並參與高教深耕計畫、校務研究與跨校合作計畫，進一步深化教學創新。

表 1-2　近年持續執行校內教學實踐研究相關計畫

| 計畫名稱 | 計畫內擔任之工作 | 起迄年月 | 補助或委託機構 |
| --- | --- | --- | --- |
| 東南科技大學113學年度第1學期教學實踐研究計畫 (校內先導型計畫) 結合曼陀羅思考法之 UbD 課程設計模式導入餐旅行銷管理課程之行動研究 | 主持人 | 113/09/09-113/12/31 | 教育部 |
| 113 年度東南科技大學高教深耕計畫-校務研究：不同招生群的學業表現、休退學表現或畢業率 | 主持人 | 113/07/01-113/11/30 | 教育部 |
| 113 年度東南科技大學高教深耕計畫-校務研究：生源與生源變化分析 | 主持人 | 113/07/01-113/11/30 | 教育部 |
| 112 年度東南科技大學高教深耕計畫-校務研究：108 新課綱實施後111 入學新生學習成效分析 | 主持人 | 2023/09/20-2023/12/20 | 教育部 |
| 112 年度東南科技大學高教深耕計畫-東南科技大學教學實踐研究計畫 (食品營養與健康) | 主持人 | 2023/09/11-2024/01/15 | 教育部 |
| 111 年度東南科技大學高教深耕計畫-東南科技大學教學實踐研究計畫 (食物製備原理) | 主持人 | 2023/02/20-2023/06/30 | 教育部 |
| 110 年度東南科技大學高教深耕計畫-學習共同體課程：飲料調製與吧檯實務 | 主持人 | 2021/02/01-2021/06/30 | 教育部 |
| 110 年度東南科技大學高教深耕計畫-學習共同體課程：食品營養與健康 | 主持人 | 2021/08/01-2021/12/31 | 教育部 |
| 110 年度東南科技大學高教深耕計畫-PBL 課程：餐旅衛生與安全 | 主持人 | 2021/02/01-2021/06/30 | 教育部 |
| 110 年度東南科技大學高教深耕計畫-PBL 課程：餐旅人力資源管理 | 主持人 | 2021/08/01-2021/12/31 | 教育部 |
| 109 年度東南科技大學高教深耕計 | 主持人 | 2020/02/01- | 教育部 |

啟動餐旅學習力

| 計畫名稱 | 計畫內擔任之工作 | 起迄年月 | 補助或委託機構 |
|---|---|---|---|
| 畫-學習共同體課程：營養學 | | 2020/06/30 | |
| 109年度東南科技大學高教深耕計畫-學習共同體課程：管理學 | 主持人 | 2020/08/01-2020/12/31 | 教育部 |
| 109年度東南科技大學高教深耕計畫-PBL課程：餐旅人力資源管理 | 主持人 | 2020/08/01-2020/12/31 | 教育部 |
| 108年度東南科技大學108年度「學習共同體公開觀課」課程計畫-應用問題導向學習(PBL)於管理學課程 | 主持人 | 2018/08/01-2018/12/31 | 教育部 |
| 106年技專校院教學創新先導計畫-問題解決導向(PBL)課程-「餐飲經營管理」課程 | 協同主持人 | 2017-06-01 2018-03-31 | 教育部 |
| 106年技專校院教學創新先導計畫-創新創業課程-婚宴企劃 | 協同主持人 | 2017-06-01 2018-03-31 | 教育部 |

表 1-3　學生學習歷程記錄

# 困頓、學習與成長

106年技專校院教學創新先導計畫-問題解決導向(PBL)課程

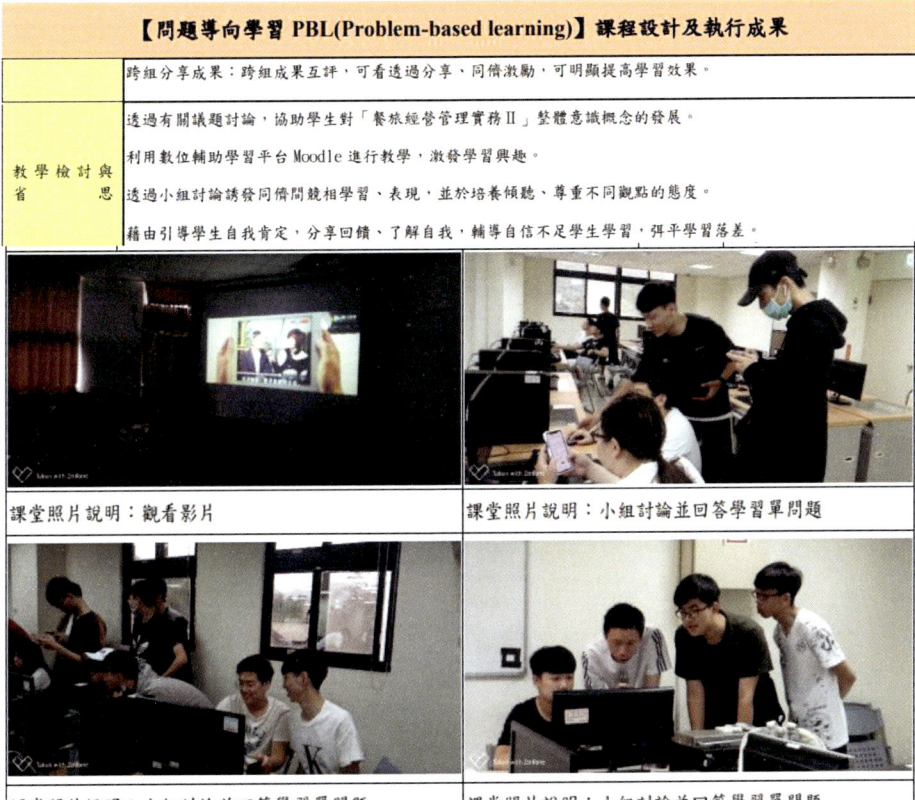

啟動餐旅學習力

課堂照片說明：小組上台報告討論結果 　　課堂照片說明：小組上台報告討論結果

課堂照片說明：小組上台報告討論結果 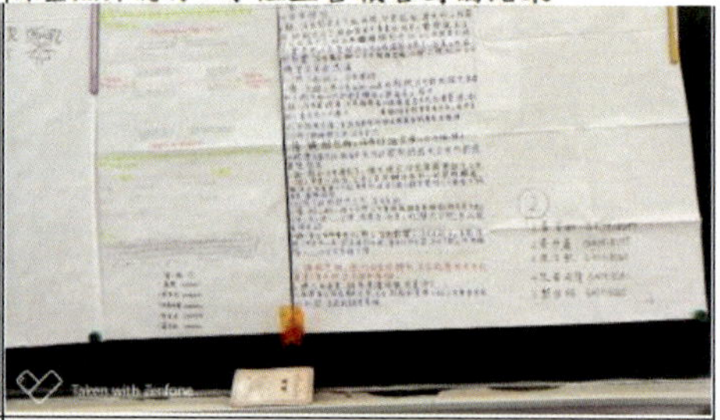　　課堂照片說明：案例討論結果海報

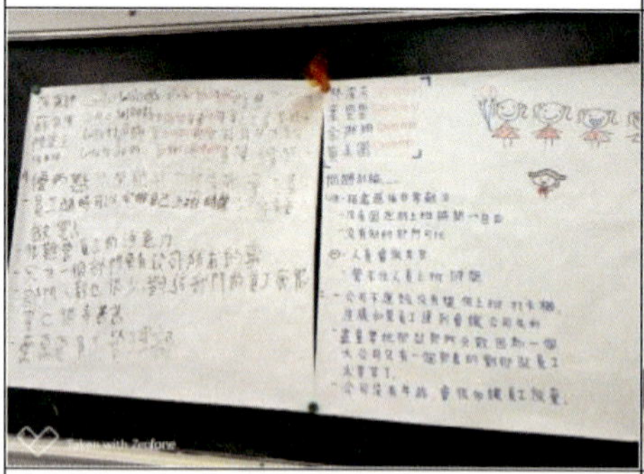

課堂照片說明：案例討論結果海報 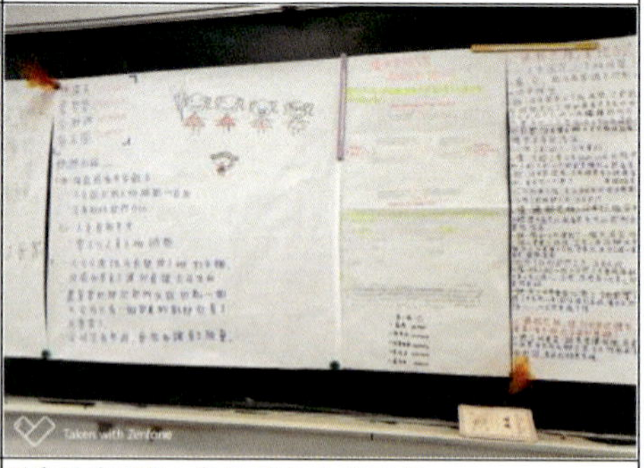　　　　課堂照片說明：案例討論結果海報

照片說明：學生上課討論情形 　　　　　　照片說明：學生觀看案例影片

照片說明：學生報告討論結果 　　　　　　照片說明：學生報告討論結果

107-110 年度東南科技大學高教深耕計畫-PBL 課程

表 1-4 近年教授相關科目及教學評量分數

| 學期 | 班別 | 課程名稱 | D/E | 科目平均 |
|---|---|---|---|---|
| 108 學年度第 1 學期 | 餐旅二甲 | 菜單設計規劃 | 90% | 4.35 |
| 108 學年度第 1 學期 | 餐旅四甲 | 飲料調製專業證照輔導 | 90% | 4.37 |
| 108 學年度第 1 學期 | 餐旅四甲 | 餐旅人力資源管理 | 90% | 4.37 |
| 108 學年度第 1 學期 | 餐旅二甲 | 餐旅服務品質管理 | 93% | 4.48 |
| 108 學年度第 1 學期 | 僑生產攜餐旅二甲 | 餐旅衛生與安全 | 100% | 4.67 |
| 108 學年度第 1 學期 | 僑生產攜餐旅二甲 | 世界飲食文化 | 100% | 4.69 |
| 108 學年度第 1 學期 | 僑生產攜餐旅二甲 | 產業實務實習Ⅲ | 100% | 4.71 |
| 108 學年度第 2 學期 | 僑生產攜餐旅二甲 | 產業實務實習Ⅲ | 95% | 4.88 |
| 109 學年度第 1 學期 | 僑生產攜餐旅一甲 | 食物製備原理 | 28% | 4.52 |
| 109 學年度第 2 學期 | 餐旅一甲 | 飲料調製與吧台實務 | 74% | 4.44 |
| 110 學年度第 1 學期 | 餐旅四丙 | 餐旅人力資源管理 | 84% | 4.23 |
| 110 學年度第 1 學期 | 僑生產攜餐旅二乙 | 食品營養與健康 | 57% | 4.75 |
| 110 學年度第 2 學期 | 餐旅二甲 | 餐旅菜單設計 | 86% | 4.46 |
| 110 學年度第 2 學期 | 僑生產攜餐旅四甲 | 產業實務實習Ⅷ | 64% | 4.90 |
| 110 學年度第 2 學期 | 僑生產攜餐旅四甲 | 餐旅專題實務Ⅱ | 64% | 4.90 |
| 110 學年度第 2 學期 | 僑生產攜餐旅四甲 | 餐旅微型創業 | 64% | 4.91 |
| 111 學年度第 1 學期 | 餐旅二甲 | 食品營養與健康 | 84% | 4.72 |
| 111 學年度第 1 學期 | 餐旅四乙 | 創意雞尾酒調製 | 86% | 4.73 |
| 111 學年度第 1 學期 | 僑生產攜餐旅一甲 | 餐旅導論 | 100% | 4.89 |
| 111 學年度第 2 學期 | 餐旅一甲 | 食物製備原理 | 59% | 4.40 |
| 111 學年度第 2 學期 | 僑生產攜餐旅一甲 | 食物製備原理 | 46% | 4.48 |
| 111 學年度第 2 學期 | 僑生產攜餐旅一甲 | 餐旅衛生與安全 | 46% | 4.49 |
| 111 學年度第 2 學期 | 進餐旅一乙 | 食物製備原理 | 76% | 4.59 |
| 112 學年度第 1 學期 | 僑生產攜餐旅四乙 | 餐旅個案分析Ⅰ | 93% | 4.62 |
| 112 學年度第 1 學期 | 僑生產攜餐旅四甲 | 餐旅個案分析Ⅰ | 85% | 4.76 |
| 112 學年度第 1 學期 | 餐旅四乙 | 飲品調製技能 | 61% | 4.80 |
| 112 學年度第 1 學期 | 餐旅四乙 | 創意雞尾酒調製 | 74% | 4.83 |
| 112 學年度第 1 學期 | 僑生產攜餐旅二甲 | 食品營養與健康 | 45% | 4.92 |
| 112 學年度第 1 學期 | 僑生產攜餐旅二乙 | 食品營養與健康 | 67% | 4.95 |
| 112 學年度第 2 學期 | 僑生產攜餐旅四乙 | 餐旅個案分析Ⅱ | 73% | 4.67 |

啟動餐旅學習力

| 學期 | 班別 | 課程名稱 | D/E | 科目平均 |
|---|---|---|---|---|
| 112 學年度第 2 學期 | 僑生產攜餐旅二甲 | 餐旅菜單設計 | 95% | 4.86 |
| 112 學年度第 2 學期 | 僑生產攜餐旅二乙 | 餐旅菜單設計 | 98% | 4.90 |

備註：數據統計資料來自東南科技大學教師教學意見調查

# 三、成果與貢獻：研究發表與產學連結

透過不懈努力，我的教學研究成果已逐步獲得肯定。在近五年內，我發表多篇與教學創新相關的研究論文，並多次受邀於研討會進行成果分享。這些經驗不僅提升了自身學術影響力，也促進了教育界的知識交流。

此外，我積極與產業界合作，透過業師協同教學、校外參訪與業界實習，縮短學界與業界的落差，提升學生的職場競爭力。例如，我主持勞動部就業學程計畫，針對餐旅產業人才需求設計課程，並成功提高**就業學程學員的就業率達 90%以上**。

在教學成果方面，我榮獲 112 年度東南科技大學傑出教學獎、111 學年度創意創新課程與教學成果獎（銀牌獎），並通過教育部 110 與 112 年度教學實踐研究計畫，進一步驗證了我的教學改革成效。

表 1-5　近五年教學相關研究發表

| 論文名稱 | 期刊/研討會名稱 | 刊登/發表日期 | 發表年份 |
|---|---|---|---|
| UbD 課程設計模式導入餐旅行銷管理課程之行動研究 | 第十一屆海峽兩岸創新與融滲式教學研討會 | 2024-11-29 | 2024 |
| 113 年度東南科技大學高教深耕計畫-校務研究：不同招生群的學業表現、休退學表現或畢業率 | 東南科技大學 113 學年度第 1 學期第 2 次全校教學研討會 | 2024-12-04 | 2024 |

- 12 -

| 論文名稱 | 期刊/研討會名稱 | 刊登/發表日期 | 發表年份 |
|---|---|---|---|
| 113年度東南科技大學高教深耕計畫-校務研究：生源與生源變化分析 | 東南科技大學113學年度第1學期第2次全校教學研討會 | 2024-12-04 | 2024 |
| 新課綱對技專校院多元入學新生學習表現影響之探討 | 南開學報 第二十一卷第一期第25-38頁 | 2024-06-01 | 2024 |
| 學習風格對數位學習融入食物製備原理課程之學習成效的影響 | 第十屆海峽兩岸創新與融滲式教學研討會 | 2023-12-02 | 2023 |
| 數位學習融入食物製備原理課程對學習成效的影響——以逆境商數作為干擾變數 | 2023大葉大學創新教學與教學實踐研究研討會 | 2023-10-20 | 2023 |
| 混成式教學對學習動機與學習成效之影響-以學習風格為干擾變數 | 第九屆海峽兩岸創新與融滲式教學研討會 | 2022-12-02 | 2022 |
| 混成式教學對學習動機與學習成效之影響-以學習風格為干擾變數 | 國立高雄科技大學「2022教學實踐研究研討會」 | 2022-07-15 | 2022 |
| 應用UbD模式與數位元心智圖法於食品營養與健康課程之研究 | 第八屆海峽兩岸創新與融滲式教學研討會 | 2021-12-03 | 2021 |

表 1-6　近五年改進教學

| 項目 | 課程/社群 名稱 | 開始日期 | 完成日期 | 說明 |
|---|---|---|---|---|
| 編撰教材 | 食物製備原理 | 2022/07/10 | 2023/02/20 | 自編教材：教學媒體教材之製作 |
| 編撰教材 | 飲料調製與吧台實務 | 2021/03/04 | 2021/04/19 | 自編教材：教學媒體教材之製作 |
| 業師協同教學 | 創意雞尾酒調製 | 2024/09/09 | 2025/01/06 | 業師：林國全調酒師 |
| 業師協同教學 | 飲品調製技能 | 2023/09/11 | 2024/01/15 | 業師：林竹君、連信銓咖啡師 |
| 業師協同教學 | 創意雞尾酒調製 | 2023/09/11 | 2024/01/15 | 業師：林國全調酒師 |
| 業師協同教學 | 時尚飲料與調酒 | 2021/09/22 | 2022/01/12 | 業師：張碇圍調酒師 |

啟動餐旅學習力

| 項目 | 課程/社群 名稱 | 開始日期 | 完成日期 | 說明 |
|---|---|---|---|---|
| | 飲料調製專業證照輔導 | 2020/09/14 | 2021/01/15 | 業師：張碇圍調酒師 |
| 教師社群 | 社群名稱：台灣教學故事 | 2023/02/20 | 迄今 | 112年度教育部教學實踐研究區域基地計畫－北區跨校教師社群 |

表 1-7　近年執行校外教學實踐研究相關計畫

| 年度 | 案名 | 類型 | 工作類別 | 執行起始日期 | 執行結束日期 |
|---|---|---|---|---|---|
| 114 | 教育部第四期（114-116年）大學社會責任實踐計畫-樂齡樂活：跨世代交流服務培力計畫 | 教育部計劃型獎助案 | 主持人 | 2025-01-01 | 2025-12-31 |
| 113 | 勞動部勞動力發展署補助大專校院辦理就業學程計畫-料理藝術家實務學程 | 政府其他案件 | 主持人 | 2024-08-01 | 2025-07-31 |
| 112 | 勞動部勞動力發展署補助大專校院辦理就業學程計畫-中式麵點與飲料調製實務學程 | 政府其他案件 | 主持人 | 2023-08-01 | 2024-07-31 |
| 112 | 勞動部勞動力發展署補助大專校院辦理就業學程計畫-酒會點心料理實務學程 | 政府其他案件 | 主持人 | 2023-08-01 | 2024-07-31 |
| 112 | **112年度大專校院教學實踐研究計畫-STEAM-6E模式融入菜單設計課程之學習成效與影響因素** | 教育部計劃型獎助案 | 主持人 | **2023-08-01** | **2024-07-31** |
| 111 | 111學年度補助大專校院辦理就業學程計畫-健康體適能教練學程 | 政府其他案件 | 共同（協同）主持人 | 2022-07-01 | 2023-08-31 |
| 111 | 111學年度補助大專校院辦理就業學程計畫-酒會料理人才培育學程 | 政府其他案件 | 主持人 | 2022-07-01 | 2023-08-31 |
| 110 | **110年度大專校院教學實踐研究計畫-混成式教學對學習動機與學習成效之影響-以學習風格為幹擾變數** | 教育部計劃型獎助案 | 主持人 | **2021-08-01** | **2022-07-31** |

| 年度 | 案名 | 類型 | 工作類別 | 執行起始日期 | 執行結束日期 |
|---|---|---|---|---|---|
| 110 | 110學年度補助大專校院辦理就業學程計畫-異國經典與時尚料理學程 | 政府其他案件 | 主持人 | 2021-07-01 | 2022-08-31 |
| 109 | 109學年度補助大專校院辦理就業學程計畫-異國創意餐飲學程 | 政府其他案件 | 主持人 | 2020-07-01 | 2021-08-31 |
| 108 | 108學年度補助大專校院辦理就業學程計畫-西餐烹調暨飲料調製人才 | 政府其他案件 | 主持人 | 2019-07-01 | 2020-08-31 |
| 107 | 107學年度補助大專校院辦理就業學程計畫-異國料理暨咖啡飲品創業學程 | 政府其他案件 | 主持人 | 2018-07-01 | 2019-08-31 |

### 表 1-8　近五年計畫開設之新課程

| 年度 | 計畫名稱 | 開設課程1 | 開設課程2 | 開設課程3 |
|---|---|---|---|---|
| 114 | 教育部第四期（114-116年）大學社會責任實踐計畫-樂齡樂活：跨世代交流服務培力計畫 | 產品創新研發 | 產品包裝設計 | 樂齡體適能 |
| 113 | 勞動部補助大專校院辦理就業學程計畫-料理藝術家實務學程 | 醬汁的藝術 | 調酒技能與創新 | 烹飪技能與創新 |
| 112 | 勞動部補助大專校院辦理就業學程計畫-中式麵點與飲料調製實務學程 | 水調與發麵類麵點 | 飲品調製技能 | 酥油與糕漿皮類麵點 |
| 112 | 勞動部補助大專校院辦理就業學程計畫-酒會點心料理實務學程 | 經典醬汁製作與搭配 | 創意雞尾酒調製 | 宴會點心 |
| 111 | 勞動部補助大專校院辦理就業學程計畫-酒會料理人才培育學程 | 經典醬汁製作與搭配 | 創意雞尾酒調製 | 酒會點心 |
| 111 | 勞動部補助大專校院辦理就業學程計畫-健康體適能教練學程 | 重量訓練理論與實務 | 健身運動指導 | 體適能指導理論與實務 |

啟動餐旅學習力

| 年度 | 計畫名稱 | 開設課程1 | 開設課程2 | 開設課程3 |
|---|---|---|---|---|
| 110 | 勞動部補助大專校院辦理就業學程計畫-異國經典與時尚料理學程 | 經典醬汁製作與搭配 | 時尚飲料與調酒 | 低溫烹調 |
| 109 | 勞動部補助大專校院辦理就業學程計畫-異國創意餐飲學程 | 西餐專業證照輔導 | 西餐專業證照輔導 | 創意套餐組合 |
| 108 | 勞動部補助大專校院辦理就業學程計畫-西餐烹調暨飲料調製人才學程 | 西餐專業證照輔導 | 飲料調製專業證照輔導 | 餐食與飲料搭配 |
| 107 | 勞動部補助大專校院辦理就業學程計畫-異國料理暨咖啡飲品創業學程 | 西餐專業證照輔導 | 咖啡飲品調製 | 餐食與飲料搭配 |

表 1-9　近五年教學研究相關獲獎紀錄

| 年度 | 獲獎或榮譽名稱 | 頒獎機構名稱 | 獲獎日期 | 所屬計畫案 |
|---|---|---|---|---|
| 113 | 113學年度彈性薪資獲獎 | 東南科技大學 | 2024-10-30 | 東南科技大學 |
| 112 | 東南科技大學112學年度傑出教學獎 | 東南科技大學 | 2023-11-20 | 東南科技大學 |
| 112 | 111學年度第2學期「創意創新課程與教學成果獎勵」銀牌獎 | 東南科技大學 | 2023-10-31 | 教育部高教深耕計畫 |
| 112 | 通過教育部112年度教學實踐研究計畫 | 東南科技大學 | 2023-08-07 | 教育部112年度教學實踐研究計畫 |
| 110 | 通過教育部110年度教學實踐研究計畫 | 東南科技大學 | 2021-09-06 | 教育部110年度教學實踐研究計畫 |

困頓、學習與成長

圖 1-1 計畫案開設之產業互動課程

啟動餐旅學習力

圖 1-2　計畫案辦理之專精課程

　　綜合來看，我在近年積極參與並執行了多項與教學相關的計畫，這些計畫涵蓋了教學創新、課程設計、教材開發及學生就業能力培養等多個領域。這些經驗不僅提升了我的教學質量，也促進了學生學習成效的增進。透過這些教學實踐研究與跨領域合作，我不斷改進教學方法，為學校及學生創造更多價值，並為本計畫的實施提供了強有力的支持。

# 前言

　　「啟動餐旅學習力：STEAM-6E 與自我調整學習策略的教學設計與實踐」係綜合筆者 111 年東南科技大學教學實踐研究計畫與 112 年教育部教學實踐研究計畫兩篇研究，具體反映筆者的研究思維歷經了「自我調整學習策略（SRL）」應用到「STEAM-6E 模式」之整合運用，逐步深化餐旅教育在理論與實務層面的教學設計，並致力於提升學生的學習成效與職場競爭力。以下將從筆者思維的發展、對餐飲教育領域的具體貢獻，以及創新性與擴展性三方面進行整合闡述。

　　首先，筆者思維的發展體現於對學習者特質與課程需求的漸進式探索。最初以「食物製備原理」課程為起點，運用 SRL 策略與混成學習模式，配合數位工具（如 Moodle、Quizizz）和專題式學習（PBL），進一步觀察學生的學習動機、自我效能與學習投入。結果顯示，學生透過自我調整學習策略能有效提升學習自主性、參與度以及課程成效（學習動機提升 4.80%、自我效能提升 5.13%、後測成績增加 22%），並奠定了筆者運用數位科技與跨領域設計的信心。隨後，筆者將此教學理念進一步結合 STEAM 教育與 6E 教學模式，並將研究場域擴展至「菜單設計」課程，著重跨學科學習與情境評估，強化學生在數據運用、問題解決與創新設計上的能力。這樣的轉變反映了筆者不斷探尋更多元與更全面的教學模式，以因應餐旅教育的新趨勢與真實職場需求。

　　其次，對於餐飲教育領域的具體貢獻在於：一方面提供了系統化的教學流程與評量機制，另方面則運用混成學習與跨領域結合，培養學生的核心職能。SRL 策略的導入，幫助技職院校及大學餐旅

*啟動餐旅學習力*

管理系學生在操作性課程中培養高度自主與反思能力；同時，數位工具（例如 Excel 自動計算與 Quizizz 即時回饋）與 PBL 教學結合，落實「做中學、學中做」的概念，進一步提升學生在食材成本控管、健康規劃與專業技能運用等方面的能力。至於 STEAM-6E 模式的應用，則透過跨學科與數位科技整合，推動可視化與情境式的學習評量，使學生於菜單設計過程中同時考量營養、成本控制、永續發展（SDGs）等多元面向，並與業界專家共同評量，強化產學連結，實質提升學生的就業力與職場競爭力。

最後，兩項研究在創新性與擴展性上具備顯著價值。整合 SRL 與 STEAM-6E 的教學架構，可適用於餐旅領域的其他課程，如廚房管理、宴席設計、飲料調配等，亦可因應產業數位轉型的趨勢，發展遠距與混成教學模式。此外，透過教學數據分析與個別化輔導，學生的學習成效可被即時觀察與優化，不僅提升教與學的互動品質，亦呼應永續教育與產業實務接軌的需求。整體而言，這樣的教學整合模式在餐旅教育中兼顧了理論、實務與科技，具有相當的擴充潛力，為未來餐飲教育提供創新而具策略性的發展方向。

# 系列代表著作一

# STEAM-6E 模式融入菜單設計課程之學習成效與影響因素

本篇獲「112年大專校院教育部教學實踐研究計畫-STEAM-6E
模式融入菜單設計課程之學習成效與影響因素」補助
計畫編號/Project Number：PHE1123242
並於112年度教學實踐研究計畫民生學門成果交流會公開發表
經匿名審查

教育部教學實踐研究計畫成果報告

Project Report for MOE Teaching Practice Research Program

計畫編號/Project Number：PHE1123242

學門專案分類/Division：民生學門

執行期間/Funding Period：2021.08.01 – 2022.07.31

## STEAM-6E 模式融入菜單設計課程之學習成效與影響因素/

## Learning Effects and Influencing Factors of STEAM-6E Mode Integrating into Menu Design Course

計畫主持人(Principal Investigator)：蘇家嫻

協同主持人(Co-Principal Investigator)：無

執行機構及系所(Institution/Department/Program)：（東南科技大學／餐旅管理系）

# 獲獎證明

獎　　　狀

東南獎字第 1120960002 號

蘇家嫻　助理教授

通過教育部 112 年度教學實踐研究計畫「計畫名稱：TEAM-6E 模式融入菜單設計課程之學習成效與影響因素」

特頒此狀以資鼓勵

東南科技大學
校　　長　李清吟

中華民國 112 年 8 月 7 日

# 公開發表證明

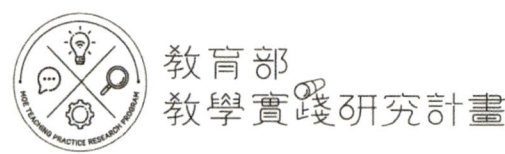

# 發 表 證 明

東南科技大學蘇家嫻助理教授於民國113年8月20日-21日參與「112年度教育部教學實踐研究計畫——民生學門成果交流會」出席發表（計畫編號：PHE1123242），特此證明。

主辦機關：教育部
執行單位：財團法人高等教育評鑑中心基金會
　　　　　教學實踐研究計畫專案辦公室

中 華 民 國 １１３ 年 ８ 月

# STEAM-6E 模式融入菜單設計課程之學習成效與影響因素

## 摘要

本研究探討 STEAM-6E 教學模式在餐旅教育中的創新應用，並與傳統菜單設計教學模式進行比較，說明其創新與優勢。傳統菜單設計課程以靜態講授與案例分析為主，學生多為被動接受知識，缺乏實務操作與數據應用訓練。而本研究導入 STEAM-6E 模式，以 STEAM 教育理念為核心，結合 6E 教學模式，透過跨學科學習、數位工具應用及情境評估，強化學生的實作能力與問題解決能力，深化其對菜單設計的理解。

本課程設計融入數位工具與互動科技，如 Excel 自動計算工具（輔助食材成本與營養計算）、Quizizz 即時回饋測驗（提升數據分析能力並降低學生對數學的焦慮感），有效提升學習者的數據分析與應用能力。此外，課程評量機制多元，包括專家評量、情境評量與同儕互評，培養學生的實務技能與團隊合作精神，並確保學習成果的真實轉化。

同時，本課程回應聯合國永續發展目標（SDGs），透過標準食譜與循環菜單降低食材浪費（SDG2），並結合健康飲食規劃提升營養與健康意識（SDG3）。此模式適用於技職院校、大學餐旅管理系及企業內訓，並已建置數位教材，可透過工作坊、線上課程推廣，進一步發展遠距與混成教學，並結合學習數據分析提供個別化輔導。此外，課程鼓勵學生設計健康餐盒菜單，將學習成果轉化為實際產品，並透過業界專家參與評量與課程設計，深化產學連結，使餐旅教育更符合市場需求，提升學生的就業競爭力。

本研究驗證了 STEAM-6E 教學模式在餐旅教育中的可行性與價值，透過數位科技與跨領域整合，有效提升學生的學習動機與實務能力，並具備高度的擴展潛力。

**關鍵詞**：STEM 教育理念、6E 教學模式、餐飲菜單設計、學習動機、學習成效

# 一、教學實踐研究動機與主題

## (一)動機

近年來，隨著**少子化**趨勢加劇，私立科技大學的招生壓力日益升高，學生的入學成績亦呈現逐年下降的趨勢。在餐旅管理系的學生群體中，許多學生因需兼顧課外工作，導致學習專注力不足，學習動機低落，進而影響課業表現與學習成效。更甚者，這些學習困境不僅限於學術層面，亦影響學生未來的職涯發展與市場競爭力，因此，**如何提升學生的學習動機與實務應用能力，已成為技職餐旅教育亟待解決的課題**。

目前，多數傳統餐旅課程仍**高**度依賴靜態講授與單向知識傳遞，學生主要透過講義與課堂講解學習理論，缺乏足夠的**實作機會與跨領域應用訓練**。然而，現今餐旅產業的發展已不再僅限於廚藝與服務技能，對於**數據分析、成本計算、市場評估與創新研發**等能力的需求日益提升。傳統教學模式無法有效培養學生的數據應用與市場洞察能力，導致畢業生進入職場後難以勝任高附加價值的專業職位，進而影響競爭力與職涯發展。

有鑑於此，本研究導入 **STEAM-6E 教學模式**，透過數位工具輔助與跨學科整合，強化學生的實作能力與問題解決能力。本模式的設計重點包括：

- **導入數位工具與即時回饋機制**，如 Excel 自動計算工具（輔助成本分析與菜單規劃）、**Quizizz 互動測驗**（提升數據應用能力並降低學生的數學焦慮）。

- 建構多元評量機制，包含 專家評量、情境評量與同儕互評，確保學習成果的真實轉化。

- **結合聯合國永續發展目標（SDGs）**，透過標準食譜與循環菜單設計，培養學生降低食材浪費（SDG 2），並強化健康飲食與營養意識（SDG 3）。

為驗證 STEAM-6E 教學模式的有效性，筆者在教授「餐旅菜單設計」課程期間，透過觀察學生的學習行為、測驗成績與課堂參與狀況，發現以下核心問題：

## 1. 自我效能感低落，影響職場信心與創新力

本系多數學生來自以**實務技能為導向的職業學校**，其過去的學業表現多屬中、後段，對學術學習普遍缺乏信心，並認為自身不適合理論課程。傳統成績評量制度未能有效挖掘學生潛力，進一步削弱其自我效能感。課堂上，當教師提問時，學生常出現未經思考即回應「我不知道」，甚至直接表示：「如果我喜歡讀書，就不會來這個學校了。」這種**負面學習態度不僅影響課堂表現，也阻礙其未來在職場中的適應能力與創新思維發展**。

然而，業界對於餐旅人才的需求已**由單純的廚藝與服務技能，提升至更高層次的專業素養**。特別在菜單設計領域，具備創新能力與市場洞察力的專業人才已成為企業競爭關鍵。例如，高端餐廳與連鎖品牌皆積極尋找能夠結合**健康飲食、消費趨勢與品牌策略**的菜單開發專才。根據市場調查，**成功的菜單設計師需具備成本分析、消費者心理學及市場行銷能力，且薪資水平較傳統餐飲服務人員更具競爭力**。因此，提高學生的**自我效能感**，讓其意識到「學習 = 競爭力提升 = 更好的職涯發展」，已成為課程設計的重要目標。

## 2. 學習投入不足，導致職場應用能力低落

目前學生對課業普遍缺乏投入，常見問題包括：

- **課前不預習、課後不複習**，學習內容主要依賴教師講解，缺乏自主探索精神。

- **僅依範例操作，缺乏深度理解**，難以靈活應用知識於實務情境。

以菜單設計為例，許多學生雖能按照課堂指導完成菜單撰寫，卻無法清楚解釋**設計概念、成本結構與市場定位**，導致其在未來職場中難以勝任創新型人才角色。

對於餐旅業而言，能夠靈活運用「標準食譜設計」、「成本控制」與「市場趨勢分析」來開發具市場吸引力的菜單，是企業獲利的關鍵。例如，米其林餐廳、主題餐廳與健康飲食品牌均仰賴精準設計的菜單來吸引特定客群。根據業界數據，具備市場價值菜單設計能力的專業人才，其職涯發展機會更為廣闊，晉升至主廚、菜單顧問、甚至品牌經理的可能性顯著提升。

然而，若學生僅被動學習，缺乏深入探索與實踐，則難以培養職場競爭力。因此，**課程須納入更多情境實作與專案導向學習，強化學生的職場適應能力與創新競爭力**。

## 3. 學習動機不足，未能有效對接產業需求

多數學生來自職業學校，習慣以實作為主的教學方式，對於傳統強調理論的高等教育較難適應。此外，過去的學業挫敗經驗使部分學生對新知識產生畏懼，進一步降低課堂參與度與學習意願。然而，業界趨勢顯示，**具理論**

基礎與創意思維的餐旅專業人才將更具發展潛力。

為提升學生學習動機，本課程設計從學生需求出發，並針對不同學習背景提供適性化學習策略：

- 具產業經驗但缺乏理論基礎的學生：透過案例分析與數據支持，強化理論與實務連結。

- 對餐旅有興趣但不擅長數據分析的學生：運用 Excel 與 Quizizz 等視覺化教學工具，降低學習門檻並提升學習信心。

- **缺乏學習動機但工作積極的學生**：透過職場案例，引導其從自身經驗探索如何透過學習提升薪資與職涯發展。

本研究透過**實務導向的課程設計**，結合 STEAM-6E **教學模式**，以提升學生學習動機、培養創新思維，並最終增強其在餐旅市場的競爭力。

## (二)教學與課程設計理念

美國心理學教授 Keller（1983）認為，教師在進行教學設計時，應優先分析並理解學習者的特質與需求，設計能夠與學生個人目標及職涯發展產生關聯的學習活動，以吸引並維持學習者的注意力，進而提升學習動機與學習成效。ARCS 模式（Attention, Relevance, Confidence, Satisfaction）強調透過多樣化的教學策略來增強學習者的學習投入與興趣。

本研究參考 STEAM-6E 教學模式，針對「餐旅菜單設計」課程進行創新課程設計，以提升學習動機與應用能力，並結合 ARCS 模式的概念，以確保教學活動符合學生需求。

## 課程設計與 ARCS 模式的應用

本課程分為三大主題,並透過 ARCS 模式提升學習動機:

(1) **健康菜單設計**－個人均衡飲食(關聯性:與個人健康息息相關)
(2) **標準食譜與循環菜單設計**－特定團體菜單(關聯性:職場實務應用)
(3) **菜單工程**－營利事業菜單設計(關聯性:企業獲利模式)

針對這三大主題,STEAM-6E 模式與 ARCS 動機設計模式的具體應用如下:

| 6E 教學階段 | ARCS 模式應用 | 主題1 健康菜單設計(個人均衡飲食) | 主題2 標準食譜與循環菜單(特定團體菜單) | 主題3 菜單工程(營利事業菜單設計) | 學生常見學習障礙與解決方案 |
|---|---|---|---|---|---|
| 引導(Engage) | 吸引(Attention) | 使用「案例一」引發學生對於 BMI、BMR、TDEE 等健康指標的好奇。以問題導向學習(PBL)方式引起學生的探索興趣。 | 透過影片展示食物浪費對環境與經濟的影響,並連結永續發展 SDG2,讓學生主動思考解決方案。 | 透過「學生出題策略」,讓學生自主選擇市場趨勢、品牌定位等課題,提升主動參與意願。 | **學習動機低落**→提供米其林餐廳健康菜單範例,讓學生分析高端市場的設計邏輯,提升學習價值感。 |
| 探索(Explore) | 關聯(Relevance) | 讓學生自行計算 BMI、BMR、TDEE,並對照自己的飲食習慣,產生個人化學習需求。 | 透過案例分析,讓學生理解標準化食譜在不同產業(學校午餐、醫院餐點等)的應用。 | 問題導向學習,讓學生設定目標市場,並設計符合需求的菜單,體驗實務操作。 | **數學焦慮**→增加「飲食需求計算」小程式,透過圖像化方式降低數據計算壓力,提高計算信心。 |

| 6E教學階段 | ARCS模式應用 | 主題1 健康菜單設計（個人均衡飲食） | 主題2 標準食譜與循環菜單（特定團體菜單） | 主題3 菜單工程（營利事業菜單設計） | 學生常見學習障礙與解決方案 |
|---|---|---|---|---|---|
| 解釋（Explain） | 建立信心（Confidence） | 透過案例數據分析，幫助學生理解健康菜單設計的基本原則，降低數據焦慮。 | 示範廢棄率、膨脹與收縮率、採購量的計算，讓學生使用 Excel 進行「即時成本試算」強化學生數據應用能力。 | 介紹市場行銷、定價策略，並利用 Excel 模擬市場需求與利潤分析，增強學習信心。 | **數據分析能力不足**→讓學生透過「實際餐廳銷售數據」進行 Excel 模擬，培養數據應用能力。 |
| 實作（Engineer） | 滿足（Satisfaction） | 學生根據自身健康需求，設計並撰寫一日均衡飲食菜單，提升實作成就感。 | 利用 Excel 建立標準食譜並計算成本，並與「中餐實務製備」課程協作，將設計的菜單實際製作。 | 學生設計健康餐盒，並進行市場測試（顧客評價、成本計算），模擬商業運營流程。 | **實務應用不足**→設計「客戶模擬挑戰」，讓學生針對特定族群（如減重者、高齡長者等）開發專屬菜單，增強市場適應力。 |
| 深化（Enrich） | 提升學習價值感 | 透過「角色扮演」，學生為特定族群（銀髮族、運動員等）設計專屬菜單，提高學習內涵。 | 將標準化食譜與餐飲管理結合，模擬大型機構（醫院、學校）訂餐流程。 | 各組學生進行市場定位分析，並調整菜單，體驗業界專業評估流程。 | **市場競爭力不足**→讓學生參與「業界專家評估」，獲得實務回饋，提升就業能力 |

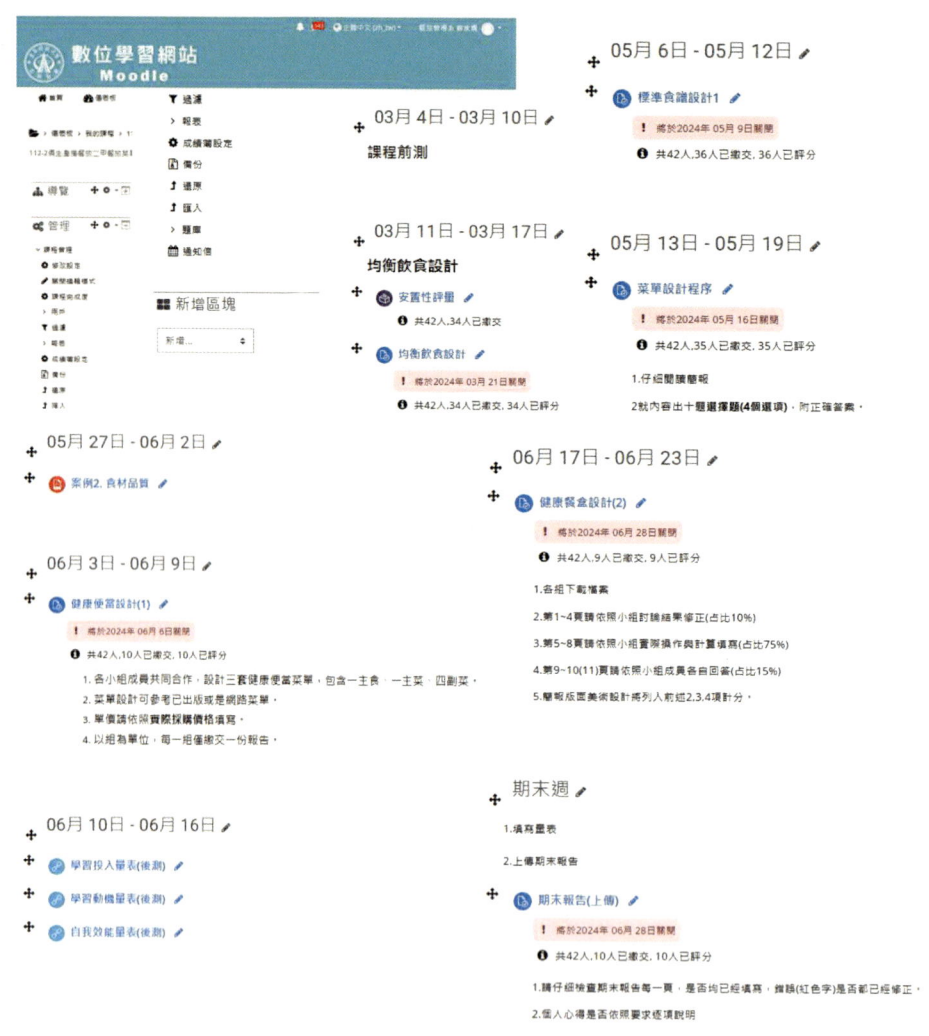

圖 2-1　本研究使用 Moodle 平台紀錄學生的學習成果

本研究透過更細緻的 STEAM-6E 教學模式 應用與 ARCS 動機設計策略，提升學生的學習動機與職場競爭力。課程設計確保學生不僅能掌握菜單設計的核心能力，還能將所學知識應用於職場，為未來的職涯發展奠定更堅實的基礎。

## (三)教學實踐研發主題與目的

本研究旨在發展以 **STEAM-6E 教學模式** 為核心的創新教學策略，提升學生在「餐旅菜單設計」課程中的學習動機、

學習投入與學習成效。為更全面評估課程的學習成效，本研究將不僅依賴傳統的問卷調查，還納入具體的**學習成果評估(請參閱表 2-1)**，確保學生的學習歷程能夠有效轉化為職場競爭力。

表 2-1 多層次學習成效評估機制

| 評量方式 | 評估指標 | 目的 |
|---|---|---|
| 平時成績 | 出席率、學習單、分組討論紀錄、課堂發言次數、LINE 群組參與度、Quizizz 作答次數和得分 | 確保學生積極參與課程，提高學習動機 |
| 期中評量 | 菜單成本控制測驗成績、反思與補救教學參與度 | 確認學生對關鍵概念的掌握程度，提供補救教學 |
| 期末報告 | 專家評分、組外同儕互評、組內同儕互評 | 確保專業評估的客觀性，同儕互評促進學習深化 |
| 前後測驗 | 前測與後測的分數比較、錯誤分析、自我評估表 | 測量學習成長幅度，評估教學成效 |
| 訪談 | 不同學習表現層次學生的學習經驗與困難 | 深入了解學生學習困難，調整教學策略 |
| 滿意度 | 學生知覺參與度與滿意度回饋 | 學習滿意度變化 |
| 教學評量 | 對比 STEAM-6E 模式與傳統教學的學習成效比較 | 教學評量分數變化 |

綜合以上，本研究的主要目標如下：

(1) 發展 STEAM-6E 教學模式，並設計適合餐旅菜單設計課程的創新教材與學習活動。

(2) 探討 STEAM-6E 模式對不同學習背景的學生在學習動機與學習投入上的影響，並提供適性化學習策略。

(3) 建立多層次學習成效評估機制，透過作品分析、團隊合作紀錄、課堂表現等多元方式，全面評估學生的學習成效與成長。

(4) 將研究成果應用於未來餐旅教育課程規劃，並提供具體可行的創新教學模式，以提升餐旅人才培育的品質與實務競爭力。

本研究不僅關注學生的學習動機與投入，更透過「多層次學習成效評估」，確保學生能夠真正將所學知識轉化為實務能力，並提升其職場競爭力。

## 二、教學實踐研發之學理基礎

### (一)STEAM 教育在餐旅教育中的應用與挑戰

#### 1. 傳統教育體制的局限與跨學科教學的興起

傳統學校教育以分科教學為主，其核心特點是將知識拆解為不同學科，讓學生透過系統化的學習模式逐步掌握專業知識。此種教學方式在團體教學中被證實能有效提升學生對特定學科的精熟程度(張芬芬, 2019)。然而，長期以來，分科教育的模式也暴露出諸多問題，例如學生往往被動接受片段化的知識，導致學習內容與現實應用脫節(Johnson, 1989)。此外，過度強調學科界限，可能使學生缺乏解決實務問題的整合力，甚至影響其學習動機與興趣。

為提升國際競爭力，美國國家科學委員會（National Science Board）於 1986 年提出 STEM 教育計畫，強調科學（Science）、技術（Technology）、工程（Engineering）

與數學（Mathematics）的整合學習，期望透過實務導向的課程設計,使學生能夠將學術知識應用於現實世界的問題解決(Liao, 2016)。

## 2. STEAM 教育的發展與價值

STEAM 教育理念源自 STEM，2011 年美國羅德島設計學院（Rhode Island School of Design）倡導加入藝術（Art）元素，形成更為全面的跨學科教學模式。研究顯示,將藝術納入不僅能增強學生的創造力,還能促進跨領域合作與問題解決能力（Herro & Quigley, 2017）。

跨學科教學為 STEAM 教育的重要特徵,其核心目標在於透過協作、創新與系統化思維,提升學生對知識的應用能力(You, 2017)。相關研究顯示,STEAM 教育能夠幫助學生以整合視角分析與解決問題,建立學術與日常生活的深層連結。例如,藝術教育不僅是對科學與技術學習的補充,更能激發學生的創造力與直覺思維(Sanz-Camarero et al., 2023)。

## 3. STEAM 教育在餐旅領域的應用

STEAM 教育結合科學、技術、工程、藝術與數學,在餐旅教育領域日益受到重視,被視為提升學生數據素養、行銷知識與就業競爭力的有效方法（Chih-Hsing Liu et al., 2024）。此外,STEAM 教育透過反思與合作學習策略,推動環境永續與生態創新（Chin-Lien Hung et al., 2023）。隨著科技進步,餐旅業持續發展,未來工作趨勢強調新技能的掌握,例如機器人技術與人工智慧應用（Pankaj Misra, 2023）。透過「創意導向」的專案式學習,STEAM 教育

培養工業 4.0 所需的關鍵能力，包括專案管理、系統思維與藝術創造力（T. Anisimova et al., 2018），使學生能夠因應餐旅業的快速變遷，並符合永續發展與技術創新的需求。

在餐旅教育的應用方面，STEAM 教育展現出多元發展潛力。例如，美國烹飪學院（Culinary Institute of America, CIA）開設「烹飪科學學士學位（Bachelor's in Culinary Science）」，將科學與技術結合於課程中，以促進高級餐飲與烹飪科學的創新發展。同樣地，瑞典厄勒布魯大學（Örebro University）之烹飪藝術與膳食科學課程，則體現技能、科學與藝術的跨學科融合（Gustafsson, 2004）。

此外，許多技職院校亦導入 STEAM 教育模式，以提升學生的就業競爭力。例如，美國喬治亞理工學院（Georgia Institute of Technology）與當地餐旅業合作，開設「食品科學與創新課程」，透過模擬實驗室與數據分析，幫助學生學習如何應用食品工程技術，優化菜單設計與生產流程。同時，新加坡理工學院（Singapore Polytechnic）之餐飲管理課程，則融合 STEAM 理念，藉由數據驅動決策、感官科學與餐飲設計思維，使學生能夠適應市場變化。

將 STEAM 理念應用於餐旅教育，有助於學生在掌握實用技能的同時，理解食品科學、營養學與餐飲管理的核心概念。例如，研究顯示，食品工程原理的應用不僅能促進食品加工與安全創新，亦可提升膳食品質與消費者滿意度（Aguilera, 2018）。此外，STEAM 教育透過專題製作與創新專案，引導學生深化跨學科知識的整合，使其在未來職場中更具競爭優勢（Hlukhaniuk et al., 2020）。

表 2-2　本課程內容與 STEAM 領域之對應

| STEAM | 課程內容 | STEAM | 課程內容 |
|---|---|---|---|
| 科學素養 Science | 六大食物類/六大營養素 | 藝術素養 Art | 菜單編排 |
|  | 均衡飲食/食物代換表 |  | 餐盤配色 |
|  | 損益平衡 |  | 食物與飲料搭配 |
|  | 菜單工程 |  |  |
| 技術素養 Technology | Excel 試算表軟體使用 | 數學素養 Mathematics | 數據統計處理 |
|  | Google 表單調查表編撰 |  | 數據計算與分析 |
|  | 營養成分資料庫應用 |  | 數學結果與應用 |
|  | 食品交易行情查詢 |  | 損益平衡分析 |
| 工程素養 Engineering | 確定問題、對象、範圍 |  |  |
|  | 制定計畫與方案 |  |  |
|  | 菜單設計與製作步驟 |  |  |
|  | 修正問題並加以改良 |  |  |

　　透過此種課程設計，學生能夠發展整合性思維，並在實作過程中深化學習成果。此外，STEAM 教育模式在餐旅教育中的應用，也突顯了其對不同學習需求學生的包容性與適應性。

## 4. STEAM 教學未來展望

　　STEAM 教育的跨學科整合特色，使其在當代餐旅教育中展現出極高的應用價值。透過結合科學、技術、工程、藝術與數學，學生能夠培養更全面的解決問題能力，並在實務應用中展現創新思維。然而，這類教育模式的推行仍面臨挑戰，例如不同學科的整合難度與課程開發的複雜性。因此，未來應進一步探討如何優化 STEAM 教學方法，確保其在餐旅教育領域發揮最大效益，並持續提升學生的專業競爭力與創新能力。

## (二)6E 探究教學模式

教學模式是建構教學實施的主要框架。1960 年代，Atkin 與 Karplus 發展了建構主義（guided discovery）教學理論，強調學生透過既有的知識與認知結構，藉由探索與發現來獲取新知(Atkin & Karplus, 1962)。Karplus 與 Thier 進一步提出以「學生」為中心、以「活動」為導向的探究式教學法(Karplus & Thier, 1967)。

5E 學習循環模型（5E Learning Cycle）是一種以建構主義（Constructivism）為基礎的教學模式，最初由美國 BSCS（Biological Sciences Curriculum Study）於 1980 年代提出。該模型包含五個步驟：Engage（引起興趣）、Explore（探索）、Explain（解釋）、Elaborate（深化）、Evaluate（評估），幫助學生透過科學探究學習新知識。

隨著教育方式的演進，特別是在以設計為核心的學習（Learning by Design, LBD）領域，5E 模式發展成 6E 學習框架（6E Learning by Design），新增了一個關鍵步驟："Engineer（設計與創造)"。這個變革主要是因應 STEAM 教育的需求，讓學生不僅學習知識，還能應用知識來設計、創造和解決現實世界的問題。

### 1. 6E 探究教學模式概述

6E 探究教學模式（6E Learning by Design, 6E LbD）是一種以學生為中心的教學方法，透過六個階段引導學生學習，特別適用於 STEM 或 STEAM 領域（Tran et al., 2022）。此模式強調設計與探究的過程，鼓勵學生在真實情境中應用所學知識。研究顯示，6E 模式能夠有效提升

學生的學習動機與成效。例如，Tran et al.（2022）研究了越南高中 STEM 教學中的應用，發現透過 6E 模式，學生的學習參與度與問題解決能力顯著提高。

同樣地，Sanjayanti et al.（2019）探討了 6E 模式如何培養學生的邏輯思維。他們發現，透過這種教學模式，學生能夠更好地理解抽象概念，並在分析與推理能力上取得長足進步。這與本研究課程目標一致，因為學生在餐旅教育中亦需發展批判性思維與數據分析能力，以應對未來餐飲業的市場變化。

以下為 6E 教學模式的六個階段：

**(1) 參與（Engage）階段**

此階段的主要目標是激發學生的學習動機與好奇心。教師透過與學生生活相關的問題引入學習主題，使學生產生探究興趣，為後續學習鋪墊。。

**(2) 探索（Explore）階段**

學生透過自主學習或小組合作，進行實驗、觀察與操作，並蒐集相關資料，以深化對學習概念與技能的理解。此時，教師會適時引導討論並提供學習方向，以確保學生能夠有效掌握知識（Tran et al., 2023）。

**(3) 解釋（Explain）階段**

學生透過分享討論與分析，釐清所學概念並內化新知識。教師在此階段協助學生建立新舊知識的聯繫，並透過口頭表達、圖像或影片等多媒體教學方式來強化學習效果（張美春，2023）。

**(4) 實作（Engineer）階段**

學生將所學概念應用於實際情境，並發展具創意或實

用性的方案。在餐飲菜單設計課程中，學生可運用食材數據分析進行模擬並改進菜單設計，以提升其問題解決能力。

**(5) 深化（Enrich）階段**

學生進一步探索所學知識，並應用於更複雜的問題情境。例如，在菜單設計課程中，學生可透過市場調查與顧客回饋，優化其創意菜單，提升實務應用能力，並確保設計方案符合市場需求。

**(6) 評量（Evaluate）階段**

學生的學習成效與知識掌握程度將受到全面評估。透過感官測試、顧客滿意度調查與菜單成本分析等客觀評量工具，教師能夠評估學生的創新與設計能力。此外，學生需提交數據報告與分析結果，以驗證其設計的科學性與可行性，確保學習成果的有效性與實用性。

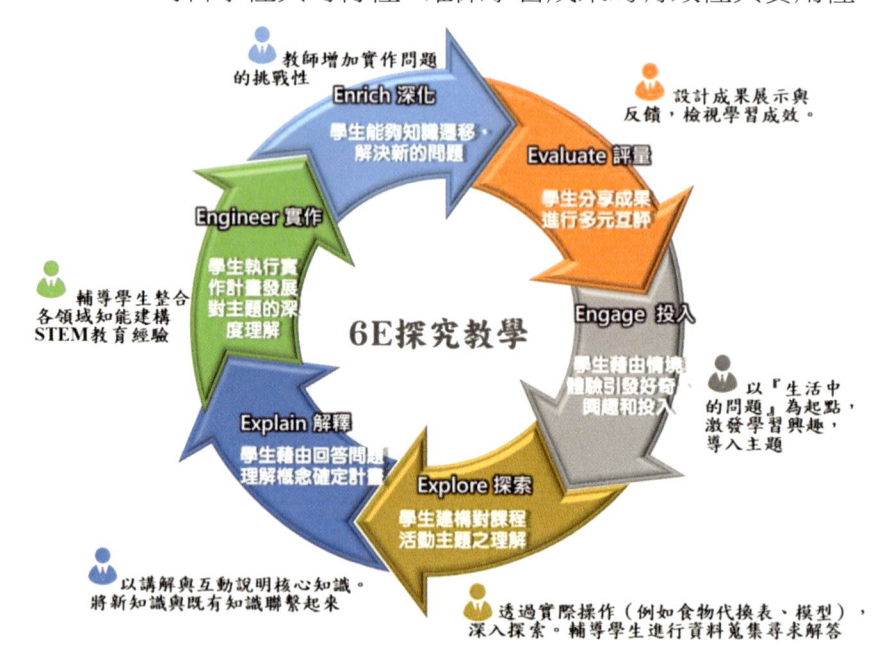

圖 2-2　6E 教學模式

## 2. 6E 探究教學模式的特點

　　6E 探究教學模式以學生為中心，強調學生在學習過程中的主動參與與探索，教師則扮演引導者的角色，協助學生發展自主學習的能力。同時，課程設計融合設計思維與探究式學習，特別強調問題解決與創意思維的培養，讓學生在實際操作中提升思考與應用能力。此外，教學內容強調跨領域整合，涵蓋科學、科技、工程、藝術與數學（STEAM），藉由多元知識的結合，使學生能夠以更全面的視角理解與應對各類挑戰。

　　6E 模式適用於不同的學習階段，能根據教育程度與學習者的需求進行適當調整，以確保學習內容的適切性與挑戰性。同時，課程設計亦著重於促進學生的問題解決能力，使其學習如何發現問題、分析問題，並透過系統性思考尋找解決方案。為了提升學習體驗，該模式亦可搭配各類科技工具，如虛擬實境（VR）與擴增實境（AR）等數位技術，使學生能夠透過互動式學習環境獲得更生動且深入的學習體驗。

## 3. 6E 探究教學模式於 STEAM 教育之應用

　　近年來，STEAM-6E 教學模式廣泛應用於教育領域，相關研究顯示其能有效提升學生的學習動機、學習投入與實作能力（表 2-3）。

表 2-3　近年關於 STEAM-6E 教學模式之相關研究

| 研究者 | 研究名稱 | 研究結果摘要 |
|---|---|---|
| **黃筠**（**2018**） | 探討 6E 模式搭配虛擬實境系統進行 STEAM | STEAM 教學與 6E 模式搭配 VR 系統教學有助於提升學 |

| 研究者 | 研究名稱 | 研究結果摘要 |
|--------|---------|-------------|
|  | 教學實作課程對高中生學習成效之影響-以四軸飛行機教學活動為例 | 習者抽象概念、學習成效、STEAM 傾向及實作能力。 |
| 陳冠汝（2018） | 運用 6E 模式於 STEAM 教學活動中對大學生學習成效之研究-以開發樂齡生活科技輔助產品為例。 | 運用 6E 模式於 STEAM 教學活動中可提升大學生 STEAM 傾向、創造力和實作能力有，使大學生認知結構更加完善。 |
| 林志軒(2019) | STEM-6E 運用於國中生活科技課程之行動研究－以結構課程為例 | STEM-6E 結構課程適合落實於國中生活科技,且有助於科技教師專業成長。學生在 STEM-6E 結構課程中展現多元能力。 |
| 張淑惠(2019) | 運用 6E 模式實施 STEAM 教育於技術型高中電腦機械製圖科實習課程之行動研究 | 運用 6E 模式實施STEAM 課程，學生於美感素養表現有顯著進步。 |
| Sanjayanti et al., (2019) | 6E learning by design in facilitating logical thinking and identifying algae | 本研究將 6E LbD 模型應用於隱花植物實驗課程，結果顯示該模型能有效提升大學生的邏輯思維和對顯微及宏觀藻類的識別能力，促進了學生的科學探究技能。 |
| 張儷瓊(2020) | 培育在職教師運用 6E 教學模式設計 STEAM 課程與協同教學 | 以 6E 及 PBL 模式設計 STEAM 課程活動提升教師使用科技融入教學意願。 |
| 陳彥翔(2020) | 運用創造思考策略於 6E 模式實施幼兒 STEAM 實作課程以探討學習成效之研究 | 運用 6E 模式的STEAM 動手實作課程可促進學童掌握整體知識變通力，提升問題解決的流暢力，並提高學童實作的創新性。 |
| 吳政勳 | STEAM-6E 融入 VR 教 | STEAM-6E 融入 VR 虛擬實 |

| 研究者 | 研究名稱 | 研究結果摘要 |
|---|---|---|
| (2021) | 學對於不同認知風格的學習者在學習動機、學習成效、學習滿意度及創造力之影響. | 境教學方案可以提升國中生創造力以及創造性問題解決之分析力。 |
| **Tran et al., (2022)** | Designing Teaching Process for Stem Topic "Traffic Signal Lights" for Upper-secondary School Students | 在越南高中實施「智慧夜燈」的 STEM 專案。研究以「6E 教學模式」的教學流程。結果顯示學生對此專案反應熱烈，並能應用所學知識解決實際問題，展現出其教學設計的成功之處。 |
| 常雅珍等人 (2022) | 6E 教學模式結合 STEM 融入大學生專題課程之研究 | 6E 教學模式有助課程設計，STEM 可增進大學生跨領域的整合，兩者相輔相成可有效提高大學生專題實作表現。 |
| 張美春（2023） | Tuber 跨域體驗：創造思考策略融入 STEAM-6E 課程之教學實踐 | 在研究中將創造思考策略融入 STEAM-6E 教學，提升學生在跨領域創作中的學習效能。 |
| **Saimon et al., (2024)** | Applying the 6E learning by design model to support student teachers to integrate artificial intelligence applications in their classroom | 本研究探討了 6E LbD 模型如何支持師範生在課堂中整合人工智慧應用，結果顯示該模型有效提升了師範生設計和實施 AI 教學活動的能力，並增強了他們的教學信心。 |

## 4. STEAM-6E 教學模式於餐旅教育領域的應用與發展

### (1) STEAM-6E 教學模式於餐旅教育的應用現況

目前，國內外已有多項成功應用 STEAM-6E 教學模

式的案例，顯示該模式在餐旅教育領域的潛力與價值。例如，美國麻省理工學院（MIT）開設的「食品與科技創新課程」，透過科學與工程的跨領域結合，提升學生對食品科學與廚藝技術的理解與應用能力。此外，新加坡理工學院（Singapore Polytechnic）推動的「智慧餐飲創新計畫」，則引入人工智慧（AI）、大數據分析及感官科學，協助學生進行餐飲決策優化，並強化其數據應用與創新能力。這些案例反映出 STEAM-6E 教學模式在國際間的深化發展，並獲得學術界與業界的高度關注。

**(2) STEAM-6E 教學模式未來發展趨勢**

為了提升學習機會與降低學習門檻，未來可透過遠距教學與數位課程推廣 STEAM-6E 教學模式。透過數位學習平台，學生不僅能彈性學習課程內容，還可參與線上實作與虛擬實驗，進一步提升學習體驗。此外，AI 驅動的學習數據分析技術能針對學生學習進度與需求，提供個性化學習路徑，使 STEAM-6E 模式更具適應性與擴展性。整體而言，未來 STEAM-6E 教學將朝向更靈活、多元與全球化的方向發展，並透過國際成功案例與數位科技的整合，提升課程的可及性與實務應用價值，進一步強化學生的職場競爭力。

**(3) STEAM-6E 教學模式於餐旅教育的實作與評量**

在實作（Engineer）階段，學生可運用數據分析軟體進行菜單設計模擬與改進，透過科技輔助提升創新能力，並在製作過程中體驗科技教育的多樣性與創新性。在評量（Evaluate）階段，教師可透過顧客滿意度調查、菜單成本分析等方式，客觀評估學生的創新與設

計能力。6E 教學模式能有效激發學生的學習興趣，促進自主學習能力，使其能夠在面對未知挑戰時靈活應對。

### (4) STEAM-6E 模式對餐旅教育的影響與未來發展方向

6E 探究教學模式強調學生主動學習與動手實作，與技職教育培養實作能力的目標相契合。透過STEAM-6E 模式，學生能在跨領域整合的學習環境中，提升學習成效、學習動機與學習投入，並對自我效能產生正向影響。

未來，STEAM-6E 教學模式可進一步探討其於不同教育階段與學科領域的適用性，以提升其應用價值與教育效益，推動餐旅教育邁向數位化與國際化發展。

綜合以上結果，STEAM 教育和 6E 模式都強調以學生為中心，動手實作的學習，這與技職教育培育學生實作能力的特色不謀而合，故本研究運用 STEAM 多領域統整特性，透過 6E 循序漸進的階段式學習，提升學生的學習成效、學習動機和投入，並對自我效能產生正向的影響。

表 2-4 STEAM-6E 教學模式在本課程的應用(範例)

| 6E 程序 | 課程內容 | STEAM 領域 |
|---|---|---|
| 參與（Engage） | 飲食與健康的關係 | S, T, A |
| 探索（Explore） | 六大食物類別與營養素 | S, T, M |
| 解釋（Explain） | 食物代換與應用 | S, T |
| 實作（Engineer） | 設計每日均衡飲食 | E, T, M |
| 實作（Engineer） | 數據分析應用於菜單設計 | E, T, M |

| 6E 程序 | 課程內容 | STEAM 領域 |
|---|---|---|
| 深化（Enrich） | 個人化創新菜單開發與市場測試 | S, E, T, M |
| 評量（Evaluate） | 感官測試、成本分析與顧客回饋評估 | S, T, M |

## (三)學習成效

學習成效（Learning Outcomes）指學習者在完成特定學習活動後，於知識、技能與態度三個面向的變化（Piccoli、Ahmad & Ives, 2001）。此概念強調可觀察且可測量的學習成果，並依據 Bloom（1956）的分類，區分為認知領域（知識習得）、情感領域（態度改變）與技能領域（行為發展）。學習成效的評估結果，常作為教育與訓練計畫成效評估的重要依據。

### 1. 學習成效的測量指標

學習成效的衡量方式會因教育目標與評量對象的不同而有所調整，常見的測量指標包括：

**(1) 學術成績（Academic Performance）**

透過測驗或考試成績評估學習者的知識掌握情況（Anderson & Krathwohl, 2001）。

**(2) 技能測驗（Skill Assessment）**

透過實作考試、模擬情境或行為觀察評估學習者的實際操作能力。

**(3) 態度改變（Attitudinal Change）**

利用問卷調查或訪談評估學習者在價值觀與態度上的變化（Kirkpatrick, 1996）。

**(4) 學習者滿意度（Learner Satisfaction）**

透過滿意度問卷了解學習者對學習過程的主觀評價。

## 2. Kirkpatrick 模型與 STEAM-6E 模式的綜合應用

Kirkpatrick 模型（Kirkpatrick Model）由 Donald Kirkpatrick（1959）提出，並經多次修訂（Kaufman & Keller, 1994），提供四個層級的學習評估架構：

**(1) 反應層級（Reaction Level）**

測量學習者對課程的即時反應與感受，常見方法包括滿意度問卷與訪談，以了解學習者對課程內容、教學方式及學習環境的評價。測量指標：學習者滿意度、課程相關性、參與程度。

**(2) 學習層級（Learning Level）**

評估學習者的知識、技能與態度變化，測量方法包括學術測驗、技能測試與概念理解測評。測量指標：測驗成績、技能測試結果、概念理解度。

**(3) 行為層級（Behavior Level）**

測量學習者是否能夠將所學應用於實際工作或生活，通常透過主管觀察、學習者自我報告或工作績效比較進行評估。測量指標：行為改變程度、工作應用能力。

**(4) 結果層級（Results Level）**

評估學習與訓練對組織的影響，例如生產力提升、成本降低或運作效率增強。然而，此層級評估較為複雜，涉及長期觀察與多重干擾變數。測量指標：生產效率、品質改善、財務收益。

## 3. STEAM-6E 模式適用的量化評估工具

為了有效評估學生在「菜單設計」課程中的學習成效，本研究採用多元評量方法，並參考 Kirkpatrick 模型的前三個層級（反應、學習、行為），結合 STEAM-6E 教學模式，確保學生的學習成果能夠轉化為職場競爭力。

**(1) 創新指數（Innovation Index）**

**評估標準**：設計菜單的新穎性、可行性與市場潛力。

**評量方式**：

- 業界專家評分：分析學生菜單的市場價值與創意度。
- 同儕評鑑：透過小組互評，確保設計方案的多樣性與可行性。
  - 市場測試：讓學生的菜單作品進入校內實測，收集消費者回饋。

**(2) 數據分析技能測驗（Data Analytics Assessment）**

**評估標準**：學生是否能夠運用 Excel、AI 工具或 POS 系統進行銷售數據分析、訂價決策與成本計算。

**評量方式**：

- 實作測驗：讓學生利用 Excel 進行菜單盈虧試算，計算食材成本、損耗率、淨利潤等關鍵指標。
- 案例分析：學生需針對真實餐飲數據（如某品牌菜單銷售表現）進行數據分析，並提出優化策略。
- 學習數據分析（Learning Analytics）：透過 Quizizz、Google Form 追蹤學生在數據計算與商業決策上的進步情況，提供個性化回饋。

**(3) 實務評估（Practical Evaluation）**

評估標準：學生完成的設計作品是否符合業界標準。

評量方式：

- 業界專家評估：邀請連鎖餐飲品牌、星級飯店主廚、食品研發主管等專業人士，針對菜單的創意、成本控制、營養價值、可行性給予回饋。
- 顧客回饋調查：透過實測販售或線上消費者調查，了解市場對菜單的接受度與吸引力。

## 本研究學習成效評估架構

本研究透過 **Kirkpatrick 模型** 的前三個層級，評估學生的學習成效：

**(1) 反應層級（Reaction Level）**
- **學習者滿意度**（課程滿意度問卷、訪談等）。
- **課堂參與度分析**（出席率、課堂發言、Quizizz 互動數據）。

**(2) 學習層級（Learning Level）**
- **學術成績**（筆試、技能測驗）。
- **數據分析能力測驗**（Excel 試算表、POS 銷售數據分析）。
- **學習歷程數據分析（Learning Analytics）** 透過 Quizizz、Google Form 追蹤學生的學習進步情況。

**(3) 行為層級（Behavior Level）**
- **行為轉移**（學生在真實環境中應用所學，如業界專家評估菜單設計作品、創新指數評估）。
- **學習數據分析（Learning Analytics）** 追蹤學生行

為變化與適性化學習策略。

由於**結果層級（Results Level）**需長期追蹤，涉及多重變因且評估較為困難，本研究不將其納入現階段評估範圍。未來研究可進一步探討學習成果對**餐飲業職場表現與組織績效的影響**，以提供更完整的學習成效評估框架。

## 餐飲業競爭力對應表

為了確保學生學習成果能夠直接對接**業界需求**，本研究建構了「**課程學習內容 vs. 職場能力 vs. 產業需求**」對應表，具體呈現學生所學內容如何轉化為職場競爭力。

表 2-5 「課程學習內容 vs. 職場能力 vs. 產業需求」 對應表

| 課程學習內容 | 對應職場能力 | 產業需求 |
|---|---|---|
| 菜單設計 | 成本控管、消費趨勢分析 | 連鎖品牌、星級飯店、餐飲顧問公司 |
| 數據分析 | Excel 訂價模擬、食材損耗計算 | 供應鏈管理、餐飲財務分析 |
| 感官測試 | 產品開發、顧客回饋分析 | 食品研發、產品測試 |
| 食材成本評估 | 成本控制、毛利計算 | 連鎖餐飲品牌、餐飲供應鏈 |
| 循環菜單設計 | 長期營運規劃、健康飲食搭配 | 醫院、學校、企業、團膳公司 |
| 行銷與品牌策略 | 社群媒體行銷、數位餐飲策略 | 連鎖餐廳、餐飲新創品牌 |
| 永續餐飲（SDG 目標） | 減少食材浪費、環保餐飲開發 | 環保餐飲企業、永續餐飲顧問 |

## (四) 自我效能 (Self-Efficacy)

　　自我效能概念最早由 Bandura (1977) 於社會學習理論（Social Cognition Theory）中提出，他將自我效能（self-efficacy）定義為個體對自身能力是否足以達成目標、解決問題的主觀判斷與自信程度。換言之，自我效能反映個體對自身能力的信念，即「我相信我能做到」的心理力量（Gosselin & Maddux, 2003）。在行為預期方面，自我效能影響個體的認知態度，使其在面對阻礙時能夠發揮潛能，進而產生克服困難的行為。研究顯示，學習者的自我效能高低決定其投入學習的努力程度，以及面對困難或枯燥課題時的堅持度，因此自我效能被視為影響學習成效的關鍵因素之一（Pintrich & De Groot, 1990; Mutlu, 2018）。

　　自我效能是一種動態的心理機制，會隨著個體的經驗累積而變化。Bandura (1986) 指出，自我效能的形成受以下四個因素影響：

### ☝ 成就經驗（Performance Accomplishments）

　　個人過去的成功或失敗經驗是影響自我效能最重要的來源。成功的經驗會強化個體對自身能力的信心，而反覆的失敗則可能導致習得性無助，降低自我效能。

### ✌ 替代經驗（Vicarious Experience）

　　透過觀察與自己背景或能力相似者的成功經驗，個體能建立「自己也能做到」的信念，進而重新評估自身在相同活動中的表現潛力。

### 🖖 言語激勵（Verbal Persuasion）

來自師長、父母或其他重要他人的支持性語言，能提升個體對自身能力的信任感，並增強其克服困難的信念，進而提升自我效能。

## ✋ 情緒與生理狀態（Emotional and Physiological Arousal）

個體的情緒與生理狀態亦影響自我效能評價。當情緒穩定、生理狀態良好時，個體對自身能力的評估通常較為正向，有助於提升自我效能。

研究顯示，自我效能與學習動機呈顯著正相關。高自我效能的學生在學習動機、課堂參與及學業成就方面的表現優於低自我效能者（余泰魁, 2007）。黃建翔（2023）研究進一步指出，高自我效能學生在課堂中更傾向於主動參與，並能有效運用自主學習策略提升學習成果。此外，學習動機與學習成效之間的正向關聯性，在高學業成就學生中表現得更為顯著。這顯示高自我效能能夠幫助學生更有效地管理學習挑戰（Bassi et al., 2007）。這些學生傾向選擇更具挑戰性的學習任務，並對學習過程感到更滿意（韓瑪琍 & 黃娟娟, 2014）。因此，提供具挑戰性任務與有效回饋的教學策略，有助於提升學生的自我效能與學習動機（Schunk & Mullen, 2012）。

相較之下，低自我效能的學生較少使用有效的學習策略，並更容易產生焦慮，進而影響其課堂參與與學習成效（Schunk, 1985）。這類學生傾向依賴較低層次的學習策略，缺乏自我調節能力，進一步影響學術表現（DiFrancesca et al., 2016）。此外，研究顯示，低自我效能學生在跨學科學習（如數學、科技）方面的適應力較差，特別是在涉及數據分析、科技應用等領域時，容易產生學習阻礙。因此，針對此類學生，建議採取以下

教學策略，以提升其學習成效：

## 1. 分層教學（Differentiated Instruction）

針對數據分析或科技應用能力較低的學生，提供基礎與進階課程，使其能夠循序漸進地掌握相關知識與技能，減少學習焦慮，提升自信心。

## 2. 學習社群機制（Collaborative Learning Communities）

透過小組合作機制，將擅長技術應用的學生與具備創意設計能力的學生分組合作，使彼此互補，促進知識共享與技能提升，增強學習者的自我效能與學習動機。

自我效能與 STEAM 教育模式在創新教學環境中展現顯著的交互作用。高自我效能的學生更容易接受並適應 STEAM 教育中的挑戰性任務，並在團隊合作與問題解決過程中表現出較高的學習動機與創造力。同時，STEAM 教育強調跨學科整合，能進一步強化學生的自我效能，使其在學習過程中建立更強的信心並提升學習成效。在 STEM 領域，具高自我效能的學生對學習任務展現更大的興趣，並且學習成果更為顯著（范靜媛 & 葉建宏, 2020）。這些學生能夠更有效地規劃、監控與調整學習策略，進而提升學術成就（Yip, 2012）。

在本研究中，「自我效能」指的是餐旅管理系學生在學習菜單設計時，對自身能夠有效執行 STEAM 學習活動的信心程度。本研究將學生個人飲食習慣與其在同學年度上學期修習的必修課程內容相結合，並透過自編教材與易學易用的數位教具，提升學生的學習經驗，使其在菜單設計課程中獲得更高的

自我效能感，進而促進學習成效。

## (五)學習動機（Learning Motivation）

　　學習動機是促使學習者投入並持續學習活動的內在心理歷程，亦是驅動學習者朝向教師所設定學習目標的關鍵因素（張春興，1996）。學習動機涉及興趣、需求、驅力及誘因等心理機制，影響學習者的行為方向與學習強度。學生在教室中的各種學習行為，往往受到多重動機的驅使（Brophy, 1987）。由此可見，學習動機是學生積極求知的原動力，教師在課程設計中應深入理解、掌握並有效提升學生的學習動機，以增強學習成效。

### 1. 期望價值理論（Expectancy-Value Theory, EVT）

　　期望價值理論（EVT）最早由 Atkinson（1957）提出，後續由 Eccles 與 Wigfield 在 1990 年代進一步發展並應用於教育領域。他們建構了一套與學習動機相關的理論模型，強調學習者對於學習任務的「期望」與「價值評估」對學習動機的影響。根據該理論，學生的學習動機取決於其對學習成功的信心（期望）以及對學習成果的認知價值（價值評估）。當學生認為某項學習任務具有挑戰性且能帶來價值時，他們更可能投入更多努力（Loh, 2019）。

### 2. 自決理論（Self-Determination Theory, SDT）

　　Deci 與 Ryan（1985）在《Intrinsic Motivation and Self-Determination in Human Behavior》中提出自決理論（SDT），強調動機的自主性及基本心理需求。SDT 指出，學習動機主要由「自主性（autonomy）」、「能力感（competence）」

與「關聯感（relatedness）」三大需求所驅動。當學習環境能夠滿足這些基本需求時，學生的內在動機將被激發，進而提升學習投入與持續性（Yue & Lu, 2022）。此外，SDT 亦探討外在動機的內化過程，指出當學習者能將外部要求內化為個人價值時，學習動機將更持久且穩定（Hulleman, Barron, & Kosovich, 2016）。

Deci 與 Ryan（2013）將動機區分為「無動機（amotivation）」、「外在動機（extrinsic motivation）」與「內在動機（intrinsic motivation）」。當學習者缺乏學習興趣或目標時，便處於無動機狀態。若學習行為受到外在因素（如成績、名聲、獎勵或懲罰）影響，即屬於外在動機。而當學習者對學習內容本身產生興趣，並自主投入學習時，則屬於內在動機。多項研究指出，長期學習過程中，內在動機較強的學生，其學習持久性與成效往往優於僅依賴外在動機的學生（游永恒，2003；趙玉嵐，2013）。

### 3. 學習動機的影響因素與測量

Pintrich 等學者（1993）根據 Eccles（1983）所提出的「期望－價值」模式，並統整行為學派、認知取向與人本學派的學習動機研究，發展出學習動機量表（Motivated Strategies for Learning Questionnaire, MSLQ），將學習動機區分為「價值（value）」、「期望（expectancy）」與「情感（affect）」三個構面。

此外，Keller（1983）在學習動機與教學設計的研究中，提出動機系統設計模式（ARCS 模型），強調教學設計應考量四大要素：

注意（Attention）：吸引並維持學生的學習注意力。

關聯（Relevance）：使學習內容與學生的目標和需求緊密連結。

自信（Confidence）：幫助學生建立學習信心，使其相信自己能成功完成學習任務。

滿足（Satisfaction）：讓學生透過學習成果獲得成就感，增強持續學習的動機。

Keller 認為，教師在進行教學設計時，應先分析學習者特質與需求，進而設計具吸引力且能維持學習興趣的教學活動，讓學生體認所學內容與個人發展的關聯性，最終提升學習動機與成效。

## 4. STEAM-6E 教學模式與學習動機

STEAM-6E 教學模式（吸引、探究、解釋、擴展、評估、賦能）被視為提升學習動機的有效跨學科教學策略。該模式融合問題導向學習（Problem-Based Learning , PBL）與創造性思維，透過情境導入與實作體驗，提高學生的學習興趣與跨領域能力。

## 5. 本研究中的學習動機定義

本研究中，「學習動機」指餐旅管理系學生在學習菜單設計時，因應 STEAM 教學活動的目標所產生的學習想法與動力。其動機來源可能來自內在需求（如對創意表現的興趣），亦可能受到外部刺激（如課程評量或競賽獎勵）所驅動。

## (六)學習投入（Learning Engagement）

　　Pascarella 與 Terenzini（1991）首次將「投入」概念應用於學生的學習歷程，進而衍生出「學習投入」（Learning Engagement）的理論基礎。Kuh（2003）進一步將學習投入定義為「學生在學習過程中的行為、情感與認知歷程」，並指出這種投入程度可透過學生在教育性學習活動上所花費的時間與精力來衡量（Kuh, 2009）。此外，Glanville 與 Wildhagen（2007）亦強調，學生在課程中的行為參與與心理涉入程度是評估教育成果的重要指標。

　　學界普遍認為影響學習投入的因素多元，然而對於學習投入的具體內涵仍存在不同觀點。綜合近年來國內外相關研究，Fredricks 等人（2004）透過文獻回顧，將學習投入概念區分為行為投入（Behavioral Engagement）、情緒投入（Emotional Engagement）與認知投入（Cognitive Engagement）三個主要構面，該分類方式亦成為學術界最廣泛使用的理論架構。

### ☝ 行為投入（Behavioral Engagement）

　　指學生在學習活動中的具體行為表現，例如主動參與學習任務、接受挑戰，以及面對學習困難時願意尋求協助並持續努力。

### ✌ 情緒投入（Emotional Engagement）

　　反映學生在學習過程中的情感體驗，如興奮、好奇、愉悅、無聊或焦慮等。此構面同時涵蓋學生對課程運作方式及其他學習成員的態度。

### 🤟 認知投入（Cognitive Engagement）

指學生在理解與掌握學業任務時所投入的心力,及其承擔學習挑戰的意願與能力。例如,主動表達學習需求、尋求問題解決方法,以及積極參與學習反思與回饋機制。

本研究採用 Fredricks 等人(2004)所提出的三構面架構,作為探討學習投入的理論基礎。

## STEAM-6E 教學模式與學習投入的關聯性

STEAM-6E 教學模式整合了探索(Explore)、參與(Engage)、解釋(Explain)、擴展(Expand)、評估(Evaluate)與體驗(Experience)六個教學步驟,旨在提升學生的問題解決能力與創造力。相關研究顯示,此模式可顯著增強學生的學習動機與學術參與度(Lin et al., 2023)。

在實踐應用上,STEAM-6E 模式對於不同自我效能(Self-efficacy)水平的學生均能產生積極影響。對於高自我效能學生而言,該模式提供更具挑戰性的學習任務,進而提升其成就感與創造力(Jongluecha & Worapun, 2022)。相較之下,低自我效能學生則可透過分步指導與回饋機制,有效降低學習焦慮並促進學習投入(Lin & Chiang, 2019)。研究亦發現,低自我效能學生在接受 STEAM-6E 教學後,學術情緒與學習參與度提升尤為顯著,這主要歸因於模式中強調體驗學習與合作學習的策略,可有效降低學習阻力(Liang et al., 2021)。此外,高自我效能學生則在問題解決能力與批判性思維方面的進步較為突出(Tsai, 2022)。

綜合而言,STEAM-6E 教學模式不僅能強化學生的學習動機,亦能透過適應不同自我效能學生的需求,促進學習投入的三個核心構面(行為、情緒與認知),進而提升學習成效。

## (七) 自我效能、學習動機、學習投入與學習成效之關聯性

　　自我效能、學習動機與學習投入相互影響，並共同作用於學習成效的提升。研究顯示，自我效能不僅能夠正向預測學習動機與學習投入，亦進一步促進學習成效的提升。例如，當學習者對自身完成學習任務的能力具有高度信心時，往往會展現更強的學習動機，投入更多時間與精力於學習活動，最終提升學習成效。

　　自我效能係指個體對自身執行特定學習任務能力的信念，此信念對學習行為與學習成效具有深遠影響 (Wu et al., 2020)。具備較高自我效能的學生通常會設定更具挑戰性的學習目標，並展現較高的學習投入程度 (Shkëmbi & Treska, 2023)。Alivernini & Lucidi (2011) 針對中學生進行的縱向研究亦發現，自我效能可正向預測學習動機。此外，多項研究指出，自我效能與學習投入之間存在顯著關聯 (Fredricks et al., 2004; Bates & Khasawneh, 2007; Sökmen, 2021)，Wu et al. (2020) 的研究亦證實，自我效能對學習投入及學習成效皆具有正向預測作用。同時，優質的學習環境亦可增強學習者的自我效能，進而提升學習投入與學習成效 (Sökmen, 2021)，其中，自我效能在學習環境與學習投入之間扮演關鍵的中介角色，影響學習者的參與程度 (Sökmen, 2021)。

　　學習動機則是影響學習投入的重要驅動力，內在與外在動機皆會影響學習者的學習行為 (Aboobaker & KH, 2022)。Reeve (2012) 指出，學習動機能夠引導學習投入，當學生對學習內容感興趣，或受到內在與外在因素激勵時，學習投入程度

將顯著提升 (Yusof et al., 2021)，進而促進學習表現的提升 (Williams et al., 2005; Aboobaker & KH, 2022)。學習動機的提升不僅有助於強化學習投入，亦對學習成效產生直接影響。Huang & Yang (2021) 研究發現，當學生設定明確學習目標並保持強烈學習動機時，其學習成效將顯著提高。

此外，針對線上學習環境，蔡林與賈緒計 (2020) 之調查研究結果顯示，自我效能對學習投入具有正向預測作用，而學習動機則在兩者間發揮中介效果。陳龍潔 (2020) 以參與資訊課程之學習者為研究對象，發現自我效能與成就動機透過行為、情感與心智三種學習投入模式作為中介，對專業能力的成長產生間接且正向的影響。

綜合上述文獻，自我效能、學習動機與學習投入彼此環環相扣，相互影響。本研究擬透過 STEAM-6E 模式融入餐旅菜單設計課程，進一步探討這三項因素於學習成效與學習滿意度中的作用機制與影響關係。

# 三、創新教學設計與多元內容

## (一)課程規劃

### 1. 課程名稱

本教學實踐研究計畫實行之課程為東南科技大學餐旅管理系「**餐旅菜單設計**」必修課程。課程的上課時間為18週，每周2小時，共計36小時，授予2學分。

### 2. 授課對象（開課系所、系級與學制）

授課對象為筆者目前任教之東南科技大學四技日間部，餐旅管理系產學攜手合作僑生專班大學二年級學生。

### 3. 課程目標

餐旅菜單設計課程在學習後，學生能夠

- 瞭解菜單類型和構成元素。
- 瞭解菜單設計的程序。
- 設計客製化的健康菜單。
- 瞭解標準食譜之設計原則。
- 瞭解菜單之定價策略與成本控制。
- 運用與菜單設計有關之行銷策略。
- 運用與菜單設計有關之定價策略。
- 對菜單個案進行診斷並提出改善意見。

### 4. 教學場域

本研究的場域在筆者任教之私立科技大學112學年度第二學期「餐旅菜單設計」課程。18週課程主要於備有

數位講桌、單槍、螢幕和小組討論區桌椅之**討論教室**上課。部分單元學生在**電腦教室**利用教師自編教材和開發的數位教具完成菜單實作練習,並且上傳至數位學習平台,記錄其學習歷程。另外,本研究邀請「中餐實務製備」課程授課教師與業界教師進行協同教學,指導學生健康餐盒菜單設計,並在**中餐實習教室**進行製作。

討論教室(中正樓 207)

電腦教室(中正樓 406)

中餐實習教室(中正樓 106)

圖 2-3　本課程實施之場域

## 5. 課程進度

本研究將 STEAM 教育理念融入餐旅菜單設計課程規劃，根據 STEAM 跨領域實作的精神來設計課程，並透過 6E 循序漸進的階段式學習，來提升學生的自我效能、學習動機、學習投入和學習成效。

表 2-6 本研究具體教學活動

| 週次 | 課程主題 | 內容【說明】 | 教學空間 | 教學法 | 評量 | 備註 |
|---|---|---|---|---|---|---|
| 1. | 課程介紹&前測 | 說明課程總覽、學習模式、評量方式 | 一般教室 |  | 自我效能量表、學習動機量表、學習投入量表、課程測驗 |  |
| 2. | 課程的概述：菜單的內容與型態 | ・菜單的概念<br>・菜單的起源<br>・菜單的管理 | 討論教室 | 講述法&活動式學習 | IRS 即時反饋 |  |
| 3. | 主題1.健康菜單—個人均衡飲食設計 | ・六大食物類/六大營養素/食物代換表 | 討論教室 | 講述法&活動式學習&合作學習法 | IRS 即時反饋(小組競賽) |  |
| 4. |  | ・每日飲食指南<br>・均衡飲食設計 | 電腦教室 | 講述法&示範教學法 | 個人均衡飲食作業(Excel) |  |
| 5. |  | ・特定個人均衡飲食規劃 | 電腦教室 | 問題教學法&小組討論法 | 學習單 |  |
| 6. | 主題2.標準食譜與循環菜單—特定團體菜單設計 | ・採購與驗收<br>・AP/EP<br>・標準食譜<br>・標準食譜建立 | 電腦教室 | 講述法&活動式學習&示範教學法 | AP/EP 計算 |  |
| 7. |  | ・標準食譜<br>・標準食譜建立 | 電腦教室 | 講述法&活動式學習&示範教學法 | 標準食譜作業(Excel) |  |
| 8. |  | ・循環菜單 | 電腦教室 | 問題教學&小組討論& | 循環菜單作業(Excel) |  |

| 週次 | 課程主題 | 內容【說明】 | 教學空間 | 教學法 | 評量 | 備註 |
|---|---|---|---|---|---|---|
|  |  |  |  | 合作學習 |  |  |
| 9. | 期中考週 | ・期中評量 | 一般教室 |  | 期中評量 |  |
| 10. | 期中反思 | ・期中測驗說明 | 一般教室 | 講述法 | 期中補救教學 |  |
| 11. |  | ・菜單的結構與重要品項<br>・期末報告《PBL2.實習餐廳菜單設計與促銷策略》說明 | 討論教室 | 講述法和活動式學習 | IRS 即時反饋 | 期中測驗說明 |
| 12. | 主題3.菜單工程—營利事業菜單設計 | ・菜單的編排、美工與色彩設計 | 電腦教室 | 示範教學法&小組討論&合作學習 | 菜單設計作業 | 小組設計的菜單在「中餐實務製備」課程製作 |
| 13. |  | ・成本控制及售價訂定 | 討論教室 | 講述法和活動式學習 | 學習單 |  |
| 14. |  | ・菜單與行銷策略 | 討論教室 | 講述法&小組討論&合作學習 | 實習餐廳促銷策略 |  |
| 15. |  | ・利用損益表分析結果-導出營業成效 | 討論教室 | 講述法和活動式學習 | 學習單 |  |
| 16. |  | ・菜單評估與檢視 | 討論教室 | 講述法&小組討論&合作學習 | 學習單 |  |
| 17. | 總結評量 | ・期末小組報告 | 討論教室 |  | 組外同儕互評表、組內同儕互評表、專家評量表 |  |
| 18. | 後測與滿意度調查 | ・菜單設計課程測驗 | 討論教室 |  | 自我效能量表、學習動機量表、學習投入量表、課程測驗 |  |

## (二)教學策略

本教學實踐研究計畫以 STEAM-6E 教學模式融入餐旅菜單設計課程,透過以下複合式教學方法讓學生在學習的過程中可透過規劃、實作、銷售、回饋與省思,開啟後設認知的體認,思考改進的策略及作法,並延伸學習經驗應用至相關生活情境或學習領域之中。

01 講述教學法
教師向學生解釋概念,穿插少數詢問與提示。

02 活動式學習
透過線上即時回饋系統進行互動,將學習目標遊戲化,提高學生的學習參與度。

03 示範教學法
透過分解步驟向學生展示如何使用資訊系統來設計並完成菜單。

04 問題教學法
提出實際情境問題讓學生探討可能的解答。

05 小組討論法
將學生分組,小組成員對主題進行探討。

06 協同教學法
邀請「中餐實務製備」課程教師協同教學,指導學生將小組設計的菜單進行製作。

本研究採用之複合式教學方法

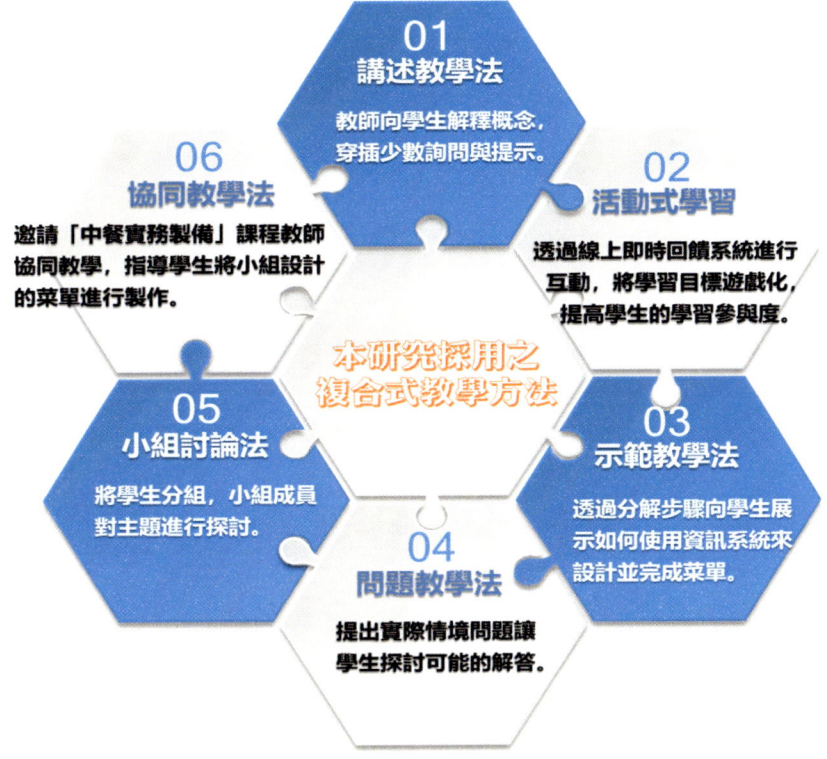

圖 2-4　本研究採用之複合式教學方法

## (三)教材設計與教學方法

### 主題1.　健康菜單―個人均衡飲食設計

本階段課程的目標是讓學生能夠學習如何計算和設計均衡飲食,理解飲食與健康的關聯性,並掌握實際應用的技能。

啟動餐旅學習力

為達教學目標，教師採用依學生特性<u>自編的教材</u>。

課程開始，首先以即時互動評量 IRS 進行六大食物類和六大營養素測驗，以了解學生的起始點。接著，以講述法詳細地介紹「均衡飲食設計」主題概念，並且參考測驗結果，適當地加強前備知識。最後輔以生活相關的<u>實務問題</u>和<u>數位教具</u>讓學生了解均衡飲食設計的應用。

圖 2-5　六大食物類練習

## STEAM-6E 模式融入菜單設計課程

　　均衡飲食設計過程中有許多複雜的營養計算,考驗學生的數學計算能力。但在少子化浪潮下,就讀本校的多是大學入學成績落於底標的本國學生或是來自東南亞國家的外籍學生。無論前者或後者,這些學生多半對於自己的數學能力缺乏自信,對數學相關問題的學習動機相對較低,甚至排斥。為提升學生對課程的學習參與意願,教師採用自編教材(具)的方式,依據學生的特性編寫教材,設計數位教具,並搭配適合其能力的學習活動。期望在完成學習後學生能獲得<u>成就感</u>,逐步建立自信。

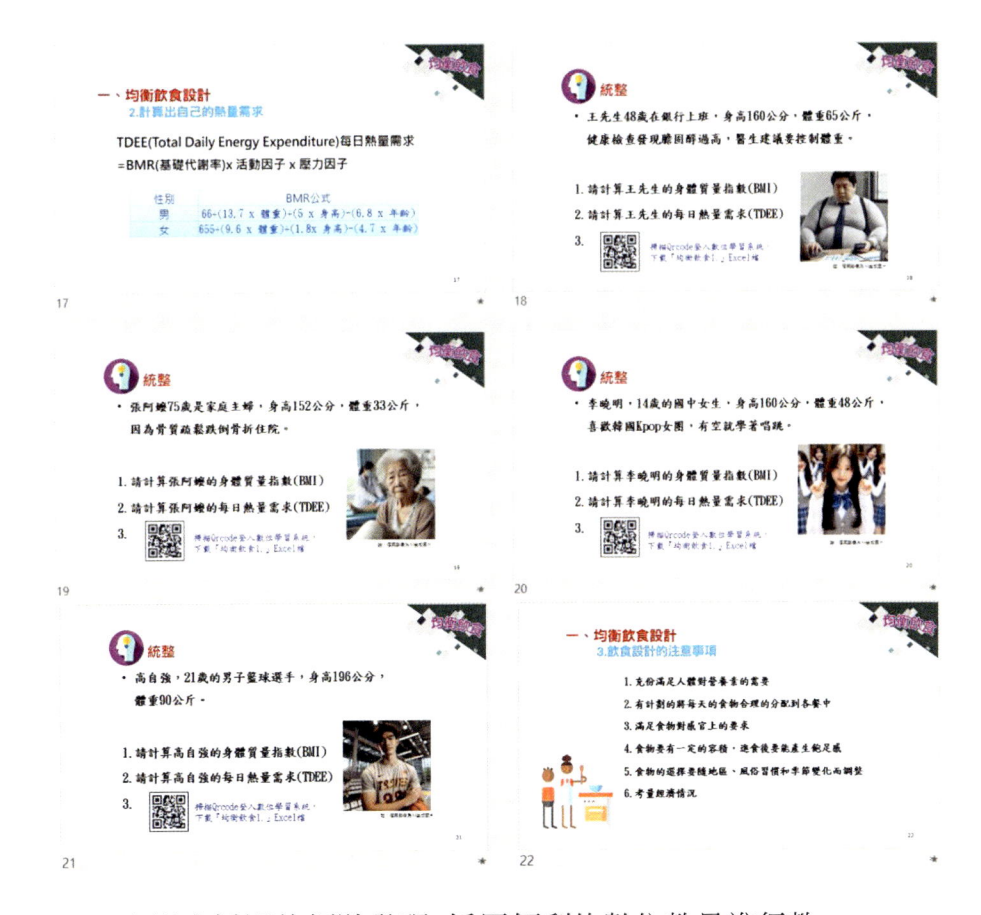

　　由過去授課的經驗發現,採用便利的數位教具進行教學,在課堂上,教師做一步,學生做一步,或者學生課後依照<u>講義</u>一步步操作,大部分的學生都能獲得很好的成績,但衍生的問題是,學生只會照著做,卻不知其所以然,因

此也就無法舉一反三了。換句話說，學生無法進展至 6E 學習的「深化」階段。

有鑒於此，本研究透過以下的課程設計有效地**將 STEAM-6E 學習模式融入教學中**，提升學生的學習動機，並培養學生解決問題、創新思考等能力。 同時，也讓學生學習到如何維持健康的生活型態，建立正確的健康觀念。

### Stage 01　投入（Engage）

首先，教師使用「案例一、體重過重的中年上班族」詢問學生：王先生是否有過重的問題？如何判斷？引導學生對於體重與健康關係的關注。接著，針對 BMI 計算與每日總熱量需求（TDEE）評估進行示範與講述教學。

教師首先講解 BMI、BMR 和 TDEE 的定義及其在健康管理上的意義，再逐步講解示範 EXCEL 試算表操作。透過數位教具簡化 BMI、BMR 和 TDEE 複雜的數學計算過程，使之更易被學生理解與接受，提升學生學習動機。

**案例一、中年體重過重的上班族**

針對計算顯示「王先生的 BMI 為 25，屬於過重範圍，體脂也過高」，詢問學生：「如果你是王先生，你的理想

STEAM-6E 模式融入菜單設計課程

體重應該是？公斤」以及「依據 BMI 顯示，你可能有什麼健康的問題？」。接著，讓學生自行計算個人的 BMI、BMR、TDEE，進一步反思自己的飲食習慣，增強學習動機，並激發他們關注健康與飲食管理的重要性。

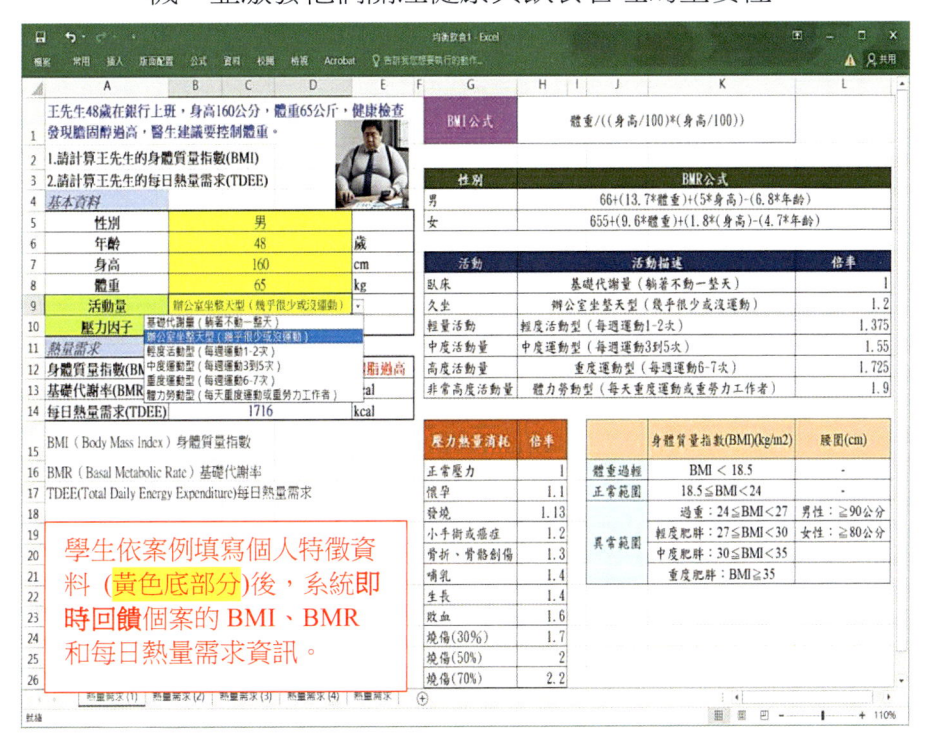

## Stage 02 探索（Exploration）

### 案例二、體重過輕的臥床高齡者

- 69 -

提供**生活案例**資料，讓學生進行自主計算。透過自主學習與計算探索 BMI、BMR 和 TDEE 的概念及應用。

### 案例三、成長期的青少女

李曉明，14歲的國中女生，身高160公分，體重48公斤，喜歡韓國Kpop女團，有空就學著唱跳。

1. 請計算李曉明的身體質量指數(BMI)
2. 請計算李曉明的每日熱量需求(TDEE)

*基本資料*

|  |  |  |
|---|---|---|
| 性別 | 女 | |
| 年齡 | 14 | 歲 |
| 身高 | 160 | cm |
| 體重 | 48 | kg |
| 活動量 | 中度運動型（每週運動3到5次） | |
| 壓力因子 | 生長 | |

*熱量需求*

|  |  |  |
|---|---|---|
| 身體質量指數(BMI) | 19 | 正常範圍 |
| 基礎代謝率(BMR) | 1338 | kcal |
| 每日熱量需求(TDEE) | 3231 | kcal |

### 案例四、青年運動選手

高自強，21歲的籃球選手，身高196公分，體重90公斤

1. 請計算高自強的身體質量指數(BMI)
2. 請計算高自強的每日熱量需求(TDEE)

*基本資料*

|  |  |  |
|---|---|---|
| 性別 | 男 | |
| 年齡 | 21 | 歲 |
| 身高 | 196 | cm |
| 體重 | 90 | kg |
| 活動量 | 體力勞動型（每天重度運動或重勞力工作者） | |
| 壓力因子 | 正常壓力 | |

*熱量需求*

|  |  |  |
|---|---|---|
| 身體質量指數(BMI) | 23 | 正常範圍 |
| 基礎代謝率(BMR) | 2136 | kcal |
| 每日熱量需求(TDEE) | 4059 | kcal |

為增加問題的真實性與自主學習，讓學生二人為一組，互相以同學作為對象，根據 BMI、BMR、TDEE 計算結果分析其飲食需求。

## Stage 03　解釋（Explain）

　　教師解釋 BMI 與 TDEE 的理論背景，並使用案例的數據進一步講解過程，引導學生理解分析結果（例如，王先生 BMI 顯示偏高，張阿嬤 BMI 顯示偏低）。進一步再講解如何根據活動量（例如，靜態工作者，臥床、運動員）與壓力因素（例如，骨折，生長、持續強度運動）調整 TDEE 計算公式。教師幫助學生將數學計算與健康概念結合，並理解如何解釋這些數據對個人健康的意涵。

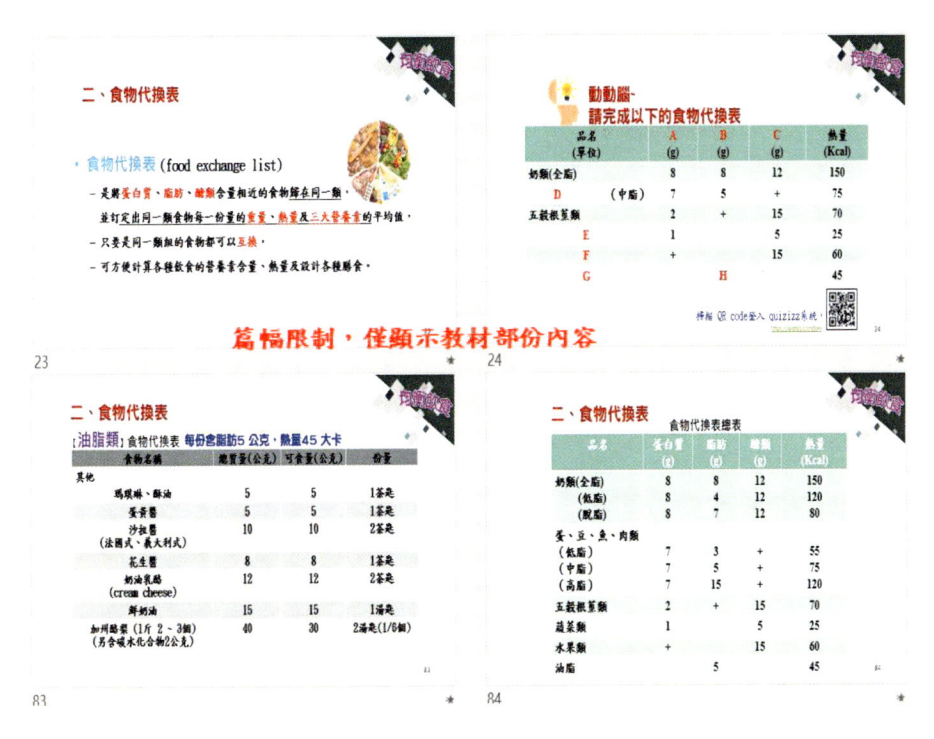

篇幅限制，僅顯示教材部份內容

　　「食物代換」是設計均衡飲食時不可缺少的觀念。教師針對食物代換表進行深入講解，搭配簡報和視覺輔助工具，提供清晰的知識框架。學生在此階段將獲得理論知識，並理解食物代換表的應用。課程中**運用 Quizizz 即時回饋系統進行食物代換原則的快問快答測驗**。表現優秀的個人獲得小獎品。

## Stage 04　實作（Engineer）

- 學生根據自身健康需求，設計並撰寫一日均衡飲食食譜。使用個人的數據（性別、年齡、身高、體重及活動水平）並填寫食物份量，系統即時回饋"正確性"並換算成主營養素。

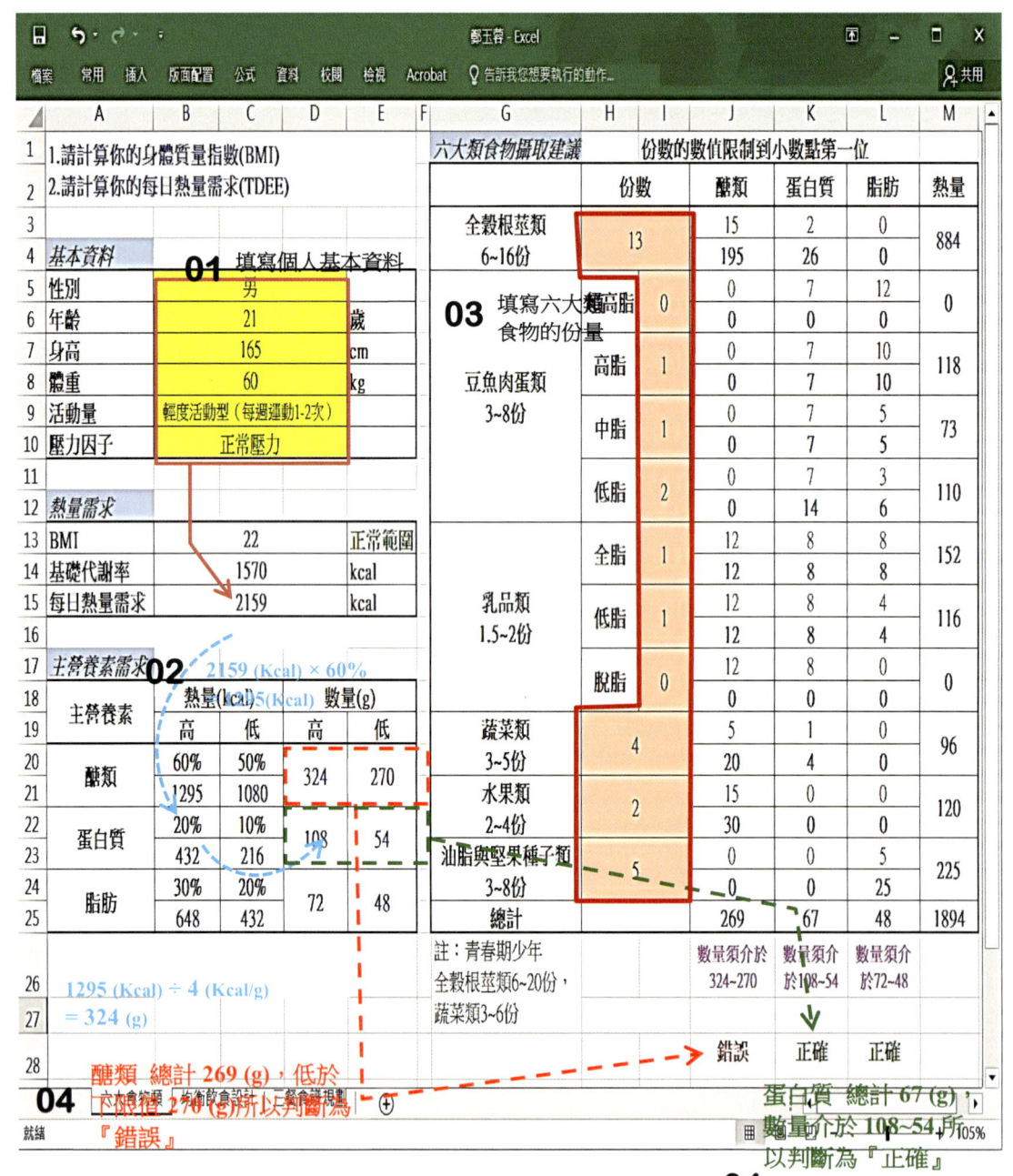

**STEAM-6E 模式融入菜單設計課程**

學生進行菜單設計活動，根據個人的需求以及飲食習慣，設計一日健康飲食計畫，並考慮營養與美學的結合

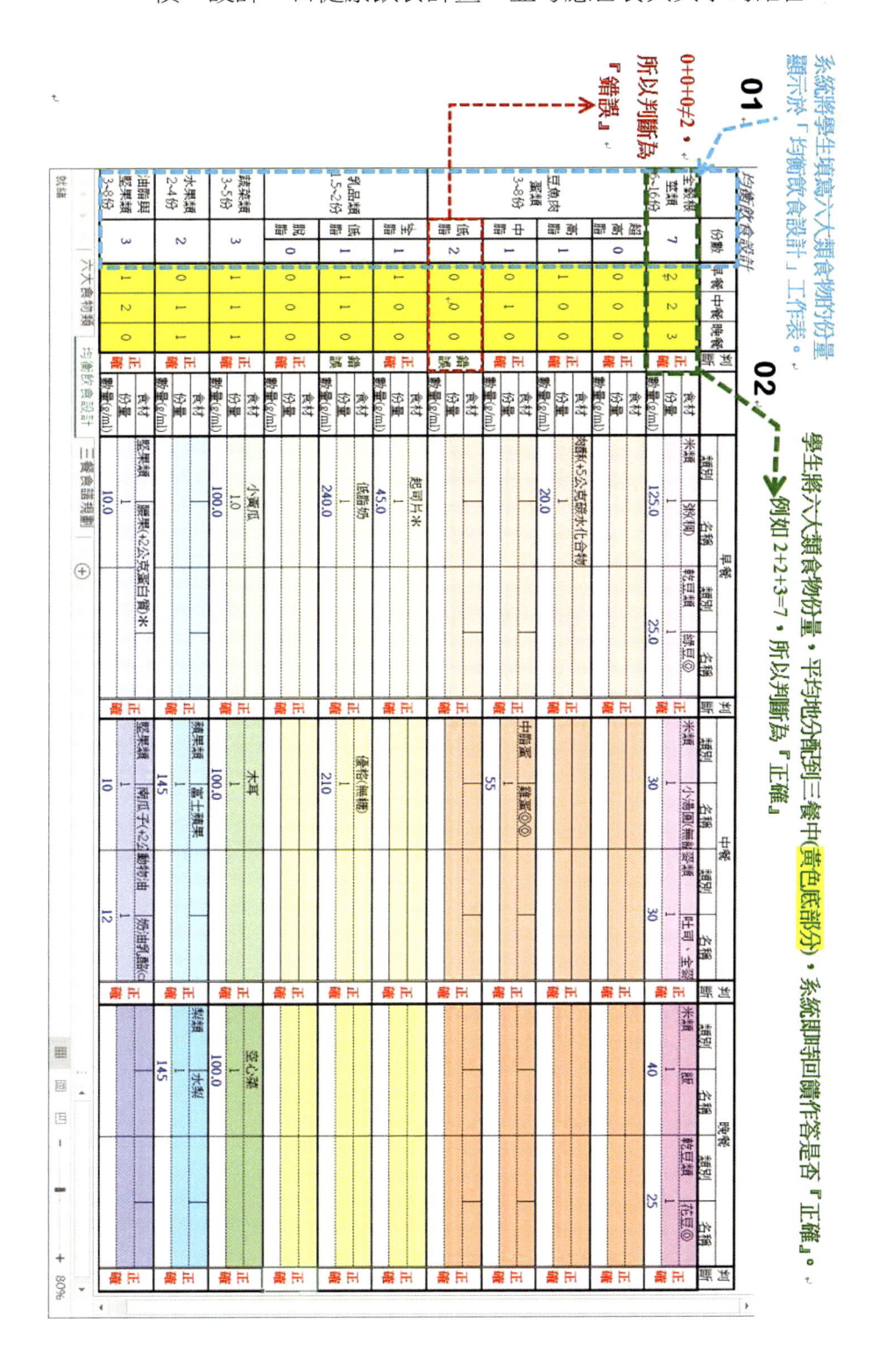

- 73 -

學生選取早、中、晚三餐將使用的食材並填寫份量。系統依據「食物代換表」即時回饋食材的採購重量。

## 均衡飲食設計

### 六大食物類

| 類別 | 份數 | 早餐 | 中餐 | 晚餐 | 判斷 |
|---|---|---|---|---|---|
| 全穀根莖類 6~16份 | 7 | 2 | 2 | 3 | 02 |

**早餐**

| 類別 | 名稱 | 數量 | 份量(g) | 判斷 |
|---|---|---|---|---|
| 米類 | 飯糰 | 125.0 | | 正確 |
| 乾豆類 | | 25.0 | | 正確 |
| 綠豆◎ | | | | 正確 |

均穀+5公克碳水化合物
1 + 1 = 2，所以判斷為「正確」

| 全穀根莖類 | 超高 0 | 0 | 0 | 0 | 食材 數量(g/ml) | | 正確 |
| | 高脂 1 | 1 | 1 | 0 | | | 正確 |
| 豆魚肉蛋類 3~8份 | 中脂 1 | 0 | 1 | 0 | | | 正確 |
| | 低脂 2 | 0 | 0 | 0 | | 20.0 | 正確 |
| | 超低 1 | 1 | 1 | 0 | 起司片x1 | | 錯誤 |
| 乳品類 1.5~2份 | 全脂 1 | 1 | 0 | 0 | 低脂奶 | 240.0 | 正確 |
|  | 低脂 1 | 0 | 1 | 0 | | 45.0 | 正確 |
|  | 脫脂 0 | 0 | 0 | 0 | | | 錯誤 |
| 蔬菜類 3~5份 | 3 | 1 | 1 | 1 | 小黃瓜 | 1.0 100.0 | 正確 |
| 水果類 2~4份 | 2 | 0 | 1 | 1 | | | 正確 |
| 油脂堅果類 3~8份 | 3 | 1 | 2 | 0 | 堅果類 | 1 10.0 | 正確 |

**中餐**

| 類別 | 名稱 | 數量 | | 判斷 |
|---|---|---|---|---|
| 米類 | 小湯圓無餡驚類 | 30 | | 正確 |
| | 吐司,主要 | 1 30 | | 正確 |
| 中脂蛋 | 雞蛋◎◎ | 1 55 | | 正確 |
| | | | 210 | 正確 |
| | (優格無糖) | | | 正確 |
| 蔬果類 | 木耳 富士蘋果 | 1 100.0 | 145 | 正確 |
| | 南瓜子x2 動物油 | 1 12 | 防油乳酪Ca | 正確 |

03

**晚餐**

| 類別 | 名稱 | 乾豆類 | 名稱 | 判斷 |
|---|---|---|---|---|
| 米類 湯類 回鍋類 灌輸類 其他麵粉類 | | 25 花豆◎ | | 正確 |

01 以下拉式選單填寫食材的「類別」和「名稱」。

| 梨類 | 水梨 | 100.0 | | 正確 |
| 蔬果類 | 空心菜 | 145 | | 正確 |

## STEAM-6E 模式融入菜單設計課程

系統將學生設計的均衡飲食選用食材的種類、名稱、數量顯示於「三餐食譜規劃」工作表。學生使用食材設計一日的食譜。在設計均衡菜單的過程中，學生需要考慮如何將不同食材組合，這涉及到實際的計劃與創新思維，即 STEAM 中 的工程（Engineering）概念。

| | 早餐食材 | | 早餐食譜 | | 中餐食材 | | 中餐食譜 |
|---|---|---|---|---|---|---|---|
| 早餐 | 粥(稠) | 芋頭(滾刀塊3-4塊) | 肉鬆芋頭粥，炒蝦仁，脫脂鮮奶，涼拌小黃瓜，腰果（直接吃） | 中餐 | 飯 | 0 | 雞排雞腿飯。水煮小白菜，蘋果 |
| | 125 | 55 | | | 40 | | |
| | 魚肉鬆(+10公克碳水化合物)＊ | 0 | | | 雞排 | 0 | |
| | 25 | | | | 40 | | |
| | 蝦仁 | 0 | | | 雞腿 | 0 | |
| | 50 | | | | 40 | | |
| | 脫脂奶 | 0 | | | 0 | 0 | |
| | 480 | | | | | | |
| | 小黃瓜 | 0 | | | 小白菜 | 0 | |
| | 100 | | | | 200 | | |
| | 0 | 0 | | | 五爪蘋果 | 0 | |
| | | | | | 420 | | |
| | 橄欖油 | 腰果(+2公克蛋白質)＊ | | | 橄欖油 | 0 | |
| | 5 | 10 | | | 10 | | |

六大食物類 | 均衡飲食設計 | 三餐食譜規劃

| | 晚餐食材 | | 晚餐食譜 |
|---|---|---|---|
| 晚餐 | 飯 | 0 | 小芹菜超嫩豆腐，小黃瓜（直接吃），配白飯 |
| | 40 | | |
| | 嫩豆腐 | 0 | |
| | 140 | | |
| | 0 | 0 | |
| | 0 | 0 | |
| | 小芹菜＊ | 小黃瓜 | |
| | 100 | 100 | |
| | 0 | 0 | |
| | 0 | 0 | |

教師批閱學生設計的食譜後與學生討論修正。

**Stage 05　深化（Enrich）**

　　學生分組，各組由四個案例中選擇一名「客戶」並使用提供的數據（性別、年齡、身高、體重及活動水平）進行計算。小組成員討論並進行菜單設計活動，學生根據不同族群（如上班族、高齡者、學生、運動員）需求，設計一日健康飲食計畫，並考慮營養與美學的結合。

**Stage 06　評量（Evaluate）**

> 多元評量
> - ☑ 課堂參與評量：觀察學員在分組討論與探索活動中的積極性與貢獻度。
> - ☑ 實作評量：根據學員設計的均衡飲食菜單與實際製作的餐點，評估創意、均衡與實用性。
> - ☑ 小組專題報告：學生提交針對特定對象設計的均衡飲食方案，包含數據分析、設計邏輯與實施計劃。
> - ☑ 自我評估：學員回顧課堂學習成果，記錄自己對均衡飲食的理解與生活應用計劃。

　　以上過程中，使用科學（針對 BMI、TDEE 和均衡飲食等的計算方法）、技術（使用 Excel 進行自動計算）、工程（設計健康計劃）、藝術（創造健康計劃的呈現方式）和數學（使用數學公式計算）等 STEAM 元素，來提高學生的學習動機，並培養他們的創造力和聰明才能。

# 主題 2. 標準食譜與循環菜單—特定團體之菜單設計

本階段課程主要目的在培養學生具備標準食譜設計、食材成本控制及特定團體循環菜單規劃的能力，使其能夠在團膳、餐飲業或相關領域有效管理成本並滿足不同團體的營養與口味需求。以下將詳細說明如何透過 STEAM-6E 教學法有效提升學生的學習動機。

**Stage 01　投入（Engage）**

在培育未來餐飲業專業人才的過程中，我們必須強調永續發展對餐飲業的重要性。餐飲相關科系的學生，不論未來成為餐飲業經營者，或擔任餐廳內場與外場的專業人員，都應具備環保意識與資源管理能力。因此，課程首先以影片展示食物浪費的嚴重性及其對環境和經濟的影響，激發學生的好奇心和參與意願。

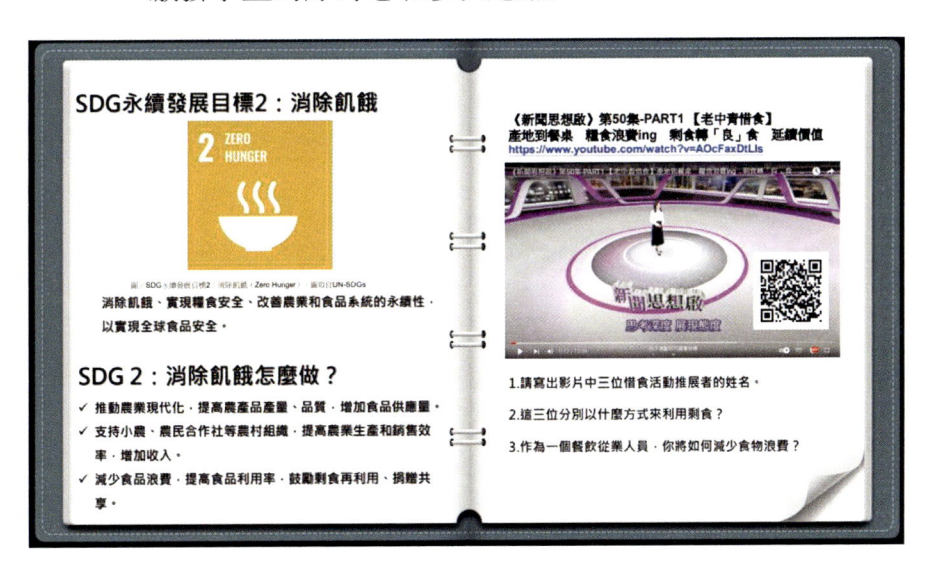

圖 2-6　課程教材融入 SDG 永續發展目標 2

## 啟動餐旅學習力

透過課程設計，我們引導學生思考如何透過精確設計菜單、選用在地當令食材、運用惜食概念的料理方式來降低碳排放與食材耗損，進而實踐永續經營的理念。這不僅能提升學生的專業素養，也能培養他們具備負責任的經營管理思維，為未來餐飲產業的可持續發展奠定堅實基礎。

| 科目 | 食物製備 | 班級 | 餐旅一 | 姓名 | 朱 | 學號 | | 第 頁 |
|---|---|---|---|---|---|---|---|---|

我認為，台灣太浪費食物了。如果能夠對吃不完、使用不到、擺置過後剩下的食材用冰到別的地方，保存下來，隔寒使用，川燙保存，或是可以寄到貧脊、給予偏遠的居民食用。影片中有一句話，讓我印象很深刻，全球70億人，有其中的10億人沒有飯吃，在我們吃飽閒時，用剩的，也有人挨餓中。如果能將世界們所浪費的食物，好好利用，那麼窮人，挨不足肚會使10億的人慢慢減少到0個。

食物包含了所有豐富的營養以及水份，使用適當的方式去烹飪保存，維持食物本身的水份足營養。當我們浪費一餐，對他們來說，我們的一餐是盛宴。但我們卻拋棄食物，真的不太可以。如果只是一些蔬菜水果的外觀不好看，就丟棄真的很可惜，如果能忍忍要情，如果能把不好看的做些整理，就拼使用了。希望看見台灣的改變。

| 科目 | 食物製備原理 | 班級 | 餐旅一 | 姓名 | 楊 | 學號 | 40 | 第 頁 |
|---|---|---|---|---|---|---|---|---|

心得：不要浪費食物，不吃可以給需要的人，像一些窮困的人們會需要你的幫助，做菜可以抓個份量，做出來的菜如果吃不完就浪費了，吃不完的食物會變成廚餘，一整車的廚餘會直接推進焚化爐。
花椰菜心原來可以做東西吃，切一切拌菜用。
高中老師教我們如何做菜，還有不浪費食物，做剛好的量，吃完也剛剛好飽了，所以剩菜沒有很多，有些人吃不完也會倒掉。
看影片才知道因為菜的外觀不好看，所以就不要哪個菜，外觀不好看，裡面不見得不好看。
原來水果皮可以利用的。

| 科目 | 食物製備 | 班級 | 餐旅一 | 姓名 | 賴 | 學號 | | 第 頁 |
|---|---|---|---|---|---|---|---|---|

臺灣的食物浪費真的很可怕，有的食物其實沒有壞就被丟掉了，所以現在開始有食物銀行，幫助一些需要的人，把食物更均勻地分配名地。但有的食物從產地就直接被拋棄了，因為不夠漂亮，或是用雨水過多而產生裂縫，可是這些都是還能食用，有的其實很漂亮，也會因賣不到錢，就不採收放著爛，日本的食物浪費也很多，也推廣出家庭廚餘換花朵的活動，可以美化社區環境。

學生分享對影片記憶深刻的段落

# STEAM-6E 模式融入菜單設計課程

[學生手寫感想一]

科目：食物製備　班級：餐一　姓名：李　學號：40

看完影片覺得很惋惜，平時逛的超市，食物隨手可得，但背後卻隱藏著看不見的浪費，我家自己是開餐廳的，每次看到客人挑食或吃的少的，往往浪費很多食物，看到都覺得很可惜，為了改善這個情況，我也想了很多方法，最後我們把飯量減少，發現效果不錯，從一桶廚餘減少到半桶以下。

[學生手寫感想二]

科目：食物製備管理　班級：餐一　**學生呼應生活中剩食浪費的經驗**

浪費食物世界前三，看到的時候讓我覺得太扯了！但也覺得不意外，之前在打工的地方就有看到過，牛排吃一口就說不要了，為了衛生我想，我們也只能倒掉，上前詢問為何吃一口就不要了呢？客人回說：因為突然不想吃了，想吃其它的。那時我就在想，有錢也不是這樣花的吧！有多少人沒辦法吃到肉，不能吃到飯，很辛苦的！

**圖 2-7　SDG 永續發展影片觀後感想**

### Stage 02　探索（Exploration）

　　這個階段教師以實例解釋其對菜單設計和成本控制的重要性。進一步帶領學生探索食材的科學特性，了解食材的特性和烹飪過程中的損耗，並講解食物廢棄率、膨脹率、收縮率的概念，以及食材採購成本這些概念間的關係。

　　雖然許多餐旅系的學生擁有兼職工作經驗，但主要從事基層職務，較少接觸到食材成本控管的核心環節，導致對餐飲經營中的成本管理缺乏全面性的認識與實踐經驗。傳統講述法雖能傳遞理論知識，然而學生往往難以將其與實務操作連結，學習成效因此受限。

　　為了提升學生對於成本控制的學習動機與理解深度，本課程導入《餐飲店完全制霸》漫畫，特別選取其中「不知食材的使用，無法真正的賺錢」章節作為學習引導。透

過漫畫生動的劇情、淺顯易懂的對話內容，以及角色面對經營挑戰時的思考過程，學生能夠在輕鬆的學習氛圍中掌握食材成本計算的基本概念，並透過課堂討論與問題回答，進一步培養分析與解決問題的能力。

觀察課堂學生表現，多數學生學習情況結果良好，並主動相互討論。

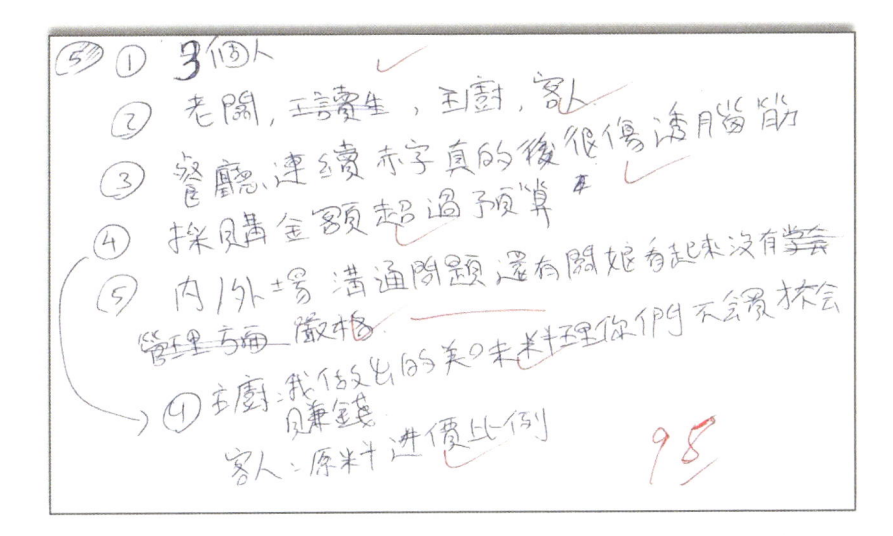

**STEAM-6E 模式融入菜單設計課程**

圖 2-8　PBL 討論與作答

　　透過上述的教學方式不僅增強學生對食材成本控管的理解，亦能引導其將所學應用於未來的職場情境，提升實務操作能力，為日後的餐飲管理與經營奠定基礎。

### Stage 03　解釋（Explain）

　　在餐飲業中，食材成本控管是一個關鍵的管理課題，而其中「食物的廢棄率、膨脹率、收縮率」與「標準食譜製作」密切相關。作為餐飲系教師，應該幫助學生理解這些概念，並在實務操作中應用，以提升成本效益和食品品質。因此，在本階段教師介紹成本控制方法、標準食譜管

- 81 -

理、膨脹與收縮率計算。

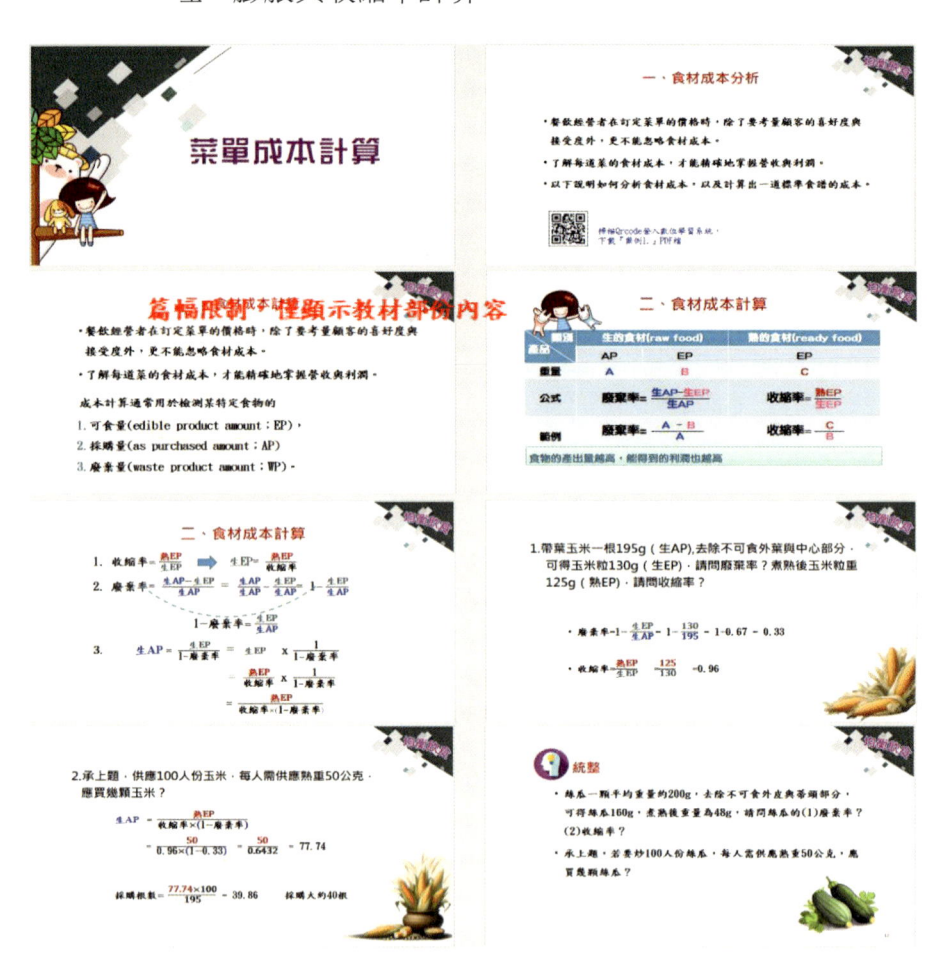

篇幅限制，僅顯示教材部份內容

針對本課程學生數學計算能力的問題，在教授食物廢棄率、收縮率與膨脹率以及食物成本時，採取循序漸進的教學方法，先複習加減法的概念，並運用大量的練習題幫助他們熟練。同時，結合生活化的例子來解釋抽象的公式和大量的實際操作來學習複雜的計算。

課程中，針對同一食材以不同的方式處理（例如：生鮮、乾燥）或使用不同烹飪方法（例如：蒸、煮、炒、炸）產生膨脹/收縮率的差異，以及對於其採購成本的影響加以探討，加深學生對食材成本控制的理解。

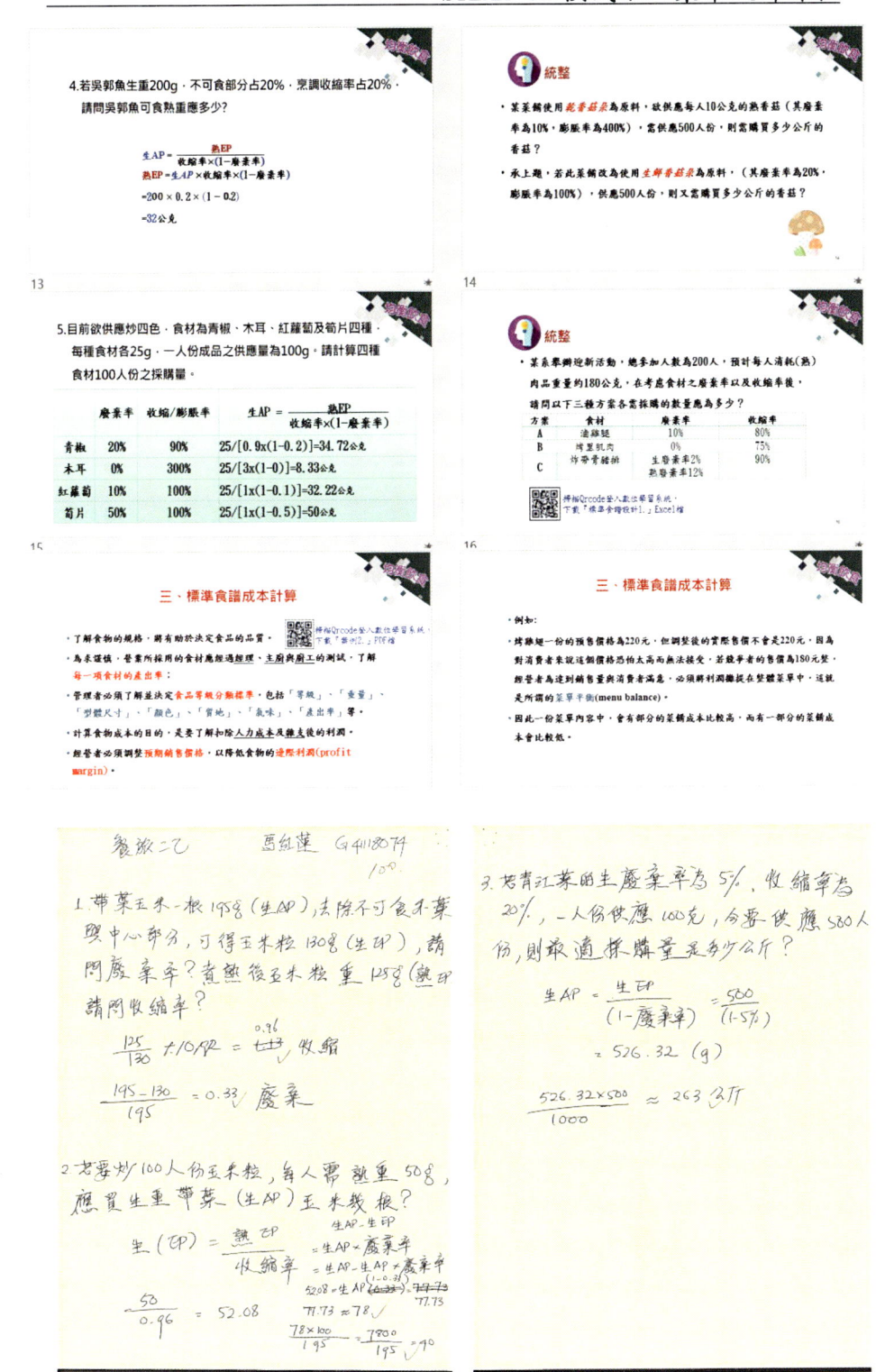

圖 2-9　食物採購量計算練習

## Stage 04　實作（Engineer）

標準食譜的建立不僅能確保食品品質與成本控管，亦是落實聯合國永續發展目標（SDGs）中「消除飢餓」（目標2）與「減少食物浪費」的有效工具。標準食譜可以幫助精確計算食材的使用量，避免過量購買和準備，從而減少食物浪費，也可以幫助確保團體膳食中食物的合理分配，避免過度供應或供應不足的情況。

本階段教師首先講解標準食譜的撰寫格式和注意事項，再導入 Excel 數據分析教具，並且示範如何利用教具建立一個標準食譜以及食材成本計算。

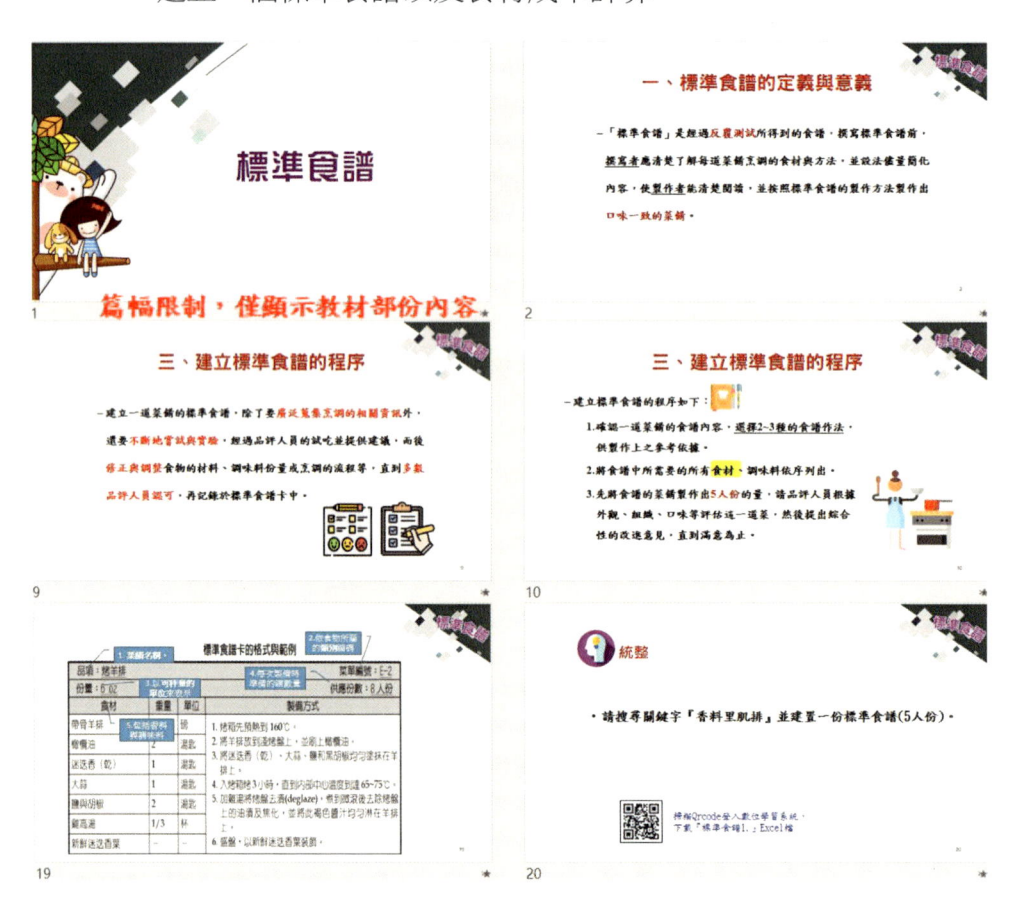

# STEAM-6E 模式融入菜單設計課程

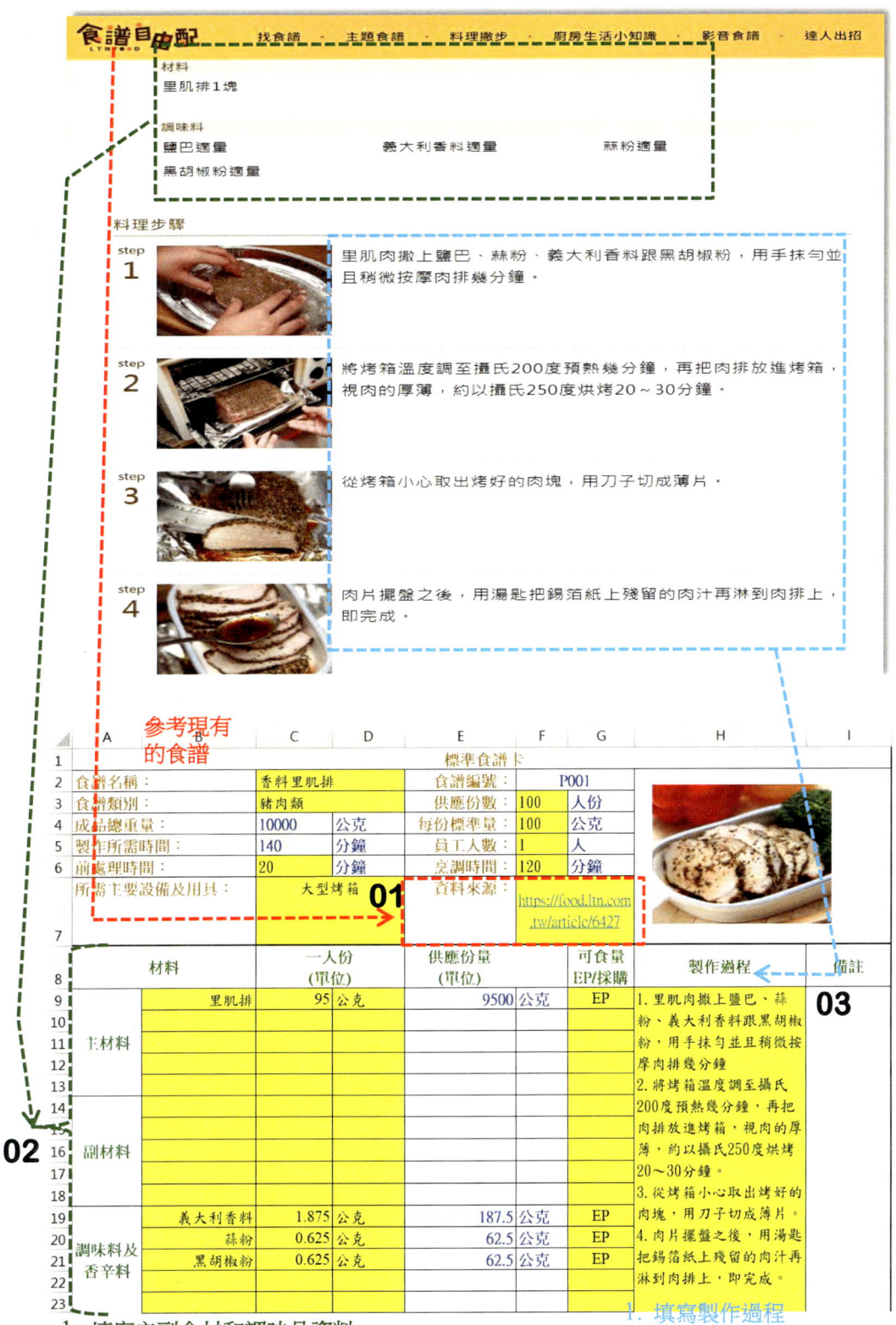

## 材料
里肌排1塊

## 調味料
鹽巴適量　　　義大利香料適量　　　蒜粉適量
黑胡椒粉適量

## 料理步驟

**step 1**　里肌肉撒上鹽巴、蒜粉、義大利香料跟黑胡椒粉，用手抹勻並且稍微按摩肉排幾分鐘。

**step 2**　將烤箱溫度調至攝氏200度預熱幾分鐘，再把肉排放進烤箱，視肉的厚薄，約以攝氏250度烘烤20～30分鐘。

**step 3**　從烤箱小心取出烤好的肉塊，用刀子切成薄片。

**step 4**　肉片擺盤之後，用湯匙把錫箔紙上殘留的肉汁再淋到肉排上，即完成。

---

**參考現有的食譜**

### 標準食譜卡

| 食譜名稱： | 香料里肌排 | 食譜編號： | P001 |
|---|---|---|---|
| 食譜類別： | 豬肉類 | 供應份數：100 | 人份 |
| 成品總重量： | 10000 公克 | 每份標準量：100 | 公克 |
| 製作所需時間： | 140 分鐘 | 員工人數：1 | 人 |
| 前處理時間： | 20 分鐘 | 烹調時間：120 | 分鐘 |
| 所需主要設備及用具： | 大型烤箱 | 資料來源： | https://food.ltn.com.tw/article/6427 |

**01**

| 材料 | 一人份(單位) | 供應份量(單位) | 可食量 EP/採購 | 製作過程 | 備註 |
|---|---|---|---|---|---|
| 主材料 | 里肌排 95 公克 | 9500 公克 | EP | 1.里肌肉撒上鹽巴、蒜粉、義大利香料跟黑胡椒粉，用手抹勻並且稍微按摩肉排幾分鐘。2.將烤箱溫度調至攝氏200度預熱幾分鐘，再把肉排放進烤箱，視肉的厚薄，約以攝氏250度烘烤20～30分鐘。3.從烤箱小心取出烤好的肉塊，用刀子切成薄片。4.肉片擺盤之後，用湯匙把錫箔紙上殘留的肉汁再淋到肉排上，即完成。 | **03** |
| 副材料 |  |  |  |  |  |
| 調味料及香辛料 | 義大利香料 1.875 公克 | 187.5 公克 | EP |  |  |
|  | 蒜粉 0.625 公克 | 62.5 公克 | EP |  |  |
|  | 黑胡椒粉 0.625 公克 | 62.5 公克 | EP |  |  |

**02**

1. 填寫主副食材和調味品資料
2. 進行單位換算　3.填寫數量

1. 填寫製作過程
2. 依據供應對象需求修正

- 85 -

透過 Excel 數據分析教具簡化複雜的食材成本計算，讓學生了解標準食譜與成本控制之間的關聯。學生運用教具建立標準食譜並計算成本。

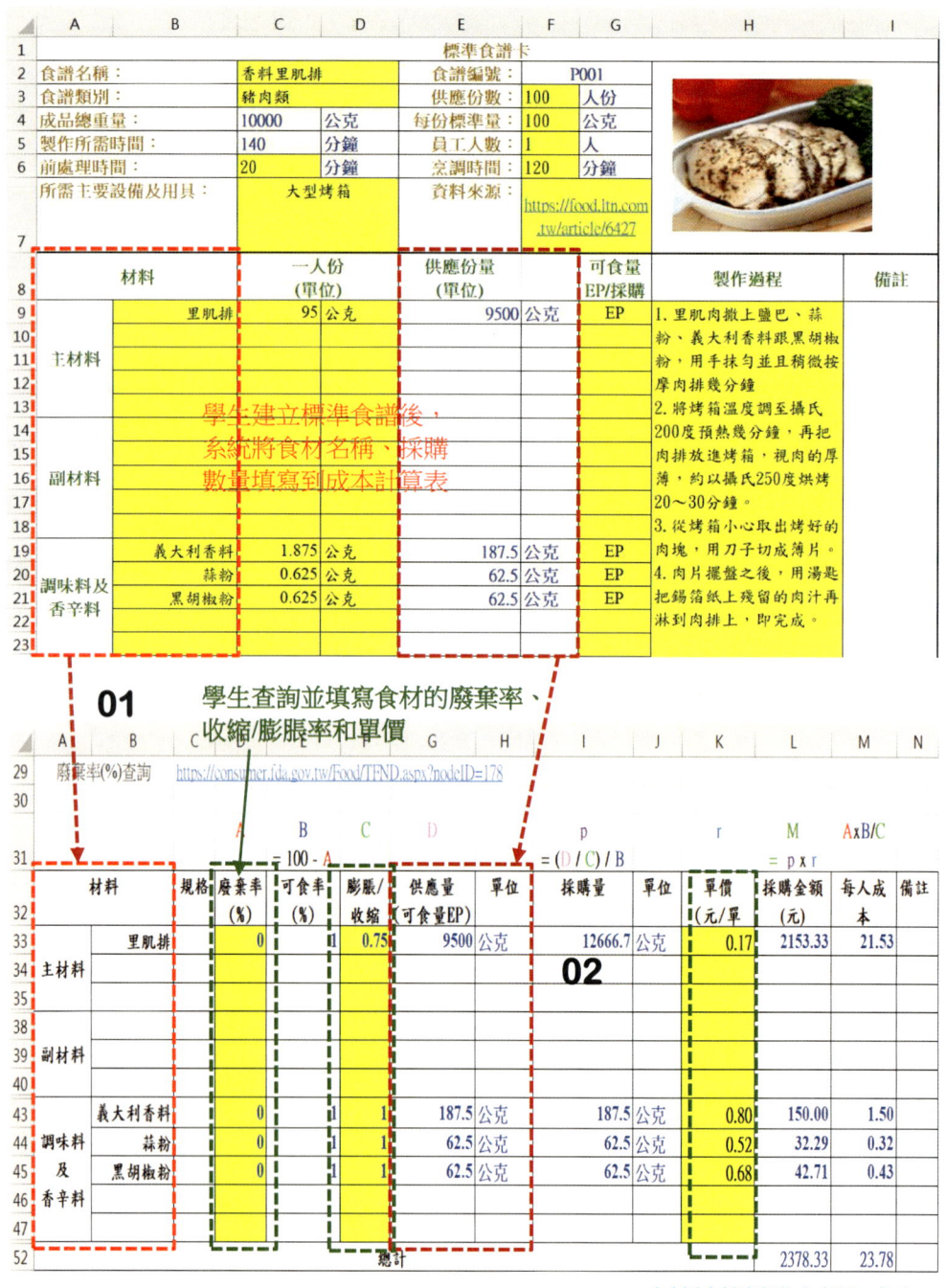

**01** 學生建立標準食譜後，系統將食材名稱、採購數量填寫到成本計算表

**02** 學生查詢並填寫食材的廢棄率、收縮/膨脹率和單價

系統計算採購金額和成本

## Stage 05　深化（Enrich）

教師介紹循環菜單用於不同團體的實例，說明如何融合先前所教授的均衡飲食、標準食譜和食材成本概念並運用 Excel 數據分析教具完成循環菜單設計。各組學生選擇一個主題，進行模擬，並分享成果。

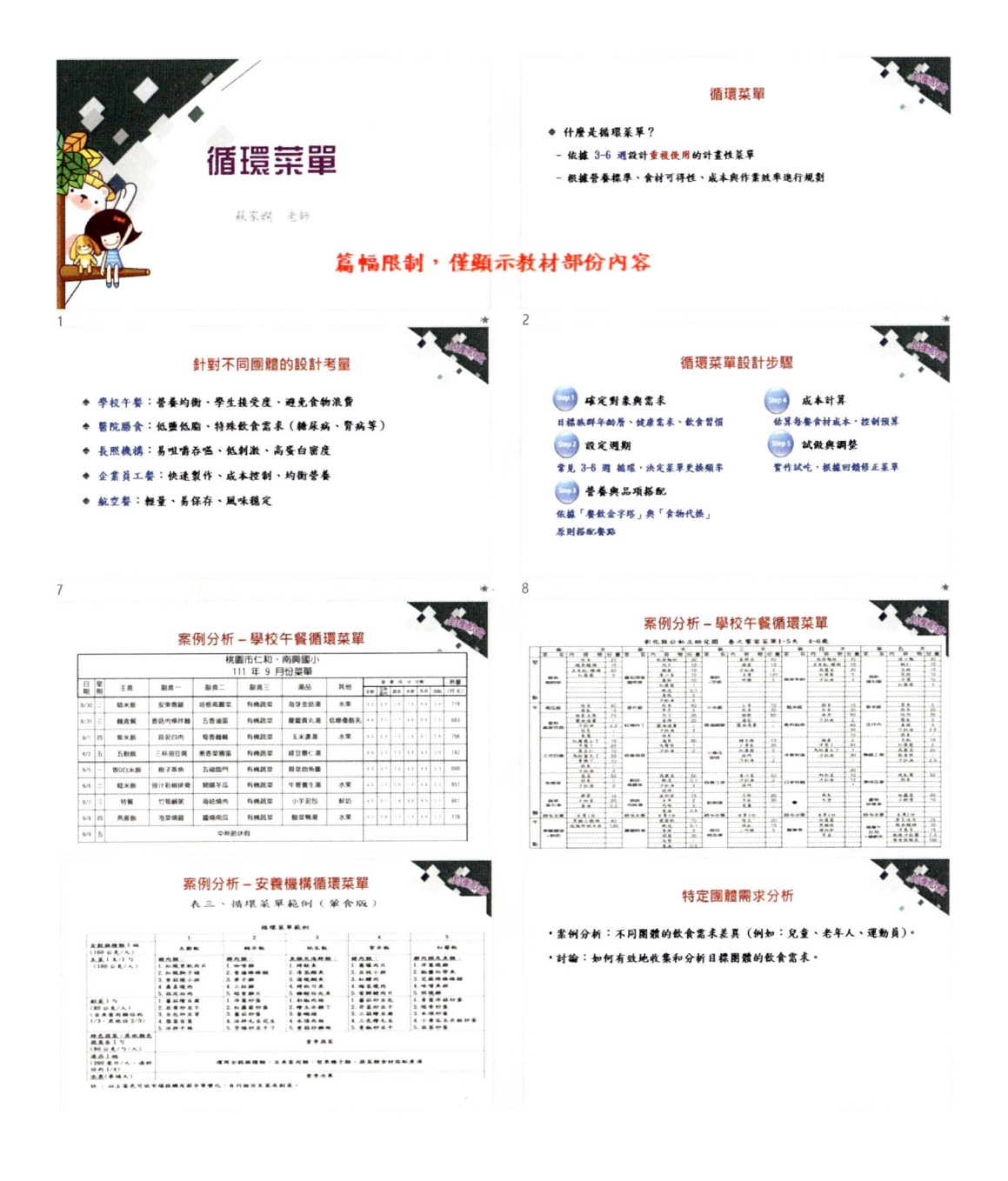

篇幅限制，僅顯示教材部份內容

## Stage 06　評量（Evaluate）

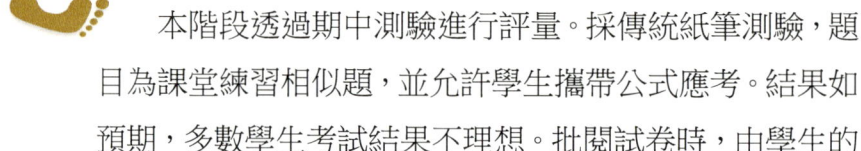

本階段透過期中測驗進行評量。採傳統紙筆測驗，題目為課堂練習相似題，並允許學生攜帶公式應考。結果如預期，多數學生考試結果不理想。批閱試卷時，由學生的作答了解，許多學生在除法上遇到困難，可能源於加減法基礎不穩固。

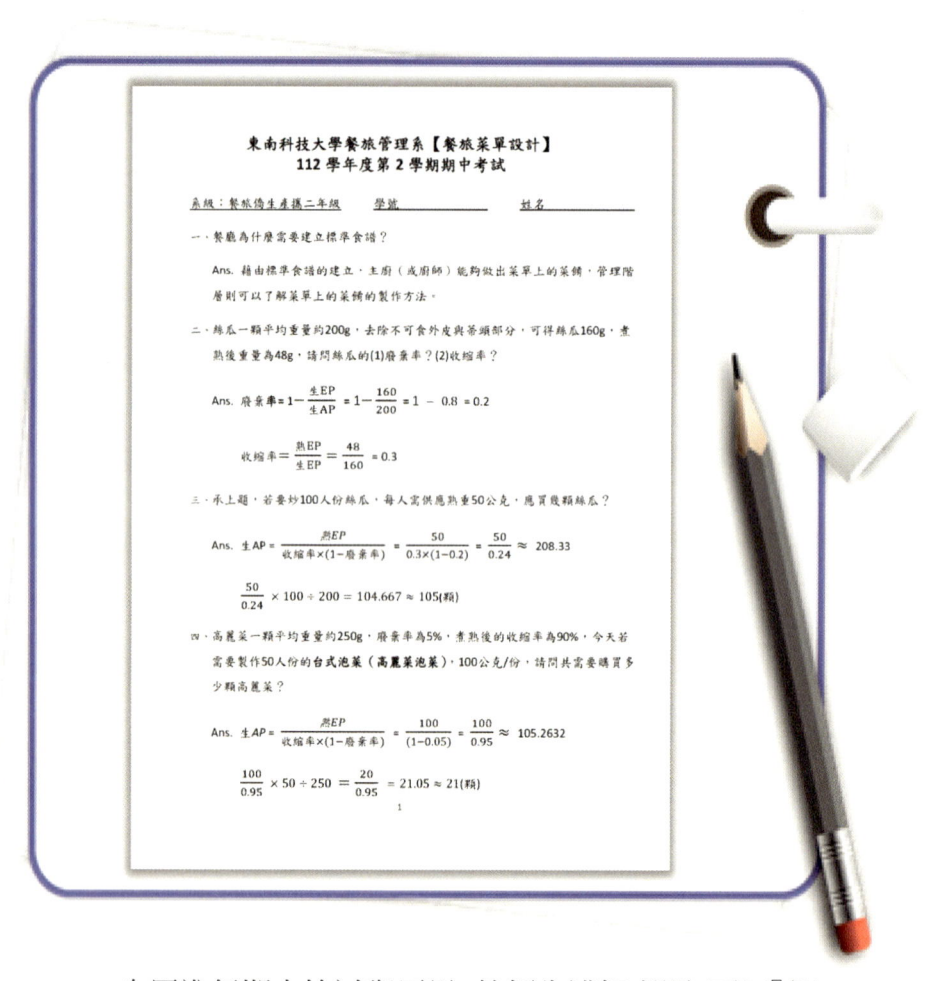

次周進行期中檢討與反思。教師先講解考題，再以『概念題』取代『計算題』，讓學生進行「補救教學」。結果明顯進步許多。同時，透過期中反思，讓學生回顧考前的學習經驗，並提出對於課程改進的建議。

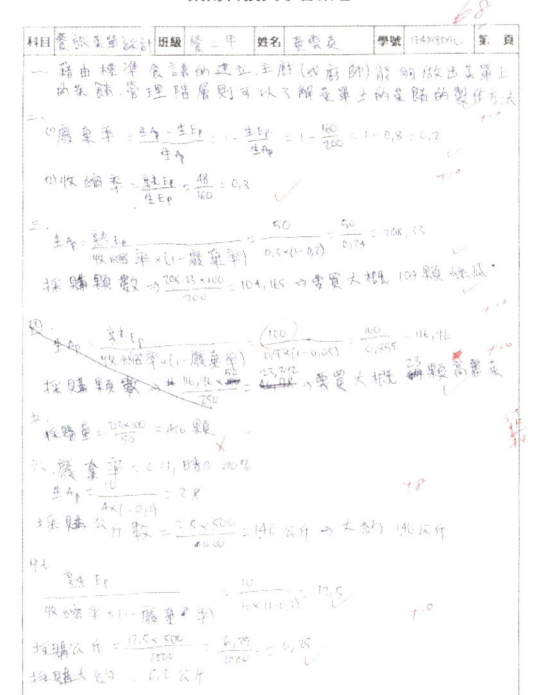

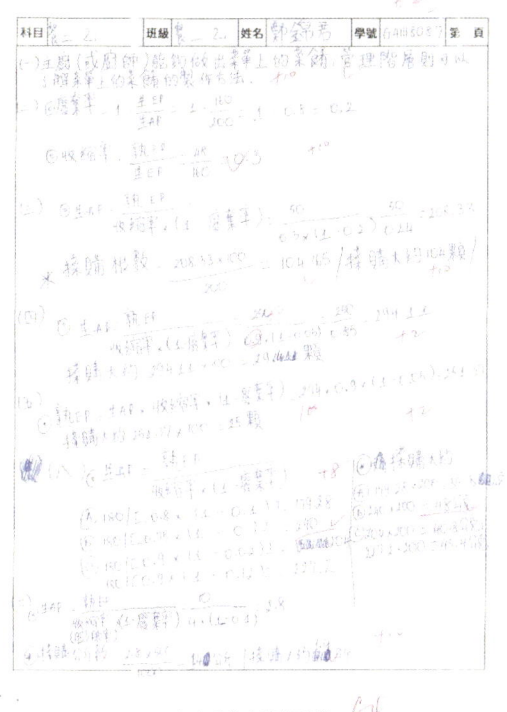

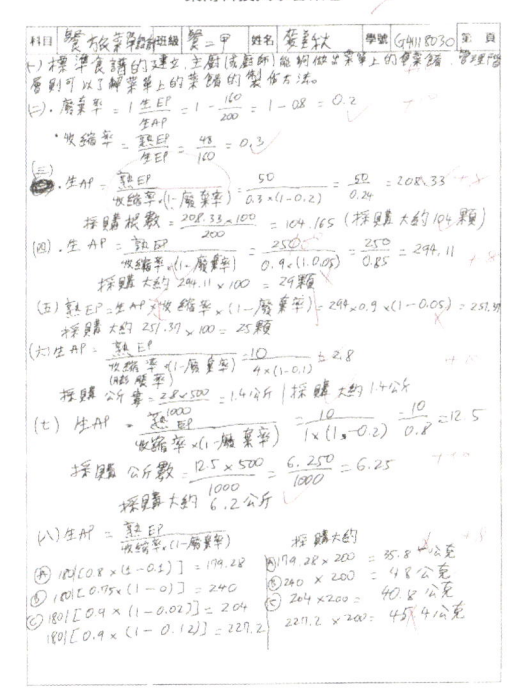

圖 2-10　期中考試學生作答

啟動餐旅學習力

## 期中考試反思表

餐旅系二年級　班

g6j45j0wu6@gmail.com 切換帳戶
未共用的項目

* 表示必填問題

**學號/姓名** *

選擇

**我對本次「菜單設計」期中考試結果的滿意程度** *

　　　　　　1　2　3　4　5　6　7　8　9　10
非常不滿意　○　○　○　○　○　○　○　○　○　○　非常滿意

**「菜單設計」期中考試之前，我所花費的準備時間** *

○ 1小時以下
○ 1～5小時
○ 5～10小時
○ 10～15小時
○ 15小時以上

**本次考試結果與我預期的差異程度** *

　　　　1　2　3　4　5　6　7　8　9　10
沒有差異　○　○　○　○　○　○　○　○　○　○　極大差異

**請問期中考第3題的熟EP值？** *

○ 48 (公克)
○ 50 (公克)
○ 100 (公克)
○ 160 (公克)
○ 200 (公克)

**期中考第4題和第5題的差異為何？** *

☐ 烹調方式
☐ 主要食材
☐ 食物廢棄率
☐ 食物收縮(膨脹)率
☐ 生食和熟食

**承上題，我由第4題和第5題學習到什麼？** *

您的回答

**期中考第6題和第7題的差異為何？** *

☐ 烹調方式
☐ 主要食材
☐ 食物廢棄率
☐ 食物收縮(膨脹)率
☐ 生食和熟食

**承上題，我由第6題和第7題學習到什麼？** *

您的回答

**期中考第8題三個方案的差異為何？** *

☐ 烹調方式
☐ 主要食材
☐ 食物廢棄率
☐ 食物收縮(膨脹)率
☐ 生食和熟食

**承上題，如果第8題中三個方案的食材單價都相同，我會選擇採用哪一個方案？請說明原因** *

您的回答

**我在「菜單設計」課程的主要學習困難為何？請說明** *

您的回答

| 請問期中考第3題的熟EP值？ | 期中考第4題和第5題的差異為何？ | 承上題，我由第4題和第5題學習到什麼？ | 期中考第6題和第7題的差異為何？ | 承上題，我由第6題和第7題學習到什麼？ | 期中考第8題三個方案的差異為何？ | 承上題，如果第8題中三個方案的食材單價都相同，我會選擇採用哪一個方案？請說明原因 | 得分 |
|---|---|---|---|---|---|---|---|
| 50 (公克) | 烹調方式、食物廢棄率、生食和熟食 | 學到了蛋式泡菜跟炒高麗菜的差異 | 烹調方式、食物廢棄率、食物收縮(膨脹)率、生食和熟食 | 能分出來蓄香菇跟主鮮香菇的膨脹和廢棄 | 烹調方式、主要食材、食物廢棄率 | 我會選B方案因為B的方案沒有廢棄率，收縮率也是比較少 | 70 |
| 50 (公克) | 烹調方式、生食和熟食 | 生食跟熟食的差異 | 主要食材、食物廢棄率、食物收縮(膨脹)率 | 以廢棄率和膨脹率來挑選適合的食材 | 烹調方式、主要食材、食物收縮(膨脹)率 | 採用第二個方案因為成本材料豐富，沒有廢棄率，可以提高利潤銷售或本。 | 85 |
| 50 (公克) | 烹調方式、食物收縮(膨脹)率 | 同一種的食材用不同的烹調方式會導致食物收縮膨脹率的變化 | 食物收縮(膨脹)率、生食和熟食 | 主食和熟食它會有食物收縮膨脹率的變化差異 | 主要食材、食物收縮(膨脹)率 | 選擇方案B，因為採購量剛好而且廢棄率也較低 | 60 |
| 50 (公克) | 烹調方式、生食和熟食 | 泡菜不用煮熟所以不用收縮率 | 烹調方式、主要食材、食物廢棄率、生食和熟食 | 生食跟熟食的差異 | 食物廢棄率、食物收縮(膨脹)率 | 方B 因為廢棄率跟收縮率都是最低（0%跟75%） | 60 |
| 50 (公克) | 烹調方式、食物廢棄率、生食和熟食 | 烹調方式、食物廢棄率、生食和熟食 | 主要食材、食物收縮(膨脹)率 | 主食、食物收縮率 | 烹調方式、主要食材、食物廢棄率、食物收縮(膨脹)率 | 第二方案 | 80 |

圖 2-11　期中考試學生檢討與反思問題

- 90 -

## 主題 3. 菜單工程—營利事業菜單設計

這個階段課程核心是營利事業的菜單設計，我們融入 STEAM 教育理念，並透過 6E Learning by Design 提升學生的學習動機。以下是 STEAM-6E 的教學設計：

### Stage 01　投入（Engage）

從建構主義的觀點來看，學習並非被動地吸收知識，而是主動建構知識的過程。「學生出題策略」這個教學方法透過出題，學生需要提取、整合和應用知識，這有助於將資訊從工作記憶轉移到長期記憶，加深學習的印

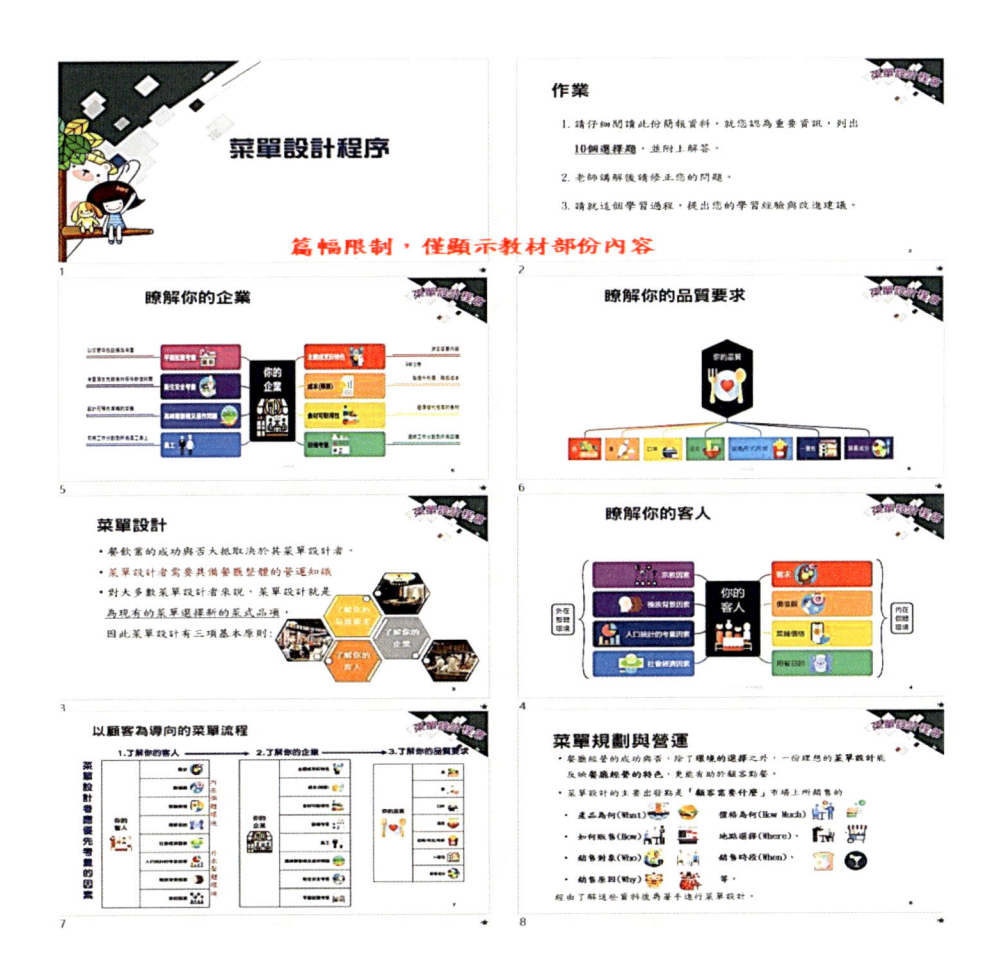

學生仔細閱讀菜單設計程序教材，就內容出 10 個選擇題。雖有極少數學生抄襲複製其他同學設計的題目，忽略了自主學習的重要性，但多數學生表現良好。透過「學生出題策略」增加學生的主動性和參與度，激發他們的學習動機。

圖 2-12 「學生出題策略」學習成果

# STEAM-6E 模式融入菜單設計課程

在投入這個階段，我們以圖片展示不同類型餐盒的設計，引導學生思考如何將科學（如營養學）和藝術（如菜單設計）結合，來創建一個吸引人的健康餐盒。

### Stage 02　探索（Exploration）

詢問學生他們想設計什麼樣的餐盒？針對哪一群體？有什麼樣的特殊需求？透過這個過程提升學生的參與度，引導他們思考菜單設計的各種面向。同時讓學生使用軟體設計菜單，探索各種設計理念和可能性，鼓勵他們進行試驗與調整。

圖 2-13　學生使用軟體設計菜單

# 啟動餐旅學習力

## 06月3日 - 06月9日

### 健康便當設計(1)

⚠ 將於2024年 06月 6日 關閉

ℹ 共42人,10人已繳交, 0人未評分

1. 各小組成員共同合作,設計三套健康便當菜單,包含一主食、一主菜、四副菜。
2. 菜單設計可參考已出版或是網路菜單。
3. 單價請依照**實際採購價格**填寫。

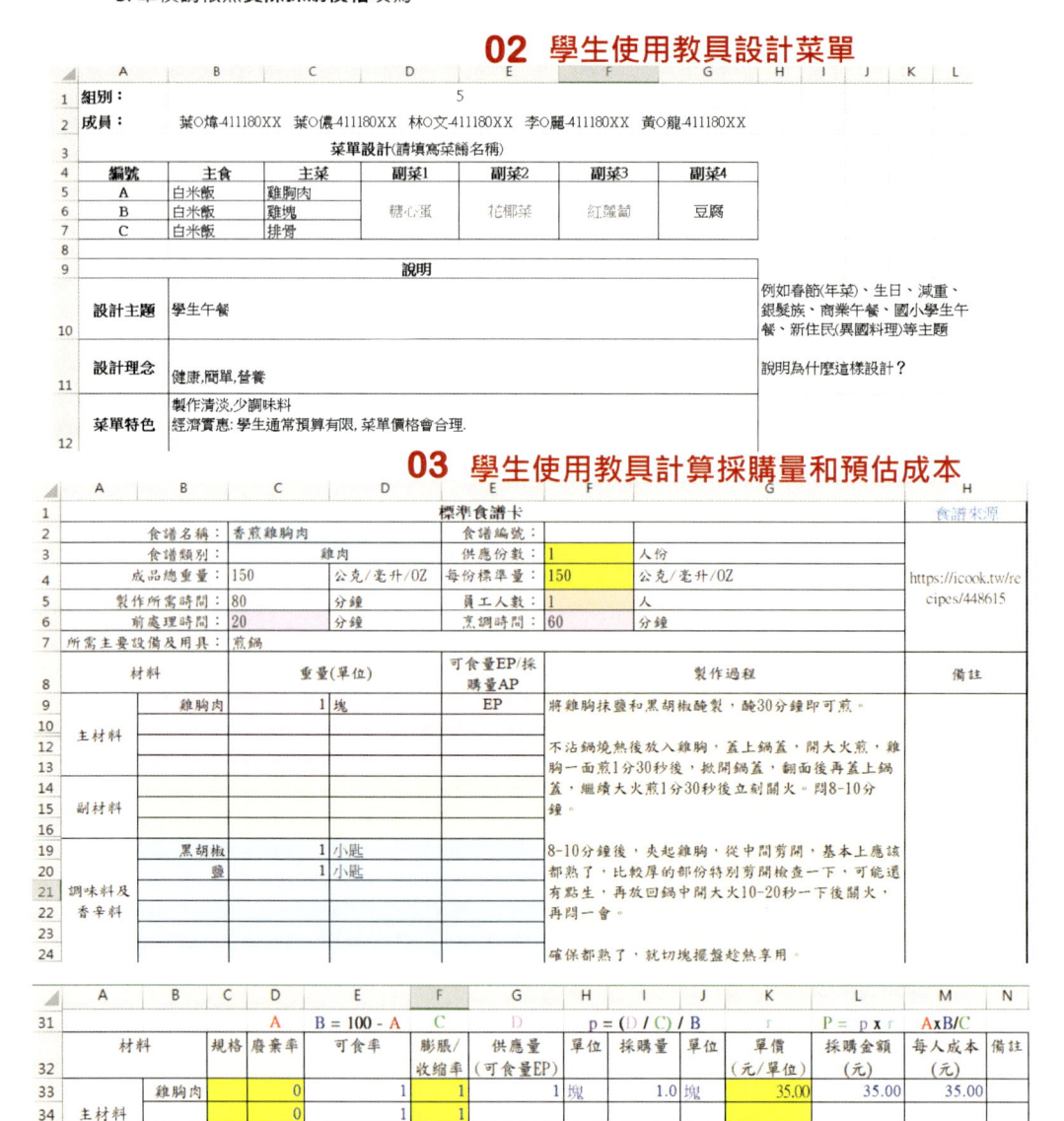

**01** 學生下載 Moodle 平台上的範例 分組討論設計『健康餐盒』

**02** 學生使用教具設計菜單

| 組別: | | | 5 | | | |
|---|---|---|---|---|---|---|
| 成員: | 葉○煒-411180XX 葉○儂-411180XX 林○文-411180XX 李○麗-411180XX 黃○龍-411180XX ||||||
| 菜單設計(請填寫菜餚名稱) |||||||
| 編號 | 主食 | 主菜 | 副菜1 | 副菜2 | 副菜3 | 副菜4 |
| A | 白米飯 | 雞胸肉 | 糖心蛋 | 花椰菜 | 紅蘿蔔 | 豆腐 |
| B | 白米飯 | 雞塊 | | | | |
| C | 白米飯 | 排骨 | | | | |

| | 說明 | |
|---|---|---|
| 設計主題 | 學生午餐 | 例如春節(年菜)、生日、減重、銀髮族、商業午餐、國小學生午餐、新住民(異國料理)等主題 |
| 設計理念 | 健康,簡單,營養 | 說明為什麼這樣設計? |
| 菜單特色 | 製作清淡,少調味料 經濟實惠:學生通常預算有限,菜單價格會合理. | |

**03** 學生使用教具計算採購量和預估成本

標準食譜卡, 香煎雞胸肉 等欄位 (略)

教師批閱小組健康餐盒設計，**彙整各組作業內容(請參閱下表)**，張貼於課程 line 群組，提供學生互相觀摩和評估彼此的設計，並進行討論和改進。 這可以讓學生學習到不同設計理念，並提升的批判性思考能力。

| 組別 | 成員 | 組餐 | 菜單設計(規劃菜餚名稱) |  |  |  | 設計主題 | 設計理念 | 菜單特色 |
|---|---|---|---|---|---|---|---|---|---|
|  |  |  | 主食 | 主菜 | 副菜1 | 副菜2 | 副菜3 |  |  |
| 1 | 梁O伶 何O伶 楊O均 廖O芳 | A B C | 白飯 白飯 紫米飯 | 煎鮭魚 煎雞腿 煎豬排 | 涼拌龍鬚菜 | 白苦瓜炒鹹蛋 | 日式炒小魚乾 | 學生午餐便當 | 因為我們組別的人員喜歡吃減少的熱量 | 主打有控制熱量、均衡搭配飲食、讓大家吃的安心又健康 |
| 2 | 鄭O妹 鄭O琪 鄭O綾 黃O芳 | A B C | 白飯 白飯 白飯 | 水煮雞胸 韓式風味炸雞 酥炸豬肉 | | 水煮高麗菜 | 炒四季豆 | 龍鳳便當等生午餐 | 便宜適合我們學生上班組 | 健康、一份好便當、抓住客人心。 |
| 3 | 關O蓁 梅O筱 麥O琪 沈O金 | A B C | 白飯 白飯 紫米 | 雞肉 鮭魚 | 涼拌小黃瓜 | 紅蘿蔔 | 毛豆 | | | 超訓低卡、低油、營養均衡又新鮮的彩色、不只是健康人的飲食而也適合上班族、外食族、也會員了健康而選擇新手減肥的健康餐盒 |
| 4 | 楊O麗 曾O蓮 黃O倫 | A B C | 白飯 白飯 地瓜 | 炸排骨 雞腿 | 椰子 | 小黃瓜 | 杏鮑菇 | 減肥、減重 | | |
| 5 | 林O絲 鍾O與 李O美 | A B C | 白米飯 紫米飯 紫米飯 | 雞胸肉 煎魚 | 紅蘿蔔炒蛋 | 花椰菜 | 洋蔥炒蛋 | 減重 | 這種食物的料理是讓需要的人仍可以吃到美味的食物並且持健康即可不受苦。有機能作為碳水化合物、地瓜作為 | 卡路里低但、比較健康 |
| 6 | 黃O妤 張O成 泓O偉 | A B C | 米飯 米飯 蛋餅 | 雞胸肉 煎魚 | 花椰菜 | 四季豆 | 雞蛋 | 健康便當 | 生魚過量要減脂食物。(未經加工的)、天然的食物 | 少油、低糖及高蛋白、食材均衡的我們組每個人都喜吃的健康的食物 |
| 7 | 伍O見 蕭O現 施O忠 莊O平 | C | 陽春麵 | 紅燒牛肉麵 | 泡菜 | 茶葉蛋 | 芒果 | 關島風味、快樂生活 | 我們的設計理念是將傳統中式菜飲與現代的菜單。打造簡單有效的菜飲兒味。通過烹料不同的使用讓每個人都能輕鬆享受美味中餐。通過基料烹製步驟指導和品嘗，我們希望在繁忙每個人都能在享受傳統美食的同時，體驗中式料理的便捷與自在。 | 我們的菜單特色在於融合傳統與現代，提供簡單目美味的中式料理。每道菜皆是由新鮮蛋與經濟實惠健康的家庭料理，如豆腐炒肉絲、番茄炒蛋，我們設計的菜單包括燒肉豆的目標是藉由詳細的步驟指引，讓無論新手還是老手都能輕鬆上手。 |
| 8 | 黃O庭 王O裱 包O崎 | A B C | 白飯 白飯 細麵 | 炸雞腿 炒肉絲 炸排骨 | 高麗菜 | 花椰菜 | 玉米粒 | 國小學生午餐 | 因為我學得這樣的設計對小學生很適合，菜單包含肉類、蔬菜、果類 | 關具美味、快樂生活 |
| 9 | 楊O岭 傅O語 張O樑 | A B C | 紫米飯 地瓜 馬鈴薯 | 紫米飯 前牛肉 舒肥雞胸肉 煎鮭魚 | 水蓮蔬菜 | 水蓮花椰菜 | 水蓮玉米 | 健康餐 | 現代人追求健康的重要飲食 | 低卡低糖低脂 |

圖 2-14 健康餐盒設計菜單成果

## Stage 03　解釋（Explain）

教師說明「營利事業」菜單設計與之前介紹的「特定個人」和「非營利事業」菜單設計的差異，幫助學生建立初步的概念。教師進一步以學生設計的菜單為範例解釋營利事業菜單設計的原則，例如：產品定位、成本控制、目標客群需求等。結合科學（營養價值）、技術（線上工具或軟體）和工程（設計思維），並提供一些成功案例分析，例如：瓦城餐廳的成功菜單設計策略，以創造學生對菜單設計的全面理解。

## Stage 04　實作（Engineer）

在這個階段邀請「中餐實務製備」課程老師協同教學，在中餐老師的協助下，學生可以實際應用他們在前幾個階段所學到的知識和技能，將設計轉化為實際的健康餐盒，獲得成就感與自信心，並提升學習的興趣。

圖 2-15　學生依菜單設計製作「健康餐盒」

## Stage 05　深化（Enrich）

學生進行數據分析，計算每個健康餐盒的成本和售價。教師引導學生思索其他影響定價的因素（如業務、人事費用，生產和販售數量等），並讓學生修正之前的飲食計畫。透過共同完成期末報告的過程，可以增進學生溝通與協調的能力，培養尊重他人和團隊合作精神，也促使他們融合藝術元素，設計出更加美觀、具有特色的簡報，進而培養學生的創造力和審美能力。

## 成品(餐盒A)

| 主食 | 主菜 | 副菜1 | 副菜2 | 副菜3 | 副菜4 |
|---|---|---|---|---|---|
| 白飯 | 炸豬排 | 煎蛋 | 小黃瓜 | 花椰菜 | 洋蔥炒 |
| 莫O偉 | 徐O鳳 | 曾O蓮 | 莫O偉 | 胡O金 | 曾O蓮 |

成本
預定 $105
實際 $80
預定售價 150

預定是指由**標準食譜**推估的食材成本。
實際是指學生採購食材的**實際花費**。

|  | A | B | C | D | E | F | G | H |
|---|---|---|---|---|---|---|---|---|
| 2 | 類別 | 主食 | 主菜 | 副菜1 | 副菜2 | 副菜3 | 副菜4 | 總計 |
| 3 | 菜單 | 白飯 | 炸豬排 | 煎蛋 | 小黃瓜 | 花椰菜 | 洋蔥炒 |  |
| 4 | 預定食材成本 | 15 | 70 | 5 | 5 | 5 | 5 | 105 |
| 5 | 實際食材成本 | 15 | 45 | 5 | 5 | 5 | 5 | 80 |
| 6 |  |  |  |  |  |  |  |  |
| 7 | 人力成本 | 人數 |  | 工作時間 | 工資(/小時) |  | 總成品數 | 總計 |
| 8 |  | 4 |  | 2.5 | 183 |  | 105 | 17.4286 |
| 9 |  |  |  |  |  |  |  |  |
| 10 | 業務費佔比 | 預期利潤率 |  | 總成本 |  |  | 售價 |  |
| 11 | 40% | 10% |  | 136.4 |  |  | 150.04 |  |

藉由示範與解說試算表，帶領學生討論影響定價的因素

# STEAM-6E 模式融入菜單設計課程

## Stage 06　評量（Evaluate）

透過期末報告和實作來評估學員的學習成果。學員設計的菜單與參與討論也作為評量的一部分。本階段的評分方式包含

| 評量方式 | 說明 | 工具 |
|---|---|---|
| ☑ 專家評量 | 邀請產業具實務經驗的主廚、專業中餐教師以及專業營養教師擔任期末報告評審，對於學生設計的菜單和製作成品提供多元的改進建議。 | 作品評分表 |
| ☑ 組內同儕互評 | 組內同儕互評來評量學生在團隊合作中投入的程度。 | 同儕評分表 |
| ☑ 組外同儕互評 | 學生透過評量別人，深化對技術成果的認知並增加交流。 | 簡報評分表 |
| ☑ 教師評量 | 教師透過期末報告評估學生的學習成果，了解他們是否理解課程的主要概念，並能將這些概念應用到實際的設計中。 | 簡報評分表 |
| ☑ 教師觀察紀錄 | 在健康餐盒設計整個過程中，老師對學生的學習情況、問題解決能力、團隊合作等方面進行評估，並給予反饋。 | 教師日誌 |

圖 2-16 「健康餐盒」專家評量

教師於**課堂上詳細說明同儕互評的原則、方法、與計分標準**，並將各小組健康餐盒簡報製成的**電子書(請參閱附件五)**與同儕互評表單放置於課程群組進行同儕互評。

圖 2-17 「健康餐盒」組外同儕互評表單

## 啟動餐旅學習力

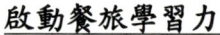

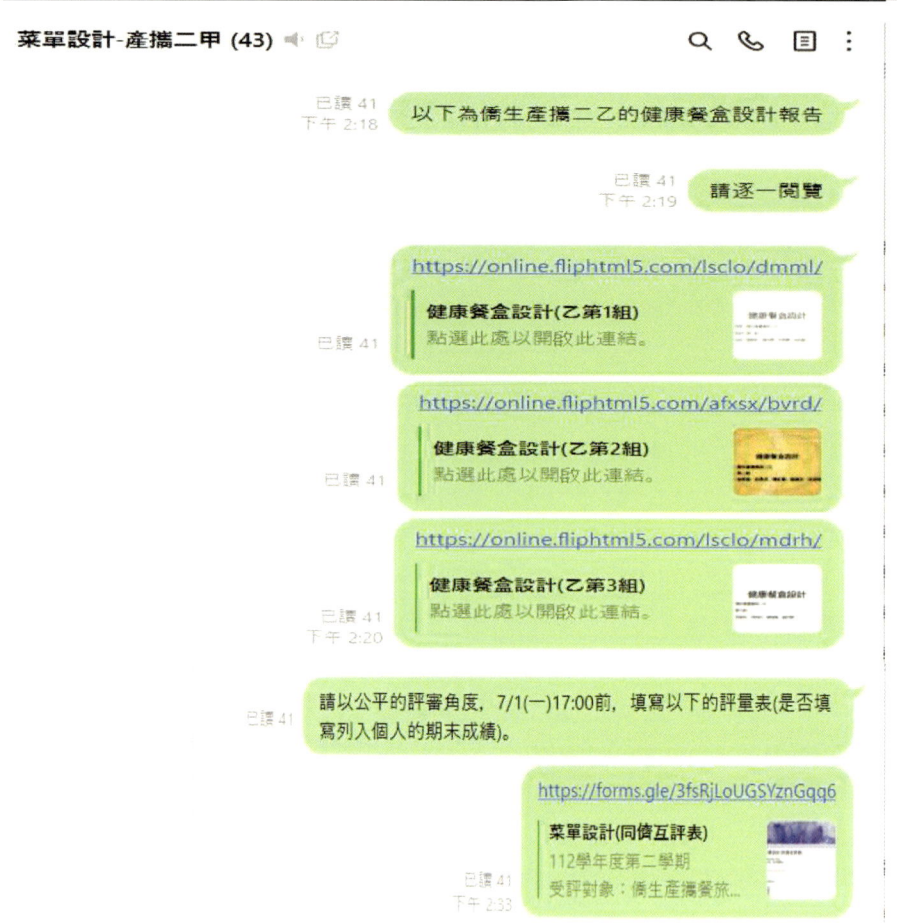

[聊天室截圖：菜單設計-產攜二甲 (43)]

- 以下為僑生產攜二乙的健康餐盒設計報告（下午 2:18）
- 請逐一閱覽（下午 2:19）
- https://online.fliphtml5.com/lsclo/dmml/ 健康餐盒設計(乙第1組) 點選此處以開啟此連結。
- https://online.fliphtml5.com/afxsx/bvrd/ 健康餐盒設計(乙第2組) 點選此處以開啟此連結。
- https://online.fliphtml5.com/lsclo/mdrh/ 健康餐盒設計(乙第3組) 點選此處以開啟此連結。（下午 2:20）
- 請以公平的評審角度，7/1(一)17:00前，填寫以下的評量表(是否填寫列入個人的期末成績)。
- https://forms.gle/3fsRjLoUGSYznGqq6 菜單設計(同儕互評表) 112學年度第二學期 受評對象：僑生產攜餐旅…（下午 2:33）

甲班健康餐盒設計的評量結果

| 組別 | 我覺得售價最合理的健康餐盒是 | 我覺得設計最佳的健康餐盒是 | 我會購買的健康餐盒是(多選題) | 我絕對不會購買的健康餐盒是 |
|---|---|---|---|---|
| 第1組 | 12 | 13 | 17 | 4 |
| 第2組 | 4 | 0 | 11 | 10 |
| 第3組 | 5 | 6 | 10 | 1 |
| 第4組 | 4 | 4 | 0 | 4 |
| 第5組 | 6 | 5 | 8 | 3 |
| 第6組 | 3 | 2 | 9 | 8 |
| 第7組 | 3 | 8 | 10 | 5 |
| 第8組 | 3 | 2 | 4 | 5 |

乙班健康餐盒的評量結果

| 組別 | 我覺得售價最合理的健康餐盒是 | 我覺得設計最佳的健康餐盒是 | 我會購買的健康餐盒是(多選題) | 我絕對不會購買的健康餐盒是 |
|---|---|---|---|---|
| 第1組 | 9 | 7 | 15 | 12 |
| 第2組 | 2 | 1 | 13 | 2 |
| 第3組 | 7 | 3 | 15 | 0 |
| 第4組 | 5 | 6 | 0 | 1 |
| 第5組 | 7 | 6 | 14 | 3 |
| 第6組 | 3 | 6 | 5 | 14 |
| 第7組 | 1 | 7 | 7 | 7 |
| 第8組 | 10 | 8 | 11 | 5 |

圖 2-18　同儕互評

　　本課程設計的重點在於讓學生主動參與，並在過程中體驗到 STEAM 的融合應用。透過上述策略，本課程有效地將 STEAM 教育理念融入課程，並透過 6E Learning by Design 提升學生的學習動機和學習成效。

## (四)學習評量與分析方法

### 1. 成績考核方式

在本課程的三個階段,透過「多元評量」方式檢視了學生的學習歷程與成長。我們的評量基準為

- 平時成績【50%】依個人出席、課堂學習單、上課態度及參與程度評分。
- 期中評量【20%】針對菜單成本控制主題進行的測驗、檢討、反思和補救教學等學習表現。
- 期末報告【30%】包含口頭與書面報告,針對實習餐廳小組繳交之實習餐廳菜單設計與促銷策略報告,專家評分後依據組外同儕互評作為調整各組分數的依據,再根據組內同儕互評作為調整小組成員個人分數的依據。

### 2. 學習成效評量工具

| 評量工具 | 說明 |
| --- | --- |
| 前後測 | 第一週進行菜單設計課程測驗前測,最後一週進行後測。 |
| 訪談 | 於成績表現前、中、後段各抽取 2 名同學進行訪談。 |
| 學習單 | 根據課程內容以及上課學生實際的反饋,自編學習單,藉此了解學生在 STEAM—6E 教學模式實施後的學習效果。 |
| 即時回饋系統 | 課程中透過 IRS 即時反饋。 |
| 專家評量 | 邀請產業具實務經驗的經理人或主廚擔任期末 |

| 評量工具 | 說明 |
|---|---|
| | 報告評審,以提供實務上多元諮詢的機會。 |
| 組內同儕互評 (Rubric 評分表) | 透過組內同儕互評來評量學生在團隊合作中投入的程度。 |
| 組外同儕互評 (Rubric 評分表) | 學生透過評量別人,深化對技術成果的認知並增加交流。 |

本研究旨在發展以 STEAM-6E 教學模式為核心的創新教學策略,提升學生在「餐旅菜單設計」課程中的學習動機、學習投入與學習成效。為了更全面評估課程的學習成效,本研究納入更具體的「多元評量」方式能更全面地評估學生的學習成果,確保學生的學習歷程能夠有效轉化為職場競爭力。。

## (五)教學過程與成果

本研究具體教學活動與成果說明如下

### 表 2-7 本研究具體教學活動成果

| 週次 | 課程主題 | 內容【說明】 | 成果 | 備註 |
|---|---|---|---|---|
| 1. | 課程介紹&前測 | 說明課程總覽、學習模式、評量方式 | 自我效能量表、學習動機量表、學習投入量表、菜單設計課程測驗 | 統計量表結果 |
| 2. | 課程的概述:菜單的內容與型態 | 菜單的概念、菜單的起源、菜單的管理 | IRS 即時反饋 (Quizizz) | |
| 3.<br>4. | 主題 1.健康菜單—個人均衡飲食設計 | ・六大食物類/六大營養素/食物代換表<br>・每日飲食指南<br>・均衡飲食設計 | 請參閱**第 65~68 頁**「一日均衡飲食設計」 | |

## STEAM-6E 模式融入菜單設計課程

| 週次 | 課程主題 | 內容【說明】 | 成果 | 備註 |
|---|---|---|---|---|
|  |  | ・特定個人均衡飲食規劃 |  |  |
| 5.<br>6.<br>7.<br>8. | 主題 2. 標準食譜與循環菜單—特定團體菜單設計 | ・SDG2 & 減少剩食<br>・採購與驗收<br>・標準食譜定義與使用<br>・廢棄率、可食用率計算<br>・標準食譜建立<br>・循環菜單介紹 | 請參閱<br>圖 2-7 SDG 永續發展影片觀後感想<br>圖 2-8 PBL 討論與作答<br>圖 2-9 食物採購量計算練習 | 第六週 (4/4)兒童節放假 |
| 9.<br>10. | 期中考試<br>期中檢討與反思 | ・期中考試(前測)<br>・逐題講解期中考試題目<br>・進行後測 | 請參閱<br>圖 2-10 期中考試學生作答<br>圖 2-11 期中考試學生檢討與反思問題 |  |
| 11. | 主題 3.菜單工程—營利事業菜單設計 | ・菜單的作用與種類<br>・菜單的結構與重要品項 | IRS 即時反饋 (Quizizz) |  |
| 12. |  | 菜單設計程序期末報告《健康餐盒》說明 | 請參閱 圖 2-12「學生出題策略」學習成果 |  |
| 13. |  | 小組討論：《健康餐盒》設計 | 完成 1.健康餐盒菜單設計初版 2.小組工作分配 | 小組成員將設計的健康餐盒菜單在「中餐實務製備」課程中製作 |
| 14. |  | 成本控制及售價訂定 | 計算成本與售價並修正健康餐盒菜單設計 |  |
| 15. |  | 小組討論：《健康餐盒》設計 | 請參閱圖 2-14 & 2-15 健康餐盒設計菜單成果 |  |
| 16. |  | 《健康餐盒》製作與評量 | 請參閱 圖 2-16「健康餐盒」專家評量 |  |
| 17. | 總結評量 | 期末小組報告 | 請參閱 |  |

| 週次 | 課程主題 | 內容【說明】 | 成果 | 備註 |
|---|---|---|---|---|
| | | | 圖 2-17& 2-18 同儕互評<br>【附件五】健康餐盒電子書 | |
| 18. | 後測與滿意度調查 | 菜單設計課程測驗 | 自我效能量表、學習動機量表、學習投入量表、菜單設計課程測驗 | 統計量表結果 |

　　112 學年度第 2 學期期末的教學評量幾乎接近滿分(請參閱表 2-8)，顯示這個課程在以 STEAM-6E 教學模式為核心的創新教學策略在教學內容、講授方式或課程設計上都有所優化，使學生感到更滿意。

表 2-8　期末教學評量反映學生對本課程的滿意度

| 學期 | 課程名稱 | 班別 | 教師 | 評量份數(D) | 修課人數(E) | 有效樣本數 | D/E | 科目平均 |
|---|---|---|---|---|---|---|---|---|
| 108 學年度第 1 學期 | 菜單設計規劃 | 餐旅二甲 | 蘇家嫻 | 35 | 39 | 25 | 90% | 4.35 |
| 110 學年度第 2 學期 | 餐旅菜單設計 | 餐旅二甲 | 蘇家嫻 | 37 | 43 | 28 | 86% | 4.46 |
| 112 學年度第 2 學期 | 餐旅菜單設計 | 僑生產攜餐旅二甲 | 蘇家嫻 | 40 | 42 | 34 | 95% | 4.86 |
| 112 學年度第 2 學期 | 餐旅菜單設計 | 僑生產攜餐旅二乙 | 蘇家嫻 | 39 | 40 | 27 | 98% | 4.90 |

資料來源：東南科技大學教務處

## 四、研究設計與執行規劃

本研究依據研究目的與待答問題，並參考相關文獻，使用量表作為蒐集資料之工具，探討學習者對於 STEAM-6E 教學法融入餐旅菜單設計之自我效能、學習動機、學習投入、學習活動滿意度、學習成效之影響。

### (一)研究架構

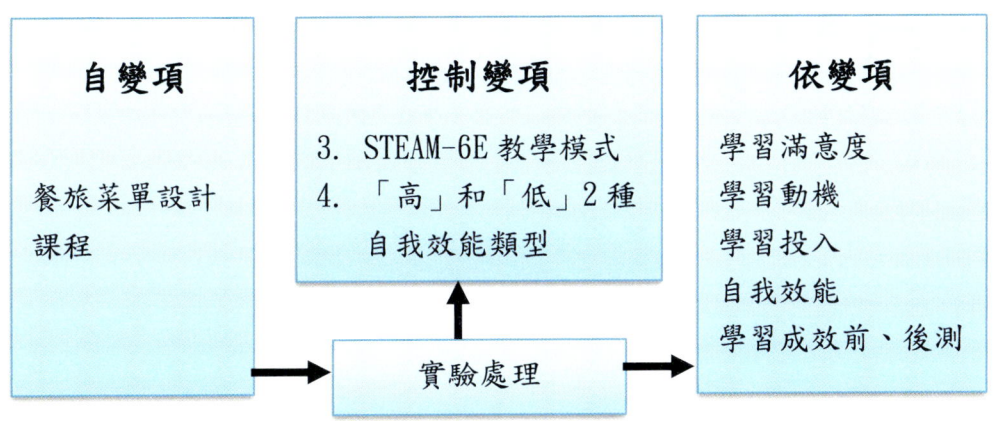

| 自變項 | 控制變項 | 依變項 |
|---|---|---|
| 餐旅菜單設計課程 | 3. STEAM-6E 教學模式<br>4. 「高」和「低」2 種自我效能類型 | 學習滿意度<br>學習動機<br>學習投入<br>自我效能<br>學習成效前、後測 |

（自變項 → 實驗處理 → 依變項；控制變項作用於實驗處理）

**圖 2-19　本研究架構圖**

本研究採用實驗研究法之前實驗設計 (pre-experimental design) 之「單組前後測設計法」 (one-group pretest-posttest design)。本研究在進行實驗教學之前與結束之後，對研究對象皆施予自我效能量表、學習動機量表和學習投入量表測驗以及菜單設計課程測驗。本研究針對「高自我效能」與「低自我效能」2 種學習者，分析「STEAM-6E 融入餐旅菜單設計教學對學生的自我效能、學習動機、學習投入與學習成就之影響。綜上所述，本研究之核心架構如下

### (二)研究問題意識

以目前筆者所任教的學校,日間部四技餐旅管理系二年級學生,做為探討研究母體對象,依據研究動機及目的,本研究探討的問題歸納如下:

1. 實施 STEAM-6E 模式進行餐旅菜單設計課程,對高、低二組自我效能的學生之學習動機是否具有顯著的效果?
2. 實施 STEAM-6E 模式進行餐旅菜單設計課程,對高、低二組自我效能的學生之學習投入是否具有顯著的效果?
3. STEAM-6E 模式進行餐旅菜單設計課程,對高、低二組自我效能的學生之學習成效與學習滿意度是否具有顯著差異?

## (三)研究範圍目標

本研究的主要目標如下:

1. 探討融合 STEAM-6E 模式進行餐旅菜單設計課程對高、低二組自我效能的學生於課堂學習動機之表現情形。
2. 探討融合 STEAM-6E 模式進行餐旅菜單設計課程對高、低二組自我效能的學生對課程學習投入之表現情形。
3. 探討實施 STEAM-6E 模式進行餐旅菜單設計課程後,對高、低二組自我效能的學生之學習成效與學習滿意度的影響。

## (四)研究對象與場域

本研究採立意取樣(Purposive Sampling),以筆者目前任教之東南科技大學四技日間部,餐旅管理系產學攜手合作僑生專班大學二年級學生,112 學年度第二學期「餐旅菜單設計」必修課,做為教學實驗研究之對象。

研究場域在新北市某私立科技大學內，112 學年度第二學期「餐旅菜單設計」課程實驗教學的課程。18 週課程依據規畫內容分別於討論教室、電腦教室與中餐實習教室進行。

本研究遵守知情同意(informed consent)原則，筆者在進行研究前，讓學生了解本研究的目的、主題、執行方式，對參與的學生僅對整體資料作綜合性分析，不會去探究個別的填答結果。

## (五)本研究之重要性

菜單設計在餐旅教育中具有重要性，因為它不僅是實際運營中的核心組成部分，也是餐旅專業學生在學習過程中掌握服務、營銷和經營管理的基礎能力之一。以下是菜單設計在餐旅教育中的重要性及其核心內容的詳細分析：

### 1. 菜單設計在餐旅教育中的重要性

**(1) 培養學生的專業技能**

菜單設計不僅涉及食材搭配和營養分析，還需學生掌握烹飪技術、成本控制和食品衛生等知識。它能讓學生在模擬的實際場景中綜合運用所學技能。

**(2) 提升顧客導向的服務意識**

一份好的菜單設計反映了對目標顧客需求的深入理解。學生通過菜單設計訓練，可以學會如何根據消費者行為分析來設計吸引顧客的產品。

**(3) 加強商業思維與經營能力**

菜單作為餐廳的"營銷工具"，直接影響營業收入。學生在學習過程中了解定價策略、菜單布局和餐廳品

牌定位，這些知識有助於培養商業運營的敏銳性。

**(4) 促進創造力與文化理解**

在設計菜單時，學生需要將創意和文化元素融入其中，例如使用當地特色食材或結合特定文化的飲食習慣，從而提高文化敏感性和創新能力。

## 2. STEAM-6E 模式融入菜單設計課程

近年來基於 STEAM 教育理念並導入 6E 教學模式的 STEAM-6E 教學模式被廣泛運用於教育界，但多採用於資訊、科技或工程相關課程。餐旅領域著重於理論和實作並行的課程，例如本研究擬探討的融入「菜單設計」課程，但將 STEAM-6E 教學模式融入課程卻未見討論。

菜單是餐飲經營活動的重要依據和環節，其決定了餐飲服務設施、食品原料採購、菜餚烹調技術和餐飲服務的特色。菜單設計課程內容涉及科學（Science）、技術（Technology）、工程（Engineering）和數學（Mathematics），因此本研究以 STEAM-6E 教學模式為基礎，設計 18 週「餐旅菜單設計」課程教學活動，預期學生藉由本課程習得之的知識與能力可運用於

- ☑ 個人均衡飲食規劃，增進自己的健康。
- ☑ 團體循環菜單設計，提升專業技能。
- ☑ 營業餐廳菜單實作，增進職場競爭力。

許多文獻資料均顯示學習者的自我效能、學習動機與學習投入彼此間環環相扣，互有影響。少子化伴隨招生來源人數不足，私立技職體系學校沒有選擇學生的機會，入學學生的程度和求學意願相對的降低(戴正雄，2003)。筆

者任教之私立科技大學近年所招收多為高職(中)成績後段的學生，學生過去求學挫折的經驗，導致學習自我效能低落，阻礙學習的意願，因此探討透過 STEAM-6E 創新教學方式介入，提升學生學習自信，進而提高課程的學習動機和學習投入，為本研究的重點。

本研究期望**透過探討 STEAM-6E 模式融入餐旅菜單設計課程，了解三個因素(自我效能、學習動機與學習投入)在學習成效與學習滿意度中扮演的角色**，進而將研究成果應用於未來規劃菜單設計相關課程之研究用途。

## (六)研究方法與工具

### 1. 研究方法

本研究採用實驗研究法之前實驗設計 (pre-experimental design) 之「單組前後測設計法」(one-group pretest-posttest design)。本研究在進行實驗教學之前與結束之後，對研究對象皆施予自我效能量表、學習動機量表和學習投入量表測驗以及菜單設計課程測驗。本研究針對「高自我效能」與「低自我效能」2 種學習者，分析「STEAM-6E 融入餐旅菜單設計教學對學生的自我效能、學習動機、學習投入與學習成就之影響。本研究實驗設計方法如表五。

表 2-9　本研究前實驗設計表

| 組別 | 前測 | 實驗 | 後測 |
|---|---|---|---|
| 實驗組 | $O_1 O_3 O_5 O_7$ | X | $O_2 O_4 O_6 O_8$ |

各代號所代表的涵義如下：

$O_1$：表示實驗組學生進行「STEAM-6E 融入餐旅菜單設計教學」前測。

$O_2$：表示實驗組學生進行「STEAM-6E 融入餐旅菜單設計教學」後測。

$O_3$：表示實驗組學生進行「自我效能量表」前測。

$O_4$：表示實驗組學生進行「自我效能量表」後測。

$O_5$：表示實驗組學生進行「學習動機量表」前測。

$O_6$：表示實驗組學生進行「學習動機量表」後測。

$O_7$：表示實驗組學生進行「學習投入量表」前測。

$O_8$：表示實驗組學生進行「學習投入量表」後測。

X ：表示實驗組學生接受 STEAM-6E 融入餐旅菜單設計實驗教學。

## 2. 研究工具

本研究依據研究目的與待答問題，並參考相關文獻，使用量表作為蒐集資料之工具，探討學習者對於 STEAM-6E 教學法融入餐旅菜單設計之自我效能、學習動機、學習投入、學習活動滿意度、學習成效之影響。相關研究工具分敘如下：

**(1) 自我效能感量表（General Self-Efficacy Scale, 簡稱 GSES）**

本研究使用 Schwarzer & Jerusalem (1995) 發表之一般自我效能量表（GSES）中文版本，共計 10 題，前、後測均為相同題目。量表採用李克特五點量表(Likert scale) 作為評分，其計分方式為 1 到 5，依序代表非常不同意、不同意、普通、同意、非常同意的同意程

度。本量表無反向題,即當受測者所得分數越高,則表示該受測者的自我效能程度越高。本研究以所有樣本的自我效能平均值做為分界點,分數高於平均值者將被歸類於自我效能高者,反之則歸類於自我效能低者。問卷內容請參閱附件一。

**(2) 學習動機量表(Learning Motivation Scale,簡稱 LMS)**

本研究改編美國 Keller(1999)所設計之課程學習動機量表(問卷內容請參閱附件二)。,於研究前後對研究對象進行測驗,以了解學生學習動機的變化。本動機量表共有四個動機因素,每一因素有 6 題,總計有 24 題:分為「注意力」(Attention) 6 題、「關聯性」(Relevance) 6 題、「自信心」(Confidence) 6 題、「滿足感」(Satisfaction) 6 題。

表 2-10　ARCS 學習動機量表各向度與題號對照表

| 向度 | 題數 | 問卷題號 | 反向題號 |
| --- | --- | --- | --- |
| 引起注意 | 6 | 1、2、4、5、6 | 3 |
| 切身相關 | 6 | 7、8、9、10、12 | 11 |
| 建立信心 | 6 | 13、15、16、17、18 | 14 |
| 獲得滿足 | 6 | 20、21、22、23、24 | 19 |

本量表包含 18 題正向題和 6 題反向題,計分方式採用李克特式五點量表,正向計分題依序給 5、4、3、2、1 分,反向計分題則依序給 1、2、3、4、5 分,量表得分越高代表學生學習動機越高,分數越低代表學生學習動機越低落。

### (3) 學習投入量表（Learning Engagement Scale）

本研究依據 Fredricks 等學者(2004)對學習投入的分類觀點，參考林淑惠與黃韞臻(2012)所編製出的「大學生學習投入量表」，再根據本實驗情境調整問卷內容，總共為 20 題，前、後測均為相同題目。本量表採用李克特五點量表(5-point Likert scale)作為評分，無反向題。問卷內容請參閱附件三。

### (4) STEAM-6E 餐旅菜單設計學習成效前後測試卷

本研究以「餐旅菜單設計學習成效測驗」之前、後測兩份試題作為評量學生學習成效之工具。本研究所採用的學習成效測驗試題，題目改編自歷屆考古題、坊間學習評量講義或是自行編製發展預試量表初稿，再委請本校 5 位餐旅菜單設計領域教育專家審題及修正後定稿，以建立專家效度。學習成效測驗題型為單選題，計分方式以每個答案 4 分，共 25 題，總分 100 分，得分越高代表學生對於餐旅菜單設計之認知程度越精熟，分數越低則越生疏。本研究透過前測測驗來了解學生先備知識的差異，後測則用以瞭解 STEAM-6E 教學法融入餐旅菜單設計課程對學生學習成效的影響。

### (5) 訪談大綱

本研究透過半結構式訪談大綱以蒐集資料，訪談大綱的編製是依據相關研究發展而成，再邀請兩位專家對問卷及訪談大綱進行專家審查與內容效度檢核，最後以確定的訪談大綱為基礎來進行研究對象的深入訪談。透過訪談了解研究對象對課程所持之觀點、想法、感覺與經驗。

## 3. 研究實施程序

本研究採 3 階段進行

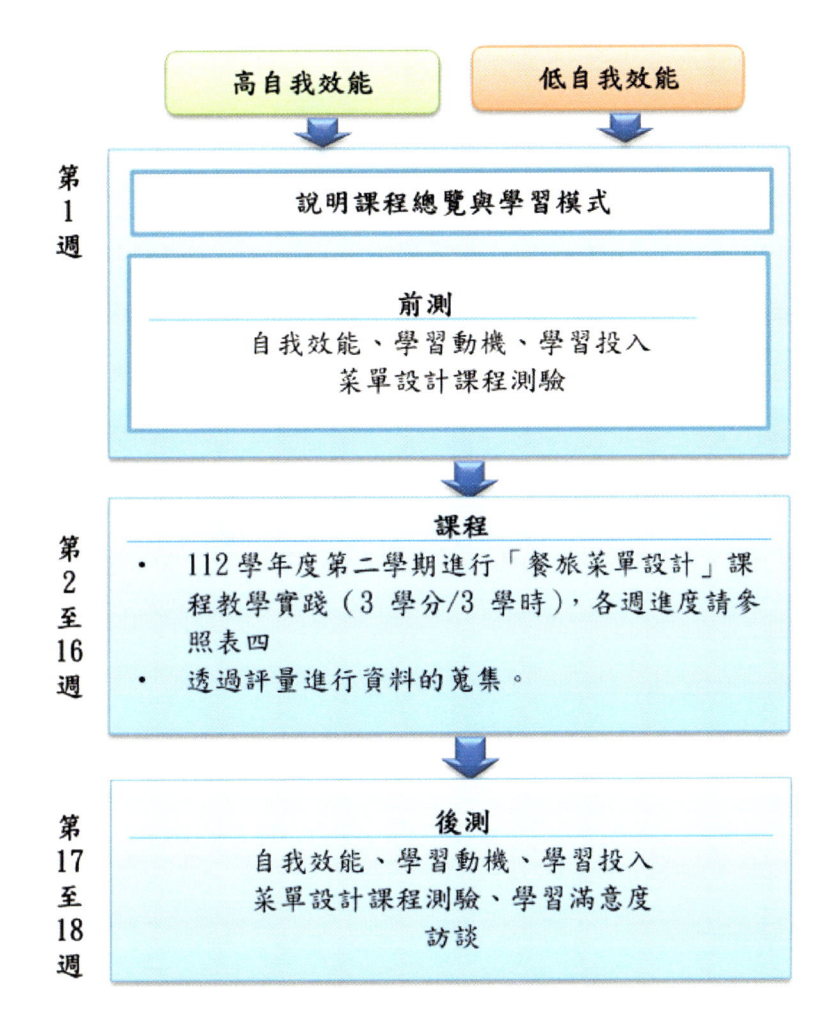

```
        高自我效能          低自我效能
            ↓                  ↓
第1週  ┌─────────────────────────────┐
       │   說明課程總覽與學習模式     │
       │ ┌─────────────────────────┐ │
       │ │         前測            │ │
       │ │ 自我效能、學習動機、學習投入│ │
       │ │    菜單設計課程測驗     │ │
       │ └─────────────────────────┘ │
       └─────────────────────────────┘
                    ↓
第2    ┌─────────────────────────────┐
至     │          課程               │
16     │ ・112學年度第二學期進行「餐旅菜單設計」課│
週     │   程教學實踐（3學分/3學時），各週進度請參│
       │   照表四                    │
       │ ・透過評量進行資料的蒐集。   │
       └─────────────────────────────┘
                    ↓
第17   ┌─────────────────────────────┐
至18   │          後測               │
週     │ 自我效能、學習動機、學習投入│
       │ 菜單設計課程測驗、學習滿意度│
       │          訪談               │
       └─────────────────────────────┘
```

圖 2-20　本研究之實驗流程圖

第一階段：

(1) 經由文獻探討及分析與計畫相關的理論與研究，擬訂有關本研究的基本概念及初步研究架構，以作為闡述研究結果的依據。

(2) 閱讀相關文獻，確定研究變項後，確定本研究採

用之評量表。

第二階段：

(1) 依據第一階段所分析的概念結構診斷結果，編撰教學所使用之教學教材、製作教具、設計教學活動與教學計畫。

(2) 於112學年度第二學期進行「餐旅菜單設計」課程教學實踐（3學分/3學時），並透過評量進行資料的蒐集。

第三階段：

(3) 量性資料分析：透過成對樣本t檢定、ANOVA、迴歸分析等方法驗證教學實踐的改善成效。

(4) 質性資料分析：以Merriam (2002)的內容分析法(content analysis)對於反思心得、課堂觀察紀錄及訪談內容進行分析。

## 4. 完成研究之工作項目與成果

| 類別 | | 項目 | 開始 | 結束 | 成果 |
|---|---|---|---|---|---|
| 準備階段 | 研究籌畫 | 研究構想 | 111/09/01 | 111/10/20 | 教學實踐研究計畫申請 |
| | | 擬定研究計畫 | 111/10/20 | 111/11/20 | |
| | | 蒐集相關文獻 | 111/09/20 | 111/12/10 | |
| | | 擬定研究主題、研究對象 | 111/09/20 | 111/10/10 | |
| | | 課程內容研擬 | 111/09/20 | 111/12/10 | |
| | | 計畫撰寫 | 111/11/01 | 111/12/13 | |
| | 實驗準備 | 教案規劃、編撰與修正 | 112/07/15 | 113/01/25 | 學習單元教案 |
| | | 教材編撰與製作 | 112/07/15 | 113/01/25 | 學習單元教材 |
| | | 教具之設計與製作 | 112/07/15 | 113/01/25 | 標準食譜設計教具 |

# STEAM-6E 模式融入菜單設計課程

| 類別 | 項目 | 開始 | 結束 | 成果 |
|---|---|---|---|---|
| | | | | 循環菜單設計教具 |
| | 研究量表內容效度評量 | 112/07/15 | 113/02/10 | 自我效能量表、學習動機量表、學習投入量表定稿 |
| | 學習單元學習單設計 | 112/8/25 | 112/12/30 | 單元學習單 |
| | 期中(末)組外同儕評量表 Rubrics 評量指標設計 | 112/9/25 | 112/12/30 | 組外同儕評量－Rubrics 評量表 |
| | 期中(末)組內同儕評量表 Rubrics 評量指標設計 | 112/9/25 | 112/12/30 | 組內同儕評量－Rubrics 評量表 |
| | 前、後測題庫設計與評量 | 112/10/26 | 112/12/30 | 前、後測題庫 |
| | IRS 題庫(各章形成性評量)設計 | 112/07/20 | 112/12/10 | 建立及時評量題庫 |
| | 教學環境、硬體設備確認 | 113/01/06 | 113/01/12 | |
| 實施階段 | 研究對象意願 | 113/02/20 | 113/03/05 | 研究倫理 |
| | 前測 | 113/02/20 | 113/02/26 | 教學成效量化數據資料和質化訪談資料 |
| | 逐週實行教學與形成性評量 | 113/02/27 | 113/06/02 | |
| | 後測 | 113/06/03 | 113/06/12 | |
| 總結階段 | 資料蒐集 | 113/02/20 | 113/06/20 | 研究結案報告與論文投稿 |
| | 資料整理 | 113/03/15 | 113/06/30 | |
| | 匯整分析 | 113/06/15 | 113/06/30 | |
| | 提出研究結果並撰寫研究結論 | 113/07/01 | 113/07/28 | |

# 五、研究成果及學生學習成效

## (一)調查問卷

### 1. 信效度分析

本研究使用 Schwarzer & Jerusalem (1995) 發表之一般自我效能量表（GSES）中文版本，共計 10 題，前、後測均為相同題目，前測 Cronbach's α 值為 0.963，後測 Cronbach's α 值為 0.890，顯示具相當可信度。其次，本研究依據 Fredricks 等學者(2004)對學習投入的分類觀點，參考林淑惠與黃韞臻(2012)的大學生學習投入量表，並根據本實驗情境調整內容之學習投入量表，前測 Cronbach's α 值前測為 0.971，後測 Cronbach's α 值為 0.954，表示該問卷具有極高的可信度。另外本研究改編自美國 Keller(1999)所設計之學習動機量表，前、後測 Cronbach's α 值分別為 0.985 和 0.953。本研究使用量表之信度請參閱表 1-10。

表 2-11 本研究量表之信度

| 項目 | | 前測 Cronbach's α | | 後測 Cronbach's α | |
|---|---|---|---|---|---|
| 自我效能 | | 0.963 | | 0.890 | |
| 學習投入 | 行為 | 0.898 | | 0.892 | |
| | 感情 | 0.944 | 0.971 | 0.933 | 0.954 |
| | 認知 | 0.962 | | 0.941 | |
| 學習動機 | 引起注意 | 0.959 | | 0.775 | |
| | 切身相關 | 0.961 | 0.985 | 0.866 | 0.953 |
| | 建立信心 | 0.954 | | 0.777 | |
| | 獲得滿足 | 0.968 | | 0.917 | |

## 2. 自我效能分析

　　餐旅菜單設計課程的學生共計 82 位，參與本實驗的有效樣本為 64 位，其中 18 位因未完整參與實驗全程，故判定為無效樣本。表 1-11 為本研究之受測者自我效能人數分布與平均分數，在 64 份有效樣本中，分數低於平均值的低自我效能學習者有 24 位。將前後測成績進行成對樣本 t 檢定，結果低自我效能受測者的後測平均成績明顯高於前測，且差異達顯著水準($p =.003 <0.01$)。相對的，高自我效能受測者的後測平均分數低於前測，且差異達顯著水準($p =.002 <0.01$)。

### 表 2-12　自我效能人數分布與分數總表

| 項目 | | 平均數 | 個數 | 標準差 | $t$ | 自由度 | 顯著性(雙尾) |
|---|---|---|---|---|---|---|---|
| 低分組 | 前測 | 3.12 | 24 | 0.462 | -3.316 | 23 | 0.003 |
|  | 後測 | 3.54 | 24 | 0.471 | | | |
| 高分組 | 前測 | 4.34 | 40 | 0.399 | 3.282 | 39 | 0.002 |
|  | 後測 | 4.01 | 40 | 0.580 | | | |
| 整體 | 前測 | 3.88 | 64 | 0.729 | 0.598 | 63 | 0.552 |
|  | 後測 | 3.83 | 64 | 0.584 | | | |

***:p< .001　　**:p< .01　　*:p< .05

## 3. 學習動機分析

　　在學期的第一週我們進行學習動機前測，經獨立樣本 t 檢定($t = -5.67$，$p =.000 <0.001$)證實自我效能高分組受測者在課程開始時之學習動機(平均值 4.21)高於自我效能低分組(平均值 3.42)的受測者。學期結束前的學習動機後測結果經獨立樣本 t 檢定 $t = -2.90$，$p =.005 <0.01$，顯

示高自我效能受測者在課程結束時之學習動機(平均值 3.68)仍高於低自我效能者(平均值 3.33)。

接著，為探討 STEAM-6E 模式導入菜單設計對學生學習動機(成對樣本 t 檢定) 之影響，我們分別就低自我效能組與高自我效能組的學生動機問卷結果進行成對樣本 t 檢定分析，結果如表 1- 12。

表 2- 13　STEAM-6E 模式導入菜單設計對學習動機之影響

A. 低自我效能組

| 項目 | | 成對變數差異 | | | | t | 自由度 | 顯著性(雙尾) |
|---|---|---|---|---|---|---|---|---|
| | 平均數 | 標準差 | 平均數的標準誤 | 95% 信賴區間 下界 | 上界 | | | |
| 引起注意 | 0.23 | 0.63 | 0.13 | -0.04 | 0.49 | 1.764 | 23 | .091 |
| 構 切身相關 | -0.06 | 0.62 | 0.13 | -0.32 | 0.21 | -.437 | 23 | .666 |
| 面 建立信心 | 0.08 | 0.60 | 0.12 | -0.17 | 0.34 | .676 | 23 | .506 |
| 獲得滿足 | 0.12 | 0.69 | 0.14 | -0.17 | 0.41 | .834 | 23 | .413 |
| 學習動機 | 0.09 | 0.57 | 0.12 | -0.15 | 0.33 | .789 | 23 | .438 |

B. 高自我效能組

| 項目 | | 成對變數差異 | | | | t | 自由度 | 顯著性(雙尾) |
|---|---|---|---|---|---|---|---|---|
| | 平均數 | 標準差 | 平均數的標準誤 | 95% 信賴區間 下界 | 上界 | | | |
| 引起注意 | 0.64 | 0.94 | 0.15 | 0.34 | 0.94 | 4.314 | 39 | .000 |
| 構 切身相關 | 0.49 | 0.91 | 0.14 | 0.20 | 0.78 | 3.374 | 39 | .002 |
| 面 建立信心 | 0.54 | 0.88 | 0.14 | 0.26 | 0.82 | 3.877 | 39 | .000 |
| 獲得滿足 | 0.43 | 0.98 | 0.16 | 0.12 | 0.74 | 2.768 | 39 | .009 |
| 學習動機 | 0.52 | 0.87 | 0.14 | 0.25 | 0.80 | 3.801 | 39 | .000 |

***:p< .001　**:p< .01　*:p< .05

表 1- 12 顯示為低自我效能組填答「學習動機量表」之前後測平均分數差異的成對樣本 t 檢定摘要結果，從此

表中可以得知前測分數與後測分數的平均差異值為 0.09，差異值考驗的 t 值= 0.789，p = .438>0.05，未達顯著水準，即低自我效能組填答量表之前、後測平均分數差異未達顯著水準。相對地，高自我效能組學習動機之前、後測平均分數差異的成對樣本 t 檢定結果 t = 3.801，p <0.001，達顯著水準，即高自我效能的學生之學習動機顯著受到 STEAM-6E 模式導入菜單設計課程的影響而降低。

為探討將 STEAM-6E 融入餐旅菜單設計課程學習後，是否影響高自我效能和低自我效能學生的學習動機，我們以受測者動機後測成績為依變數，動機前測成績作為共變數，自我效能前測分組為自變數，進行獨立樣本單因子單變量共變數分析(ANCOVA)。

在進行共變數分析前，需先進行迴歸斜率同質性檢定，確定組內迴歸係數是否符合同質性假設，若結果為顯著，則表示違反組內迴歸係數同質性的假設；反之，若結果為不顯著，則代表符合基本假設。Levene's 誤差共變異量等式檢定，即是變異數同質性考驗結果：F = 2.248，p = .139> .05，故接受虛無假設，顯示各組在依變項（動機後測成績）之誤差變異數相同，符合基本假定，可以繼續進行共變數分析。

表 1- 13 為高、低自我效能兩組學生在「學習動機量表」之共變數分析摘要表。由該表得知，排除共變項(學習動機前測成績)對依變項(學習動機後測成績)的影響力後，自變項(自我效能組別)對學習動機後測成績所造成的影響效果並不顯著，其 F=0.269, p >.05。這結果拒絕了在 STEAM-6E 模式的學習環境下，高自我效能的學生在餐旅菜單設計課程之學習動機上會優於低自我效能學生之

研究假設。

表 2-14 動機後測 ANCOVA 描述性統計

| 來源 | 型 IIISS | $df$ | MS | F | $p$ | 淨 $\eta^2$ |
|---|---|---|---|---|---|---|
| 組別 | .107 | 1 | .107 | .269 | .606 | .004 |
| 動機前測 | .048 | 1 | .048 | .120 | .730 | .002 |
| 誤差 | 23.942 | 60 | .399 | | | |
| 總數 | 26.446 | 63 | | | | |

## 4. 學習投入分析

高、低自我效能兩組學生的學習投入前、後測平均分數經獨立樣本 t 檢定，結果：前測 t 值 = -6.23，p =.000<0.001；後測 t 值 = -3.72，p =.000<0.001。這證實高自我效能受測者的學習投入要高於低自我效能者。為進一步了解 STEAM-6E 模式導入菜單設計對學生學習投入之影響，本研究將低自我效能組與高自我效能組的學生動機問卷結果進行成對樣本 t 檢定分析，結果如表 2-15。

表 2-15 顯示低自我效能組填答「學習投入」之前後測平均分數差異為-0.06，顯示低自我效能組的學習投入提高了，但差異值未達顯著水準（$t$= 0.789，$p$ = -.637>0.05），換句話說，低自我效能組學習動機之前後測分數無顯著差異。相對地，高自我效能組學習動機之前後測平均分數差異值為 0.29，$t$ =3.421，$p$ =0.001，達顯著水準，即高自我效能的學生之學習投入顯著受到 STEAM-6E 模式導入菜單設計課程的影響而降低。

### 表 2-15　STEAM-6E 模式導入菜單設計對學習投入之影響 (成對樣本 t 檢定)

A.低自我效能組

| 項目 | | 平均數 | 標準差 | 平均數的標準誤 | 95% 信賴區間 下界 | 95% 信賴區間 上界 | t | 自由度 | 顯著性 (雙尾) |
|---|---|---|---|---|---|---|---|---|---|
| 構面 | 行為 | -0.14 | 0.72 | 0.15 | -0.44 | 0.17 | -.941 | 23 | .357 |
| | 感情 | 0.03 | 0.68 | 0.14 | -0.26 | 0.31 | .201 | 23 | .843 |
| | 認知 | -0.06 | 0.67 | 0.14 | -0.34 | 0.22 | -.460 | 23 | .650 |
| 學習投入 | | -0.06 | 0.60 | 0.12 | -0.31 | 0.19 | -.478 | 23 | .637 |

B.高自我效能組

| 項目 | | 平均數 | 標準差 | 平均數的標準誤 | 95% 信賴區間 下界 | 95% 信賴區間 上界 | t | 自由度 | 顯著性 (雙尾) |
|---|---|---|---|---|---|---|---|---|---|
| 構面 | 行為 | 0.19 | 0.63 | 0.10 | -0.01 | 0.39 | 1.928 | 39 | .061 |
| | 感情 | 0.28 | 0.60 | 0.09 | 0.09 | 0.47 | 2.962 | 39 | .005 |
| | 認知 | 0.42 | 0.74 | 0.12 | 0.19 | 0.66 | 3.620 | 39 | .001 |
| 學習投入 | | 0.29 | 0.54 | 0.09 | 0.12 | 0.47 | 3.421 | 39 | .001 |

### 表 2-16　投入後測 ANCOVA 描述性統計

| 來源 | 型 IIISS | df | MS | F | p | 淨 $\eta^2$ |
|---|---|---|---|---|---|---|
| 組別 | .249 | 1 | .249 | 1.140 | .290 | .018 |
| 學習投入前測 | 2.446 | 1 | 2.446 | 11.196 | .001 | .155 |
| 誤差 | 13.325 | 61 | .218 | | | |
| 總數 | 19.281 | 63 | | | | |

最後，進行 STEAM-6E 教學成效的單因子共變數分析(ANCOVA)。結果 Levene's 誤差共變異量等式檢定：F = 0.890，p = .349> .05，顯示各組在依變項（動機後測成績）之誤差變異數相同，符合基本假定，可以繼續進行共變數分析。從表 7 ANCOVA 摘要得知，組別對學習投入後測的影響未達顯著水準（F=1.140, p=.290 >.05）。這顯示不同自我效能學生是否有接受 STEAM-6E 模式的教

學不影響他們在「學習投入」投入後測成績。

以上問卷調查結果顯示,低自我效能學生的學習成效顯著提升,但學習動機與學習投入無顯著變化,顯示該教學模式對他們的影響有限。而高自我效能學生的學習成效與學習動機反而下降,這可能是因為課程挑戰度、學習模式或評量方式的變化導致他們學習投入降低。換言之,STEAM-6E 模式雖然帶來一定影響,但對所有學生的學習動機與學習投入未能明顯提升。為了解 STEAM-6E 模式對於提升學習成效的影響,我們進一步透過質性研究(訪談),來深入了解學生對該模式的真實體驗。

## (二)學生學習回饋

### 1. 期中回饋

問題一、我對本次「菜單設計」期中考試結果的滿意程度(平均值 6.72)。結果顯示 53%的學生對於考試滿意度高於平均值。

| 滿意度 | 1 | 2 | 3 | 4 | 5 | 6 | 7 | 8 | 9 | 10 |
|---|---|---|---|---|---|---|---|---|---|---|
| 人數 | 1 | 3 | 7 | 4 | 11 | 4 | 7 | 5 | 2 | 20 |
| 比例(%) | 2 | 5 | 11 | 6 | 17 | 6 | 11 | 8 | 3 | 31 |

問題二、「菜單設計」期中考試之前,我所花費的準備時間。結果顯示 63%的學生對於期中考試準備的時間在 5 小時以內。

| 時間 | 1 小時以下 | 1~5 小時 | 5~10 小時 | 10~15 小時 | 15 小時以上 |
|---|---|---|---|---|---|
| 人數 | 16 | 24 | 9 | 6 | 9 |
| 比例(%) | 25 | 38 | 14 | 9 | 14 |

問題三、本次考試結果與我預期的差異程度(平均值 5.89)。結果顯示 53%的學生對於考試結果與其原先預期的差異程度超過平均值。

| 差異程度 | 1 | 2 | 3 | 4 | 5 | 6 | 7 | 8 | 9 | 10 |
|---|---|---|---|---|---|---|---|---|---|---|
| 人數 | 4 | 3 | 6 | 4 | 14 | 8 | 8 | 6 | 1 | 10 |
| 比例(%) | 6 | 5 | 9 | 6 | 22 | 13 | 13 | 9 | 2 | 16 |

問題四、我在「菜單設計」課程的主要學習困難為何？

整理學生回覆，依據『關鍵字』分組，結果如下表

| 主題 | 關鍵字 | 次數 | 總計 |
|---|---|---|---|
| 語言相關 | 中文/閱讀/題目/問題 | 17 | 35 |
| | 不懂/聽不懂/看不懂 | 12 | |
| | 理解 | 4 | |
| | 混亂 | 2 | |
| 計算相關 | 計算/數學/算數/公式 | 29 | 32 |
| | 數字 | 3 | |
| | 難/困難 | 14 | |
| | 複雜 | 5 | |
| 困難程度 | 難/困難 | 14 | 19 |
| | 複雜 | 5 | |

　　根據「問題四：我在『菜單設計』課程的主要學習困難為何？」的調查結果，學生在該課程主要面臨的學習困難來自語言能力和數學計算兩個方面。

　　這些困難可能直接影響了「研究成果及學生學習成效」，具體影響如下：

**(1) 自我效能分析與學習困難的關聯**

- 低自我效能學生的後測成績顯著提升（$p = 0.003$），顯示這群學生可能透過 STEAM-6E 模式的支持逐

漸克服學習障礙，特別是與語言和數學相關的挑戰。

- 高自我效能學生的後測成績卻顯著下降（p = 0.002），可能是因為：

  - **對語言或計算問題的適應度下降**：這些學生可能習慣傳統學習方式，當課程轉向 STEAM-6E 模式，涉及較多自主學習與數學應用時，他們反而遇到新的學習挑戰。
  - **團隊合作影響學習成效**：高自我效能學生可能在小組學習中無法完全掌控學習進度，而菜單設計涉及計算與語言理解，使他們面臨不同的學習壓力。

**(2) 學習動機分析與學習困難的影響**

- 學習動機前測結果顯示，高自我效能學生的學習動機顯著高於低自我效能學生（p = 0.000）。

- 語言與計算障礙影響學習動機

  - 低自我效能學生雖然透過 STEAM-6E 模式學習成績提升，但語言與計算的挑戰仍然存在，使得學習動機無顯著提升（p = 0.438）。
  - 高自我效能學生的學習動機顯著下降（p < 0.001），可能與他們對語言與計算的適應度較低，或對新學習模式感到不適有關。

**(3) 學習投入分析與學習困難的關聯**

- 語言與計算障礙影響學習投入

  - 低自我效能組的學習投入無顯著變化（p = 0.637），這可能因其語言與數學基礎較弱，雖然

透過 STEAM-6E 模式改善了部分學習成效,但仍然**無法顯著提升學習投入**。

- 高自我效能學生對語言與數學能力要求較高的課程適應度較低,因此在新的教學模式下,學習投入顯著下降($p = 0.001$)。

綜合上述,有關 STEAM-6E 模式對學習成效的影響,本研究的**關鍵發現為對於僑外學生的菜單設計學習「語言與計算問題是課程中的關鍵挑戰」**,這可能導致:

- 低自我效能學生的學習進展雖有改善,但仍缺乏自信與動機。
- 高自我效能學生對 STEAM-6E 模式的適應度不如預期,進而影響學習投入與成效。

## 2. 期末訪談

| 學生 | 你對期末專題的學習感想 | 對於本課程建議 |
| --- | --- | --- |
| 李○麗 | 對我來說最有興趣的是自己做個便當 | 我以為這菜單設計很簡單,進來學了感覺算不出來,因該我要加油了 |
| 何○戰 | 這課程雖然有點難 但讓我學到很多新的知識,希望以後可以**幫助我**。 | 這課程有點點難 所以希望老師可以出簡單一點的題目。 |
| 徐○鳳 | 這次菜單設計讓我更能了解食材的預算以及產品的利潤,這是我第一次做便當,做便當前我第一個考慮到便當的外觀,我希望我的便當看起來豐富讓別人看到會覺 | 菜單設計這門科目雖然這幾個字看起來很簡單實際上學問是非常豐富的!謝謝老師讓我們能夠理解跟體驗這個學問! |

| 學生 | 你對期末專題的學習感想 | 對於本課程建議 |
|---|---|---|
|  | 得很美味也很漂亮，不僅可以讓人欣賞以及上傳媒體分享也是非常美味的便當首選 |  |
| 黃○龍 | 自己做的便當 有很多健康的飲食 又好吃 又安全 蛋白質也很多 | 計算的時候有點難，一邊要健康，一邊要便宜又好吃 |
| 胡○金 | 我覺得在期末考，我們這組表現得還不錯，但是還有很多烹飪步驟做得不對、食材準備不夠充分的地方。 | 我覺得這次考試，最難的就是計算。我的團隊已經多次這樣做並取得了成功。結果，只要努力，一切都會成功 |
| 余○燦 | 經過這次大家一起努力做出了一個個的便當，自己感覺很有成就感成員們也都很棒 | 建議上課時能給多一點自己發揮的空間，類似於這次的實作。 |
| 黃○山 | 練習做便當盒，這節課讓我感覺很開心，也很有意義。每個人都很熱情。我做菜的時候都配合得很好 | 謝謝老師給我上一堂課，讓我展示一下我做盒飯的才華 |
| 葉○儂 | 透過菜單設計這課程我們學會開店營運模式，包含菜單設計、成本計算、人力資源、食材廢棄%數、等等… | 期末考有跟中餐廚房課聯合起來操作會讓課程更實際，有機會直接運用整個學期的課程所學到的計算 |
| 黃○龍 | 自己做的便當 有很多健康的飲食 又好吃 又安全 蛋白質也很多 | 計算的時候有點難，一邊要健康，一邊要便宜又好吃 |
| 胡○金 | 我覺得在期末考，我們這組表現得還不錯，但是還有很 | 我覺得這次考試，最難的就是計算。我的團隊已經多次這樣做並取得 |

| 學生 | 你對期末專題的學習感想 | 對於本課程建議 |
|---|---|---|
|  | 多烹飪步驟做得不對、食材準備不夠充分的地方。 | 了成功。結果，只要努力，一切都會成功 |
| 余○燦 | 經過這次大家一起努力做出了一個個的便當，自己感覺很有成就感成員們也都很棒 | 建議上課時能給多一點自己發揮的空間，類似於這次的實作。 |
| 黃○山 | 練習做便當盒，這節課讓我感覺很開心，也很有意義。每個人都很熱情。我做菜的時候都配合得很好 | 謝謝老師給我上一堂課，讓我展示一下我做盒飯的才華 |
| 葉○儂 | 透過菜單設計這課程我們學會開店營運模式，包含菜單設計、成本計算、人力資源、食材廢棄%數、等等… | 期末考有跟中餐廚房課聯合起來操作會讓課程更實際，有機會直接運用整個學期的課程所學到的計算 |
| 王○茴 | 透過這次的學習我也學到了很多，學到了食材的考量，食材成本的計算，有些東西看似簡單實則要考慮的地方很多，食材的好壞、新鮮度、成本、烹調方式、健康好吃又要考慮客人的口感等等都是要考慮點，**讓我知道了要想成為一個廚師和餐廳經營老闆是多麼的不容易。** | 建議能有一個攤位可以實際的去販售。 |
| 梁○幸 | 經過這次的課程讓我學到了怎麼製作一盒便當，以前我以為很容易，但這次自己做的才知道並沒有我想像中的那麼容易 | 老師我們數學不好，不要再考我們數學了 |

## (三)教師反思與改進建議

在產學合作的僑生專班課程中，教師經常面臨如何在「體諒學生、減輕學習負擔」與「維持教學嚴謹度、確保學習成效」之間取得平衡的挑戰。本研究針對餐旅菜單設計課程，探討不同教學階段之策略調整對學生學習成效的影響，並分析學習歷程中可能遭遇的困難與對應之調適方案。

### 第一階段：數位工具輔助學習與初步應用

課程初期，學生透過 Excel 軟體進行均衡飲食設計。為降低技術門檻，教師預先設定試算表公式與計算邏輯，使學生僅需輸入相關數據即可獲得結果。此方法簡化操作流程，使學生能專注於結果的分析與應用，因此多數學生在此階段表現良好。然而，課後訪談顯示，學生雖能解釋結果，卻無法理解其計算原理，顯示學習仍停留於機械性操作，未能達到深度理解。

### 第二階段：回歸基礎計算，強化概念理解

為提升學生對計算原理的掌握，第二階段採用傳統教學法，教師透過講述與紙筆計算，逐步引導學生理解標準食譜的計算過程。然而，即使教師反覆講解，學生學習成效仍未顯著提升，特別是在計算題型的表現上，期中評量結果顯示整體成績普遍不佳。為應對此問題，教師於試後提供概念題測驗，學生成績顯著提升（平均由 45.71 分上升至 64.39 分），顯示概念解析有助於學習成效的改善。

此外，期中回饋顯示，學生主要面臨「語言能力」與

「數學計算」的學習障礙，其中「語言困難」反映次數達 35 次,「計算問題」達 32 次。此結果顯示，學生在語言與數學方面的挑戰,可能影響其對餐旅數據分析與計算的理解，需進一步調整教學策略。

## 第三階段：跨課程整合與實作應用

為提升學習動機並深化應用能力,第三階段導入「菜單設計 × 實作 × 中餐課」的跨課程協作模式。學生以標準食譜設計為基礎,透過合作學習深化應用,並結合實作體驗,使學習更具趣味性與成就感。教師與業界專家共同指導學生設計並製作三款健康餐盒菜單,藉由實務操作強化數據分析與計算知識的應用。

課程結束後,學生普遍反映,跨課程整合與實作體驗有助於提升學習成效與成就感。期末回饋亦顯示,學生偏好「學以致用」的學習方式,並期望課程能進一步增加「真實產業應用」的機會,如市場攤位販售、真實菜單設計專案等。

## 教學啟示與未來發展

本課程的教學歷程顯示,**數位工具的應用確實能提升學習的便利性與效率,然若未搭配概念解析與手算訓練,學生可能僅停留於表層認知,無法深化其數據運算與問題解決能力**。此外,針對僑外學生而言,語言理解與數學基礎的落差可能成為學習障礙,進而影響其學習動機與課堂參與度。因此,在課程設計時,教師應納入適切的補救措施與學習支持機制,以協助學生克服學習困難,確保其能穩健進步。

## 反思與改進建議

根據學生的學習回饋，主要挑戰包含**數學焦慮、Excel 等數據處理工具的操作困難，以及對跨領域知識整合的適應問題**。為改善此現象，建議未來在教學上導入以下策略：

1. **基礎數據分析工作坊**：在課程初期設計額外的補強課程，涵蓋基本數學概念、數據處理與分析技巧，幫助學生提升基礎能力。

2. **個別化學習輔導機制**：針對學習困難的學生提供個別化指導，透過學伴制度或學習資源強化其適應能力。

3. **強化跨課程協作與實務操作**：透過不同課程的連結與整合，如餐飲設計與計算課程的合作，使學生能在實際應用情境中深化學習並提升解決問題的能力。

此外，在實施 **STEMA-6E 教學模式**前，應進行更完整的前測評估，不僅確認學生的先備知識，亦需衡量其在科學（Science）、技術（Technology）、工程（Engineering）與數學（Mathematics）等領域的能力起點，特別是僑外學生，因其學習背景與本國學生有所不同，應提供相應的適應與支援方案。

整體而言，導入 STEMA-6E 教學模式可有效提升學生在**餐飲設計與數據計算**方面的綜合應用能力，並促進其在實務場域中的問題解決與創新思維。然而，未來仍需強化基礎能力的培養與學習支持機制，以確保所有學生皆能順利適應課程內容並達成學習目標。

# 六、教學成果之創新性及擴散性

## (一)創新性（Innovation）

本課程以 STEAM-6E 教學模式 為核心，透過跨領域整合與數位科技輔助，發展出一套適用於餐旅教育的創新教學策略，並有效提升學生的學習動機與學習成效。

### 1. STEAM-6E 融合應用，強化學習體驗

| | |
|---|---|
| 科學（Science） | 運用 BMI、BMR、TDEE 等計算方式，幫助學生理解飲食與健康的科學關聯性。 |
| 技術（Technology） | 採用 Excel 進行數據分析，並搭配數位學習平台（如 Quizizz、IRS）進行即時回饋測驗。 |
| 工程（Engineering） | 學生透過健康菜單設計與成本分析，培養邏輯推理與問題解決能力。 |
| 藝術（Art） | 結合美學概念，讓學生學習菜單設計、食物擺盤與視覺表達技巧。 |
| 數學（Mathematics） | 從食材成本計算到營養配比，提升學生對數據的運用能力。 |

### 2. 以數位工具提升學習成效，降低數學焦慮

- 針對數學能力較弱的學生，設計 Excel 自動計算工具，簡化 BMI、TDEE 及食物營養計算過程，使學生能專注於概念理解與應用。
- 透過即時回饋系統（IRS），讓學生即時掌握學習進度，增加學習參與度。

### 3. 多元化評量機制，培養學生實務能力

- 採用專家評量（邀請餐飲業主廚與營養師）提升課程與業界的連結。
- 設計情境評量，透過健康菜單設計、餐盒製作等實作任務，讓學生在真實場景中學習並驗證所學。
- 實施同儕互評，透過組內與組外評量機制，強化團隊合作與反思學習。

### 4. 接軌永續發展目標（SDGs），提升學生社會責任感

- 減少食物浪費（SDG 12）：透過標準食譜與循環菜單設計，讓學生學習如何降低食材浪費與成本控制。
- 健康與福祉（SDG 3）：學生設計均衡飲食菜單，提升對營養與健康的理解，並能應用於未來職場與個人生活。

## (二)擴散性（Scalability & Dissemination）

### 1. 適用於不同類型的餐旅課程

- 本教學模式可延伸至 烘焙管理、團膳設計、餐飲創新與行銷等課程，並適用於職業技術學校、大學餐旅管理系及企業內訓。
- 透過 STEAM-6E 模型，不同學科領域（如營養學、食品科學、行銷管理）皆能依據需求進行調整與應用。

### 2. 可作為技職教育創新教學示範

- 本課程設計提供完整的數位教材（Excel 模板、學習

單、案例分析），可透過教學工作坊或線上課程推廣至其他技職院校與高中餐飲科教師，成為技職教育的創新教學範例。
- 未來可透過與產業界（如餐飲集團、健康管理機構）合作，發展成企業內訓課程，提升餐飲業人員的健康飲食與成本管理能力。

### 3. 數位工具應用提升遠距與混成教學的可行性

- 本課程已導入多種數位學習工具（如 Moodle、Quizizz、Excel 自動計算工具），未來可發展為遠距教學模式，提供線上學習與遠距實作評量，提升學習彈性。
- 透過線上資源共享與數據分析，未來可進一步開發適應性學習系統，針對不同程度學生提供個別化學習輔導。

### 4. 與業界合作，擴大影響力

- 課程所設計的健康菜單與餐盒開發模式，可進一步與連鎖餐飲業者合作，將學生作品轉化為市場化產品，並在校內餐廳或合作企業試行，提升產學連結的價值。
- 透過校外專家參與評量機制，可吸引業界合作，共同開發更符合市場需求的餐飲教育模式。

　　本課程透過 STEAM-6E 教學模式，有效提升學生學習動機與實務能力，並透過數位工具與產學合作擴大影響力，具備高度的創新性與擴散潛力。未來可進一步推廣至技職院校、企業內訓及線上學習領域，為餐旅教育帶來全新的發展方向。

# 七、參考文獻

Abdullah, M. Z., Othman, A. K., & Besir, M. S. M. (2019). Predictors of intrinsic motivation among university students: an application of expectancy-value theory. Revista publicando, 6(19), 40-61.

Aboobaker, N., & KH, M. (2022). Effectiveness of web-based learning environment: role of intrinsic learning motivation, computer self-efficacy, and learner engagement. Development and Learning in Organizations: An International Journal, 36(4), 13-16.

Aguilera, J. M. (2018). Relating food engineering to cooking and gastronomy. Comprehensive reviews in food science and food safety, 17(4), 1021-1039.

Alivernini, F., & Lucidi, F. (2011). Relationship between social context, self-efficacy, motivation, academic achievement, and intention to drop out of high school: A longitudinal study. The journal of educational research, 104(4), 241-252.

Anderson, L. W., & Krathwohl, D. R. (2001). A Taxonomy for Learning, Teaching, and Assessing: A Revision of Bloom's Taxonomy of Educational Objectives. New York: Longman.

Anisimova, T. I., Shatunova, O. V., & Sabirova, F. M. (2018). Steam-education as innovative technology for industry 4.0. Nauchnyi Dialog, (11), 322-332.

Atkin, J. M., & Karplus, R. (1962). Discovery or invention?. The Science Teacher, 29(5), 45-51.

Atkinson, J. W. (1957). Motivational determinants of risk-taking behavior. Psychological Review, 64(6), 359–372.

Bandura, A. (1977). Self-efficacy: toward a unifying theory of behavioral change. Psychological review, 84(2), 191.

Bandura, A. (1986). Social foundations of thought and action: A social cognitive theory. Englewood Cliffs, NJ: Prentice-Hall.

Bassi, M., Steca, P., Fave, A. D., & Caprara, G. V. (2007). Academic self-efficacy beliefs and quality of experience in learning. Journal of youth and adolescence, 36, 301-312.

Bates, R., & Khasawneh, S. (2007). Self-efficacy and college students' perceptions and use of online learning systems. Computers in Human Behavior, 23(1), 175-191.

Bloom, B. S. (1956). Taxonomy of Educational Objectives: The Classification of Educational Goals. Handbook I: Cognitive Domain. New York: David McKay.

Brophy, J. (1987). Synthesis of research on strategies for motivating students to learn. Educational leadership, 45(2), 40-48.

Chen, H., & Zhang, L. (2021). The impact of STEAM education on undergraduates' innovation capabilities: An empirical study. Educational Technology & Society, 24(4), 56-68.

Deci, E. L., & Ryan, R. M. (2013). Intrinsic motivation and self-determination in human behavior. Springer Science & Business Media.

DiFrancesca, D., Nietfeld, J. L., & Cao, L. (2016). A comparison of high and low achieving students on self-regulated learning variables. Learning and Individual Differences, 45, 228-236.

Eccles, J. (1983). Expectancies, values and academic behaviors. Achievement and achievement motives.

Eccles, J. S., & Wigfield, A. (2002). Motivational beliefs, values, and goals. Annual Review of Psychology, 53(1), 109–132.

Fredricks, J. A., Blumenfeld, P. C., & Paris, A. H. (2004). School engagement: Potential of the concept, state of the evidence. Review of educational research, 74(1), 59-109.

Glanville, J. L., & Wildhagen, T. (2007). The measurement of school engagement: Assessing dimensionality and measurement invariance across race and ethnicity. Educational and Psychological Measurement, 67(6), 1019-1041.

Gosselin, J. T., & Maddux, J. E. (2003). Self-efficacy. Handbook of self and identity, 218-238.

Gustafsson, I. B. (2004). Culinary arts and meal science–a new scientific research discipline. Food service technology, 4(1), 9-20.

Herro, D., & Quigley, C. (2017). Exploring teachers' perceptions of STEAM teaching through professional development: implications for teacher educators. Professional Development in Education, 43(3), 416-438.

Hlukhaniuk, V., Solovei, V., Tsvilyk, S., & Shymkova, I. (2020, May). STEAM education as a benchmark for innovative training of future teachers of labour training and technology. In SOCIETY.

INTEGRATION. EDUCATION. Proceedings of the International Scientific Conference (Vol. 1, pp. 211-221).

Huang, C., & Yang, Y. (2021). Research on the relationships among learning motivation, learning engagement, and learning effectiveness. Educational Rev, 5(6), 182-90.

Hulleman, C. S., Barron, K. E., Kosovich, J. J., & Lazowski, R. A. (2016). Student motivation: Current theories, constructs, and interventions within an expectancy-value framework. Psychosocial skills and school systems in the 21st century: Theory, research, and practice, 241-278.

Hung, C. L., Yu, T. F., Lin, Y. H., Lin, Y. C., Chen, Y. H., & Lo, W. S. (2023). Reflective and Cooperative Learning for Understanding Sustainability through an Eco-Innovation Strategy in Rural Travel and Hospitality: A STEAM Case Study. Sustainability, 15(17), 13152.

Johnson, J. R. (1989). Technology: Report of the Project 2061 Phase I Technology Panel. AAAS Books, Dept. 2061, PO Box 753, Waldorf, MD 20604.

Jongluecha, P., & Worapun, W. (2022). Developing grade 3 student science learning achievement and scientific creativity using the 6E model in STEAM education. Journal of Educational Issues, 8(2), 142-151.

Karplus, R., & Thier, H. D. (1967). a new look at elementary school science, New Trends in curriculum and instruction series.

Kaufman, R. and Keller J. M. (1994). Levels of Evalucation: Beyond Kirkpatrick. Human Resource Development Quarterly, 5(4), 371-380.

Keller, J. M. (1983). Motivational design of instruction. Instructional design theories and models: An overview of their current status, 1(1983), 383-434.

Kirkpatrick, D. L. (1996). Evaluating Training Programs: The Four Levels. Training & Development, 50(1), 54–59.

Kuh, G. D. (2003). What we're learning about student engagement from NSSE: Benchmarks for effective educational practices. Change: The Magazine of Higher Learning, 35(2), 24-32.

Kuh, G. D. (2009). The national survey of student engagement: Conceptual and empirical foundations. New directions for institutional research, 141, 5-20.

Li, W., Li, G., Mo, W., & Li, J. (2018, July). The Influence of STEAM Education on the Improvment of Students' Creative Thinking. In 4th International Conference on Arts, Design and Contemporary Education (ICADCE 2018) (pp. 924-927). Atlantis Press.

Liang, Y. C., Lin, K. H. C., & Li, C. T. (2021). Employing STEAM 6E Teaching Methods to Analyze the Academic Emotions of the Digital Video Practice Course. In Innovative Technologies and Learning: 4th International Conference, ICITL 2021, Virtual Event, November 29–December 1, 2021, Proceedings 4 (pp. 584-592). Springer International Publishing.

Liao, C. (2016). From interdisciplinary to transdisciplinary: An arts-integrated approach to STEAM education. ART education, 69(6), 44-49.

Lin, C. L., & Chiang, J. K. (2019). Using 6E model in STEAM teaching activities to improve university students' learning satisfaction: A case of development seniors IoT smart cane creative design. Journal of Internet Technology, 20(7), 2109-2116.

Lin, Y. H., Lin, H. C. K., Wang, T. H., & Wu, C. H. (2023). Integrating the STEAM-6E model with virtual reality instruction: The contribution to motivation, effectiveness, satisfaction, and Creativity of Learners with Diverse Cognitive styles. Sustainability, 15(7), 6269.

Liu, C. H., Horng, J. S., Chou, S. F., Yu, T. Y., Huang, Y. C., Ng, Y. L., & La, Q. P. (2024). Explore links among marketing knowledge, data literacy, skill improvement, and learning attitude in STEAM application for hospitality and tourism education. The International Journal of Management Education, 22(1), 100919.

Liu, X., & Wu, Y. (2022). Integrating arts into STEM education: Effects on university students' creative thinking and problem-solving skills. Journal of Educational Research and Development, 45(3), 210-225.

Loh, E. K. (2019). What we know about expectancy-value theory, and how it helps to design a sustained motivating learning environment. System, 86, 102119.

Merriam, S. B., & Grenier, R. S. (Eds.). (2019). Qualitative research in practice: Examples for discussion and analysis. John Wiley & Sons.

Misra , Pankaj. (2023). Skill Sets for Future Hospitality Jobs. Journal of Economics, Management and Trade, 29 (7), 98-103.

Mutlu, A. K. (2018). Academic Self-Efficacy and Academic Procrastination: Exploring the Mediating Role of Academic Motivation in Turkish University Students. Universal Journal of Educational Research, 6(10), 2087-2093.

Pascarella, E. T., & Terenzini, P. T. (1991). How college affects students: Findings and insights from twenty years of research. Jossey-Bass Inc., Publishers.

Piccoli, G., Ahmad, R., & Ives, B. (2001). Web-Based Virtual Learning Environments: A Research Framework and a Preliminary Assessment of Effectiveness in Basic IT Skills Training. MIS Quarterly, 25(4), 401–426.

Pintrich, P. R., & De Groot, E. V. (1990). Motivational and self-regulated learning components of classroom academic performance. Journal of educational psychology, 82(1), 33.

Pintrich, P. R., Marx, R. W., & Boyle, R. A. (1993). Beyond cold conceptual change: The role of motivational beliefs and classroom contextual factors in the process of conceptual change. Review of Educational research, 63(2), 167-199.

Reeve, J. (2012). A self-determination theory perspective on student engagement. In Handbook of research on student engagement (pp. 149-172). Springer, Boston, MA.

Saimon, M., Mtenzi, F., Lavicza, Z., Fenyvesi, K., Arnold, M., & Diego-Mantecón, J. M. (2024). Applying the 6E learning by design model to support student teachers to integrate artificial intelligence applications in their classroom. Education and Information Technologies, 1-18.

Sanjayanti, A., Rustaman, N. Y., & Hidayat, T. (2019, December). 6E learning by design in facilitating logical thinking and identifying algae. In AIP Conference Proceedings (Vol. 2194, No. 1). AIP Publishing.

Sanz-Camarero, R., Ortiz-Revilla, J., & Greca, I. M. (2023). The impact of integrated STEAM education on arts education: A systematic review. Education Sciences, 13(11), 1139.

Schunk, D. H. (1985). Self-efficacy and classroom learning. Psychology in the Schools, 22(2), 208-223.

Schunk, D. H., & Mullen, C. A. (2012). Self-efficacy as an engaged learner. In Handbook of research on student engagement (pp. 219-235). Boston, MA: Springer US.

Schwarzer, R., & Jerusalem, M. (1995). Generalized self-efficacy scale. J. Weinman, S. Wright, & M. Johnston, Measures in health psychology: A user's portfolio. Causal and control beliefs, 35, 37.

Shkëmbi, F., & Treska, V. (2023). A Review of the Link Beetween Self-efficacy, Motivation and Academic Performance in Students. European Journal of Social Science Education and Research, 10(1s), 23-31.

Sökmen, Y. (2021). The role of self-efficacy in the relationship between the learning environment and student engagement. Educational Studies, 47(1), 19-37.

Su, C. H. (2021). Thematic Curriculum Integration to Improve the Interdisciplinary Performance of College Students. Educational Review, (57), 75-125.

Tran, Q. H., Pham, Q. K., Khuc, T. V. A., Nguyen, D. T., Tran, T. H., Le Khac, Q., ... & Nguyen, V. T. (2022). Designing Teaching Process for Stem Topic "Traffic Signal Lights" for Upper-secondary School Students. VNU Journal of Science: Education Research, 38(2).

Tran, Q. H., Pham, Q. K., Nguyen, N. T., Nguyen, D. T., & Luong, T. T. (2023). Design and Teaching Process of Stem Project" Smart Night-Lamp" for High School Students. VNU Journal of Science: Education Research, 39(1).

Tsai, Y. C. (2022). Effects of a STEAM-6E AR programming design course on elevating students' learning motivation and computational thinking: A case study of ar games in digital exhibitions. In ICERI2022 Proceedings (pp. 3084-3090). IATED.

Wang, J., & Li, S. (2023). Assessing the effectiveness of STEAM-based curricula in higher education: A meta-analysis. Studies in Higher Education, 48(2), 345-362.

Williams, T., Williams, K., Kastberg, D., & Jocelyn, L. (2005). Achievement and affect in OECD nations. Oxford Review of Education, 31(4), 517-545.

Wu, H., Li, S., Zheng, J., & Guo, J. (2020). Medical students' motivation and academic performance: the mediating roles of self-efficacy and learning engagement. Medical education online, 25(1), 1742964.

Yip, M. C. (2012). Learning strategies and self-efficacy as predictors of academic performance: a preliminary study. Quality in Higher Education, 18(1), 23-34.

You, H. S. (2017). Why teach science with an interdisciplinary approach: History, trends, and conceptual frameworks. Journal of Education and Learning, 6(4), 66-77.

Yue, Y., & Lu, J. (2022). International students' motivation to study abroad: an empirical study based on expectancy-value theory and self-determination theory. Frontiers in Psychology, 13, 841122.

Yusof, N. S. H. C., Abd Razak, N. F., Nordin, N. I., & Zulkfli, S. N. (2021). Self-efficacy, motivation, learning strategy and their impacts on academic performance. International Journal of Academic Research in Business and Social Sciences, 11(9), 451-

余泰魁. (2007). 科技媒介學習環境之學習成效比較研究. 教育心理學報, 39(1), 69-90.

吳政勳. (2021). STEAM-6E 融入 VR 教學對於不同認知風格的學習者在學習動機、學習成效、學習滿意度及創造力之影響. (碩士), 國立臺南大學, 台南市.

林志軒. (2019). STEM-6E 運用於國中生活科技課程之行動研究－以結構課程為例. (碩士), 國立高雄師範大學, 高雄市.

范靜媛, & 葉建宏. (2020). 設計自我效能, 設計興趣和 STEM 學習表現 之相關分析: 以時尚設計為例. Journal of Research in Education Sciences, 65(1).

常雅珍, 黃寶園, 吳詠惠, & 楊雅筑. (2022). 6E 教學模式結合 STEM 融入大學生專題課程之研究. 教學實踐與創新, 5(2), 111-154.

張芬芬. (2019). 十二年國教的統整課程與分科課程: 對立? 取代? 互補?. 臺灣教育評論月刊, 8(1), 195-200..

張春興. (1996). 教育心理學--三化取向的理論與實踐 (二版). 台北: 東華.

張美春. (2023). VTuber 跨域體驗: 創造思考策略融入 STEAM-6E 課程之教學實踐. 亞東學報, (43), 73-90.

張淑惠. (2019). 運用 6E 模式實施 STEAM 教育於技術型高中電腦機械製圖科實習課程之行動研究. (碩士), 國立臺北科技大學, 台北市.

張儷瓊. (2020). 培育在職教師運用 6E 教學模式設計 STEAM 課程與協同教學. (碩士), 國立臺北教育大學, 台北市.

陳冠汝. (2018). 運用 6E 模式於 STEAM 教學活動中對大學生學習成效之研究-以開發樂齡生活科技輔助產品為例. (碩士), 國立臺灣師範大學, 臺北市

陳彥翔. (2020). 運用創造思考策略於 6E 模式實施幼兒 STEAM 實作課程以探討學習成效之研究. 國立臺灣師範大學.

陳龍潔. (2020). 自我效能、成就動機、學習投入與專業能力成長關係之研究-以資訊課程為例. (碩士), 國立臺灣師範大學, 台北市

游永恒(2003). 論學生學習動機的功利化傾向. 四川師範大學學報(社會科學版), 30(2), 59.

黃建翔. (2023). 五專學生知覺學習動機, 學習策略與自我導向學習成效關係之研究－－以彈性學習課程為例. Journal of Educational Administration, 34, 39-72.

黃筠. (2018). 探討 6E 模式搭配虛擬實境系統進行 STEAM 教學實作課程對高中生學習成效之影響-以四軸飛行機教學活動為例. (碩士), 國立臺灣師範大學, 臺北市。

趙玉嵐. (2013). ARCS 動機模式取向數位學習對高職特教班學生單位換算學習成效之研究. . (碩士). 國立台中教育大學, 台中市。

蔡林, & 賈緒計. (2020). 學業自我效能感與線上學習投入的關係: 學習動機和心流體驗的鏈式仲介作用. 心理與行為研究, 18(6), 805-811.

韓瑪琍, & 黃娟娟. (2014). 桃園地區青少年運動參與動機, 自我效能與學習成效之研究. 中原體育學報, (5), 31-40.

# 八、附件

## 【附件一】

### 自我效能感量表（General Self-Efficacy Scale, GSES）

|   |   | 非常不同意 | 不同意 | 普通 | 同意 | 非常同意 |
|---|---|---|---|---|---|---|
|   |   | 1 | 2 | 3 | 4 | 5 |
| 1 | 如果我盡力去做的話，我總是能夠解決問題的 | | | | | |
| 2 | 即使別人反對我，我仍有辦法取得我所要的 | | | | | |
| 3 | 對我來說，堅持理想和達成目標是輕而易舉的 | | | | | |
| 4 | 我自信能有效地應付任何突如其來的事情 | | | | | |
| 5 | 以我的才智，我定能應付意料之外的情況 | | | | | |
| 6 | 如果我付出必要的努力，我一定能解決大多數的難題 | | | | | |
| 7 | 我能冷靜地面對困難，因為我信賴自己處理問題的能力 | | | | | |
| 8 | 面對一個難題時，我通常能找到幾個解決方法 | | | | | |
| 9 | 有麻煩的時候，我通常能想到一些應付的方法 | | | | | |
| 10 | 無論什麼事在我身上發生，我都能應付自如 | | | | | |

Schwarzer, R., & Jerusalem, M. (1995)

## 【附件二】學習動機問卷

| | | 非常不同意 | 不同意 | 普通 | 同意 | 非常同意 |
|---|---|---|---|---|---|---|
| | | 1 | 2 | 3 | 4 | 5 |
| | 引起注意(ATTENTION) | | | | | |
| 1 | 老師的教學讓我對「餐旅菜單設計」的內容感到有興趣 | | | | | |
| 2 | 學習的過程中，老師提出問題能激發我的好奇心 | | | | | |
| 3 | 課程內容很少引起我的注意 | | | | | |
| 4 | 我在課程中學習到原本沒有預期會學到的事物 | | | | | |
| 5 | 教學簡報中的圖片、動畫與影片能幫助我集中注意力 | | | | | |
| 6 | 「餐旅菜單設計」課程的教學方式能引起我的注意 | | | | | |
| | 切身相關(RELEVANCE) | | | | | |
| 1 | 「餐旅菜單設計」課程與我個人期待學習的內容相關 | | | | | |
| 2 | 課程利用舉例方式說明「餐旅菜單設計」內容的重要部分 | | | | | |
| 3 | 課程內容的教學安排能加深我學習的興趣 | | | | | |
| 4 | 老師舉的例子與生活經驗相關，使我感到很親切 | | | | | |
| 5 | 「餐旅菜單設計」課程內容是我之前沒有學過的 | | | | | |
| 6 | 「餐旅菜單設計」課程內容對我的未來就業有幫助 | | | | | |

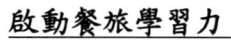

|  | 非常不同意 | 不同意 | 普通 | 同意 | 非常同意 |
|---|---|---|---|---|---|
|  | 1 | 2 | 3 | 4 | 5 |

| | 建立信心(CONFIDENCE) | | | | | |
|---|---|---|---|---|---|---|
| 1 | 課程內容對我而言，難易適中，不會太難或太簡單 | | | | | |
| 2 | 「餐旅菜單設計」課程內容想要得到好分數必須靠運氣 | | | | | |
| 3 | 我有信心達到「餐旅菜單設計」課程的學習目標 | | | | | |
| 4 | 課程進行過程中，我有信心將這個課程學好 | | | | | |
| 5 | 我覺得任課老師給我們的成績是公平的 | | | | | |
| 6 | 我相信如果夠努力，認真就能在「餐旅菜單設計」課程獲得好成績 | | | | | |
| | 獲得滿足(SATISFACTION) | | | | | |
| 1 | 「餐旅菜單設計」這個課程讓我感到有點失望、沮喪 | | | | | |
| 2 | 老師給我們很多的指導和鼓勵，我知道如何做的更好 | | | | | |
| 3 | 我很滿意老師對我的表現給予很高的肯定及分數 | | | | | |
| 4 | 我樂於投入自己的心力在這個課程內容中 | | | | | |
| 5 | 課程練習的回饋與建議的用語能夠給我鼓勵的感覺 | | | | | |
| 6 | 我很滿意我在「餐旅菜單設計」課程上學到的東西 | | | | | |

Pintrich et al (1990)

# 【附件三】學習投入量表

| | 非常不同意 | 不同意 | 非常不同意 | 同意 | 非常同意 |
|---|---|---|---|---|---|
| | 1 | 2 | 3 | 4 | 5 |
| 行為投入 ||||||
| 1 除非生病，否則「餐旅菜單設計課程」我都會到課。 | | | | | |
| 2 「餐旅菜單設計課程」我很少遲到 | | | | | |
| 3 我在上課時很少睡覺、聊天或滑手機。 | | | | | |
| 4 我在上課時會主動發問。 | | | | | |
| 5 我在課堂討論的時候，會踴躍發表意見。 | | | | | |
| 6 我很少蹺課或曠課。 | | | | | |
| 情感投入 ||||||
| 1 我覺得選修「餐旅菜單設計課程」是一件很快樂的事。 | | | | | |
| 2 「餐旅菜單設計課程」是我最喜歡的科目之一。 | | | | | |
| 3 我以我的學校為榮。。 | | | | | |
| 4 我跟「餐旅菜單設計課程」的授課老師相處得很好。 | | | | | |
| 5 「餐旅菜單設計課程」老師很尊重我。 | | | | | |
| 6 「餐旅菜單設計課程」的活動都讓我很感興趣。 | | | | | |
| 認知投入 ||||||
| 1 在學習時我會確定是否瞭解「餐旅菜單設計課程」所學的內容。 | | | | | |

| | | 非常不同意 | 不同意 | 非常不同意 | 同意 | 非常同意 |
|---|---|---|---|---|---|---|
| | | 1 | 2 | 3 | 4 | 5 |
| 2 | 即使「餐旅菜單設計課程」沒有考試，我還是會讀書。 | | | | | |
| 3 | 我會查詢其他與「餐旅菜單設計課程」相關的知識。 | | | | | |
| 4 | 我會藉著整理筆記，幫助記住「餐旅菜單設計課程」教材的重點 | | | | | |
| 5 | 讀書時，我能夠把「餐旅菜單設計課程」重點標示出來。 | | | | | |
| 6 | 我會透過各種方法瞭解「餐旅菜單設計課程」內容。 | | | | | |
| 7 | 我會運用「餐旅菜單設計」課程中學習到的知識完成作業或報告。 | | | | | |
| 8 | 我會檢視「餐旅菜單設計課程」作業、報告或考試內容中的錯誤。 | | | | | |

# 【附件四】授課計畫書

| | |
|---|---|
| 開課時段 | ☐上學期　■下學期　☐寒假　☐暑假<br>☐其他(請說明_____) |
| 授課教師 | ■主授　☐合授<br>(若為多人合授課程請詳列教師姓名與單位，並於課程進度表註記各教師負責部分) |
| 開課系(所) | 餐旅管理系 |
| 中文課程名稱 | 餐旅菜單設計 |
| 英文課程名稱 | Menu Design |
| 課程屬性 | ☐系所/學程/學院必修(請填寫系所/學程/學院名稱_____)<br>■系所/學程/學院選修(請填寫系所/學程/學院名稱 餐旅管理系)<br>☐共同科目<br>☐通識課程<br>☐其他(需為學校正式學制採計畢業學分之課程)_____ |
| 學分數 | ___3___學分(如無學分數，請填「0」) |
| 授課時數 | 總計__54__小時(__3__小時/週)(實習時數不計入) |
| 實習時數 | 總計_____小時(_____小時/週) |
| 授課對象 | ☐專科生(_____年級)<br>■大學部學生(__二__年級)<br>☐碩士生<br>☐博士生 |
| 過去開課經驗 | ■曾開授本門課程　☐曾開授類似課程　☐第一次開授本門課程 |
| 預估修課人數 | 35 |
| 主要授課語言 | ■國語　☐臺語　☐客語　☐原住民族語　☐英語<br>☐其他(_____語) |
| 教學目標 | 餐旅菜單設計課程在學習後，學生能夠<br>1. 瞭解菜單類型和構成元素。<br>2. 瞭解菜單設計的程序。<br>3. 設計客製化的健康菜單。<br>4. 瞭解標準食譜之設計原則。<br>5. 瞭解菜單之定價策略與成本控制。<br>6. 規劃出具體可行之餐廳菜單。 |

| | |
|---|---|
| | 7. 運用與菜單設計有關之行銷策略。<br>8. 對菜單個案進行診斷並提出改善意見。 |
| 教學方法 | 本教學實踐研究計畫以 STEAM-6E 教學模式融入餐旅菜單設計課程，將透過以下**複合式教學方法**讓學生在學習的過程中可透過規劃、實作、銷售、回饋與省思，開啟後設認知的體認，思考改進的策略及作法，並延伸學習經驗應用至相關生活情境或學習領域之中。講述教學法─解釋理論概念，穿插少數詢問與提示。<br>1. 活動式學習─線上即時回饋與學生進行互動，將學習目標遊戲化，以提高學生的學習參與度。<br>2. 示範教學法─老師透過分解步驟向學生展示如何使用資訊系統來設計並完成菜單。<br>3. 問題教學法─教師提出實際情境問題，例如：經營者如何判斷菜單定價的適當性，讓學生探討可能的解答。<br>4. 小組討論法─將學生分組後，小組成員對主題進行探討。<br>5. 合作學習法─讓學生一起解決問題或尋找答案。<br>6. 協同教學法─「餐廳經營實務」(必修)課程教師協同教學，指導學生將設計的菜單實際於實習餐廳進行銷售。 |
| 成績考核方式 | 本研究採用多元評量檢視學生學習歷程與成長，呈現學生的學習表現。<br>1. 平時成績【50%】依個人出席、課堂學習單、上課態度及參與程度評分。<br>2. 期中報告【20%】針對學習主題小組繳交之一周循環菜單報告，依組外同儕互評作為調整各組分數的依據，再根據組內同儕互評作為調整小組成員個人分數的依據。<br>3. 期末報告【30%】包含口頭與書面報告，針對實習餐廳小組繳交之實習餐廳菜單設計與促銷策略報告，專家評分後依據組外同儕互評作為調整各組分數的依據，再根據組內同儕互評作為調整小組成員個人分數的依據。 |

| 課程進度 | 週次 | 課程主題 | 內容【說明】 | 評量 |
|---|---|---|---|---|
| | 1. | 課程介紹& | 說明課程總覽、學 | 自我效能量 |

| | | 前測 | 習模式、評量方式 | 表、學習動機量表、學習投入量表、菜單設計課程測驗 |
|---|---|---|---|---|
| | 2. | 課程的概述：菜單的內容與型態 | ・菜單的概念<br>・菜單的起源<br>・菜單的管理 | IRS 即時反饋 |
| | 3. | 主題1. 健康菜單—個人均衡飲食設計 | ・六大食物類/六大營養素/食物代換表 | IRS 即時反饋(小組競賽) |
| | 4. | | ・每日飲食指南<br>・均衡飲食設計 | 個人均衡飲食作業(Excel) |
| | 5. | | ・特定個人均衡飲食規劃 | 學習單 |
| | 6. | 主題2. 標準食譜與循環菜單—特定團體菜單設計 | ・採購與驗收<br>・AP/EP<br>・標準食譜<br>・標準食譜建立 | AP/EP 計算 |
| | 7. | | ・標準食譜<br>・標準食譜建立 | 標準食譜作業(Excel) |
| | 8. | | ・循環菜單 | 循環菜單作業(Excel) |
| | 9. | 期中考週 | ・期中評量 | 期中評量 |
| | 10. | 期中反思 | ・期中測驗說明 | 期中補救教學 |
| | 11. | 主題3. 菜單工程—營利事業菜單設計 | ・菜單的結構與重要品項<br>・期末報告《PBL2.實習餐廳菜單設計與促銷策略》說明 | IRS 即時反饋 |
| | 12. | | ・菜單的編排、美工與色彩設計 | 菜單設計作業 |
| | 13. | | ・成本控制及售價 | 學習單 |

| | | | |
|---|---|---|---|
| | 14. | | 訂定 |
| | | ・菜單與行銷策略 | 實習餐廳促銷策略 |
| | 15. | ・利用損益表分析結果-導出營業成效 | 學習單 |
| | 16. | ・菜單評估與檢視 | 學習單 |
| | 17. | 總結評量 ・期末小組報告 | 組外同儕互評表<br>組內同儕互評表<br>專家評量表 |
| | 18. | 後測與滿意度調查 ・菜單設計課程測驗 | 自我效能量表、<br>學習動機量表、<br>學習投入量表、<br>菜單設計課程測驗 |
| 學生學習成效 | 1. 學生能夠說明菜單不同類型和構成元素。<br>2. 學生可設計出屬於自己的均衡營養菜單。<br>3. 學生可使用資訊工具將食譜標準化。<br>4. 學生可設計出具體可用的餐廳菜單。<br>5. 學生瞭解餐飲成本結構並能依成本進行訂價。<br>6. 學生能利用菜單行銷策略進行銷售。<br>7. 學生能分析菜單的獲利與內容修正。<br>8. 學生能透過書面、口語或科技工具有效傳達看法、建議。<br>9. 團隊合作中傾聽接納組員意見、分享資源、表達意見。 | | |

| 預期個人教學成果 | 1.發展 STEAM-6E 融入餐旅菜單設計課程之教學活動與教材(具) 2.將研究成果應用於未來規劃菜單設計相關課程之研究用途。 | |
|---|---|---|
| 學習成效評量工具 | 評量工具 | 說明 |
| | 前後測 | 第一週進行菜單設計課程測驗前測，最後一週進行後測 |
| | 訪談 | 於成績表現前、中、後段各抽取 2 名同學進行訪談。 |
| | 學習單 | 根據課程內容以及上課學生實際的反饋，自編學習單，藉此了解學生在 STEAM—6E 教學模式實施後的學習效果。 |
| | 即時回饋系統 | 課程中透過 IRS 即時反饋。 |
| | 期中評量 | 針對菜單成本控制主題進行的測驗、檢討、反思和補救教學等學習表現。 |
| | 專家評量 | 邀請產業具實務經驗的經理人或主廚擔任期末報告評審，以提供實務上多元諮詢的機會。 |
| | 組內同儕互評(Rubric 評分表) | 透過組內同儕互評來評量學生在團隊合作中投入的程度。 |
| | 組外同儕互評(Rubric 評分表) | 學生透過評量別人，深化對技術成果的認知並增加交流 |

## 【附件五】健康餐盒(電子書)

| 組別 | 設計主題 | 設計理念 | 下載 |
|---|---|---|---|
| 1 | 學生午餐便當 | 因為我們組別人員喜歡吃 減少熱量 | |
| 2 | 異國料理 ，簡單便當 學生午餐 | 便宜 適合我們學生上班組 | |
| 3 | 減重 | 因為要減肥 | |
| 4 | 家常菜 | 可以有更多豐富的菜跟做法以及健康節省成本 | |
| 5 | 減肥，減重 | 讓想要節食的人仍然可以吃到美味的食物並有飽腹感而不受苦。 | |
| 6 | 健康便當 | 身體過重要減肥 | |
| 7 | 簡易享味，快樂生活 | 無論多忙碌，我們希望每個人都能輕鬆享受美味中餐。 | |
| 8 | 國小學生午餐 | 因為我覺得這樣的設計對小學生很適合，菜單包含肉類，蔬菜，果類 | |

# 系列代表著作二

# 自我調整學習策略於食物製備原理課程之應用：提升學習動機與自我效能的實踐研究

本篇獲「東南科技大學 111 學年度第 2 學期教學實踐研究計畫」
　補助並公開發表於 111-2 校內教學實踐研究計畫成果分享
　通過東南科技大學 111 學年度第 2 學期「創意創新課程與教
　學成果獎勵」審查並獲創新教學銀牌獎
研究成果海報發表於國立高雄科技大學 2024 教學實踐研究
　研討會
　　　　　　　經匿名審查

# 東 南 科 技 大 學
# 111 學年度第 2 學期
# 【創意創新課程與教學獎勵】
# 銀牌獎

課程名稱：食物製備原理

課程代碼：4M11G04

新開課程：☐是　　■否

選 必 修：■必修　　☐選修

學 分 數： 2 學分

申請人及職稱：蘇家嫻助理教授

系 所 單 位：餐旅管理系

聯 絡 電 話：0928513734

e-mail： peony@mail.tnu.edu.tw

# 獲獎證明

東南科技大學 教學資源中心

本校111學年度第2學期「創意創新課程與教學成果獎勵」審查結果

本校111學年度第2學期「創意創新課程與教學成果獎勵」審查結果出爐了，恭喜獲獎教師！

創新教學金牌獎（從缺）

## 獎　　狀

東南獎字第1121270001號

蘇家嫻 教師

參加本校 111 學年度第 2 學期創意創新課程與教學獎勵以「食物製備原理」課程榮獲創新教學銀牌獎

特頒此狀　以資鼓勵

東南科技大學
校　　長　李清吟

中華民國 112 年 10 月 31 日

# 公開發表

2025/2/13 上午9:56

【教學精進研習】113/01/10(三)「校內型教學實踐研究計畫經驗分享 暨 評鑑績優教師分享」即日起開放報名！

【教學精進研習】113/01/10(三)「校內型教學實踐研究計畫經驗分享 暨 評鑑績優教師分享」即日起開放報名！ (2023/12/14 15:22)

各位老師 鈞鑒：

教務處即將舉辦本學期校內最後一場教學精進研習活動，敬請把握機會，歡迎您報名參加！

【活動主題及分享人】

| 13:20~13:30 | 簽到入座 |
|---|---|
| 13:30~14:10 | 111-2校內教學實踐研究計畫成果分享<br>1.餐旅系/蘇家嫻老師<br>【自我調整學習策略介入對科技大學餐旅管理系學生食物製備原理學習成效之影響】<br>2.休管系/呂麗蓉老師<br>【休閒產業經濟學】 |
| 14:10~14:30 | 111學年評鑑績優教師分享<br>室設系/李家宇老師<br>【室內設計教學場域與師生互動的數位轉型心得分享】 |

【報名資訊】

1. **參加對象**：本校專任教師
2. **活動時間**：113年01月10日(星期三)13:30~14:30(13:20開始簽到入座)
3. **活動地點**：志平806茶鄉故事屋
4. **報名網址**：https://reurl.cc/Qj2jZX
5. **報名期限**：即日起~113/01/08(星期一)17:00止，限額40人，若額滿將提早關閉報名表單。(為維持舒適的聆聽空間，報名額滿後，不接受現場報名簽到，懇請配合！)

---

專案助理 鄭珮蓉
教務處教學資源中心
(高教深耕計畫主冊、教學實踐研究計畫學校承辦人)
聯絡電話02-8662-5979#202、208
e-mail：peijung0606@mail.tnu.edu.tw

# 自我調整學習策略於食物製備原理課程之應用：
# 提升學習動機與自我效能的實踐研究

## 摘要

本研究運用結構方程模型（SEM），探討私立技職院校餐旅管理系學生在「食物製備原理」課程中應用自我調整學習（SRL）策略之成效。課程設計參照學校核心能力指標，確保與學程目標一致，並透過數位工具（如 Moodle、Quizizz）提供即時回饋，提升學習彈性與互動性。此外，導入專題式學習（PBL），使學生透過真實情境任務與同儕互動強化專業知能。

研究結果顯示，經過 18 週的教學實驗後，學生的學習動機平均提升 4.80%（$p<0.01$），自我效能提升 5.13%（$p<0.001$），食物製備原理後測平均成績 (42.13 分)較前測(34.52 分)提升 22%，顯示本課程之 SRL 策略能有效促進學習成效。本課程設計的 SRL 策略能夠提升學生的自主學習能力（提升幅度 6.05%），並顯著增強課堂參與度與學習投入（$p<0.001$）。數據分析進一步顯示，自我效能與學習動機為影響學習表現的重要中介變項。教師應透過觀察與訪談掌握學生個別需求，適時調整教學策略，以營造支持性學習環境，強化學生的學習成效。同時，SRL 策略有助於學生將所學應用於職場與其他專業課程。例如，協作學習與問題解決能力的強化，使學生能適應多變的職場環境，提升競爭力。

本研究證實，在技職教育場域中，混成學習模式結合 SRL 與合作學習，不僅能提升學生的理論與實務能力，亦能增強其職場競爭力。研究成果可為未來技職院校的課程設計與教學法提供參考，並可應用於其他餐旅相關課程，以提升學生學習效能與產業適應力。

**關鍵詞**：自我調整學習（SRL）、混成學習、學習成效、自我效能、學習動機

# 一、教學實踐研究動機與主題

## (一)研究背景與動機

隨著台灣少子化趨勢加劇,技職體系招生難度提升,學生入學門檻亦逐年下降。筆者任教於私立科技大學餐旅管理系,觀察到學生普遍面臨學習動機低落、課堂參與度不足的問題。由於多數學生須兼職工作以支應生活,課堂上常顯疲憊,對學習內容缺乏專注與投入,導致學習成效不彰。

本系學生多來自技術型高中,入學成績大多落於中後段,且過去學習經驗以實務操作為主,對於大學教育中強調理論與概念推導的課程較難適應。長期的學業挫敗經驗,使部分學生產生「學習無助感」,進而影響其自我效能感,甚至在課堂互動中表現出逃避學習的傾向。例如,當教師提問時,學生往往直接回應:「我不知道。」或「如果我喜歡讀書,就不會在這裡。」顯示其對學習的信心不足。

此外,入學成績下降的趨勢亦反映在學生的學習行為上。學生普遍缺乏自主學習習慣,如課前不預習、課後不整理筆記,對於學業表現亦不關心,學習目標僅停留在「順利畢業」的基本要求。由於學習內容的掌握高度依賴教師講解,學生缺乏自主建構知識的能力,進一步影響學習成效。

為解決這些問題,本研究將「自我調整學習(Self-Regulated Learning, SRL)」策略融入《食物製備原理》課程,並結合多元創新教學方法,如「問題導向學習(PBL)」、「翻轉教室(Flipped Classroom)」及「數位學習(Blended Learning)」,以提升學生的學習動機、自主學習能力與實作技能。

同時，本研究設計學習遷移機制，幫助學生將 SRL 策略應用於未來職場與其他專業課程。例如，在專業實習中，學生可利用計畫與目標設定策略來提升任務執行效率，或透過自我監控技術進行自我評估與調整，確保學習成效的延續性。透過此方式，使學生能夠從課堂學習過渡到真實職場環境，並逐步培養終身學習能力。

本研究的課程設計與學習策略，不僅能提升學生的課堂表現，亦能為技職教育提供具體的教學創新實踐，確保課程內容與產業需求相符，進一步強化學生在職場上的競爭力。

## (二)教學與課程設計理念

學習並非單向傳遞的過程，而是一種動態交互作用，學生的主動參與對於學習成效至關重要。正如 Zimmerman（1989）所言：「學習並非被動地發生在學生身上，而是由學生主動促成的。」基於此觀點，本研究計畫將從學生的學習視角出發，透過以下策略提升學生的學習成效：

### 1. 問題導向學習（PBL）與建構主義學習理論（CLT）結合

PBL 強調學生透過問題解決來學習，符合 Vygotsky（1978）提出的「最近發展區（ZPD）」理論，即透過同儕互動與教師引導，促進知識的建構與技能的發展。在本課程中，學生將透過小組合作，完成餐旅業相關的專題研究，培養其問題解決能力與團隊合作能力。

### 2. 翻轉教室與自我效能理論（SE）結合

翻轉教室模式讓學生在課前先透過 Moodle 等數位平台學

習理論，課堂上則進行實作與討論。此模式符合 Bandura（1986）的「自我效能理論」，透過學習前的準備與課堂中的即時回饋，強化學生的學習信心與主動性，提升學習成就。

### 3. 數位學習與自我調整學習（SRL）框架結合

Winne & Hadwin（2010）提出的 SRL 模型強調「自我監控」與「學習策略調整」的重要性。本課程運用 Quizizz 進行即時測驗、Moodle 提供數位教材與學習紀錄，幫助學生透過數據回饋來調整學習策略，強化學習自律性。

## (三)教學實踐研發主題與目的

### 1. 教學實踐研發主題

本計畫以「**自我調整學習策略於《食物製備原理》課程之應用：提升學習動機與自我效能的實踐研究**」為主題，探討如何透過「**自我調整學習**」（Self-Regulated Learning, **SRL**）理論，設計適切的教學策略與學習活動，以提升學生的學習動機、自我效能感與自主學習能力，進而改善學習成效。本研究不僅應用 SRL 理論，更首次在**技職教育環境中系統化整合數位學習技術**（**Moodle 數據分析、即時回饋工具 Quizizz**）、**專題式學習（PBL）與線下實作教學模式**，打造完整的「**混成學習**」（**Blended Learning**）**架構**，以提升學生的學習動機與餐旅實作能力。透過實證研究，本計畫期望發展一套適用於技職教育場域的創新教學模式，作為餐旅教育課程規劃與教學改進的重要參考依據。

## 2. 教學實踐研發目的

為回應現行技職教育學生 學習動機低落、自我效能感不足及自主學習能力欠缺 的挑戰，本研究計畫的具體目標如下：

**(1) 提升學生的學習自主性與學習成效**
- 透過自我調整學習（SRL）策略，如目標設定、學習策略選擇、自我監控與反思，幫助學生發展自主學習能力，提高課程學習成效。
- 透過 Moodle 學習數據分析、Quizizz 即時回饋機制，讓學生能夠即時監控學習進度，調整學習策略，提升學習動力與效果。

**(2) 探討自我效能（Self-Efficacy）對學習成效的影響**
- 透過 **Bandura（1997）** 自我效能理論，分析學生在學習過程中的自我效能變化，了解其對學習動機、知識應用與技能掌握的影響。
- 透過學習歷程檔案與反思日誌的記錄，分析學生如何在學習過程中增強自我效能與學習動機。

**(3) 優化技職院校餐旅教育模式**
- 結合數位學習（Moodle）、PBL（專題式學習）與線下實作的「混成學習架構」，提供學生多元學習途徑，增強學習靈活度與實務應用能力。
- 透過 即時互動教學與同儕評量（Quizizz、Peer Assessment），強化學生的學習參與度與團隊合作能力，使課程內容更貼近餐旅產業需求。

**(4) 建立有效的評估機制**

- 探討學習動機、自我調整學習能力與學習成果之間的關聯性，發展適合技職教育的多元評量工具（反思日誌、學習歷程檔案、Moodle 數據紀錄、PBL 成果報告），確保評估的全面性與可靠性。
- 應用學習成效數據分析，檢視學生的學習行為與表現，作為未來課程優化的依據。

**(5) 縮短學術理論與實務操作的鴻溝**
- 本計畫透過 **理論與實作整合、數位學習支援與專題式學習結合**，發展能夠提升學生「知識內化與技能運用能力」的教學策略，讓學生在畢業後更能符合職場需求。
- 透過**業師協同教學**與**餐旅業實作專案**，提升學生的**實務應用能力與職場適應力**。

本研究計畫透過 PBL（專題式學習）、翻轉教室（Flipped Classroom）、數位學習（Blended Learning）等創新教學模式，結合 建構主義學習理論（CLT）、自我調整學習（SRL）與自我效能理論（SE），系統性提升學生的自主學習能力與學習成效。透過 Moodle 數據分析、即時回饋機制、同儕評量，確保學生能夠逐步建立學習信心，進而提升職場競爭力，為餐旅教育提供具體可行的教學改善方案。

# 二、教學實踐研發之學理基礎

## (一)建構主義學習理論（Constructivist Learning Theory, CLT）

建構主義學習理論（Constructivist Learning Theory, CLT）強調學習者透過與環境的互動來建構知識，而非被動接受知識。該理論源自 Piaget（1936）和 Vygotsky（1978），特別強調**學習者的主動性、社會互動以及知識的內化過程。**

在食物製備原理課程中，建構主義理論的應用可透過以下方式強化學生的學習：

- **同化與調適**：學生在學習食材科學時，將現有知識與新學到的烹飪技術相結合。例如，學習麵團的發酵原理時，學生將過去對發酵食品的經驗與課堂上的酵母作用機制整合。

- **最近發展區（ZPD）與引導學習**：課堂中可透過 **示範操作 + 學生實作 + 導師回饋** 的方式，讓學生在教師或業界專家的指導下，逐步掌握食品加工技術，如真空低溫烹調（Sous Vide）技術。

## (二)自我調整學習 (Self-Regulated Learning, SRL)

Zimmerman（1989）提出的自我調整學習（SRL）理論強調 **學生在學習過程中的主動性**，透過 **設定目標、監控進度與調整學習策略**，提升學習成效。SRL 模式特別適用於技職教育，能有效培養學生的自主學習能力，並促進專業技能的發展。近年來，許多研究探討 SRL 在不同技職領域的應用，例如餐旅管理（Panadero, 2017）與職業訓練（Hadwin et al., 2018），皆顯示 SRL 能提升學習動機與學習成就。

在餐旅管理教育領域，食物製備技能的學習高度仰賴實作訓練，學生需要在不斷嘗試與調整中精進技能，因此 SRL 的應用尤為關鍵。本課程將 SRL 策略融入《食物製備原理》教學設計，透過目標設定、策略選擇、學習監控與自我評估，引

導學生建立自主學習能力,以提升學習成效。

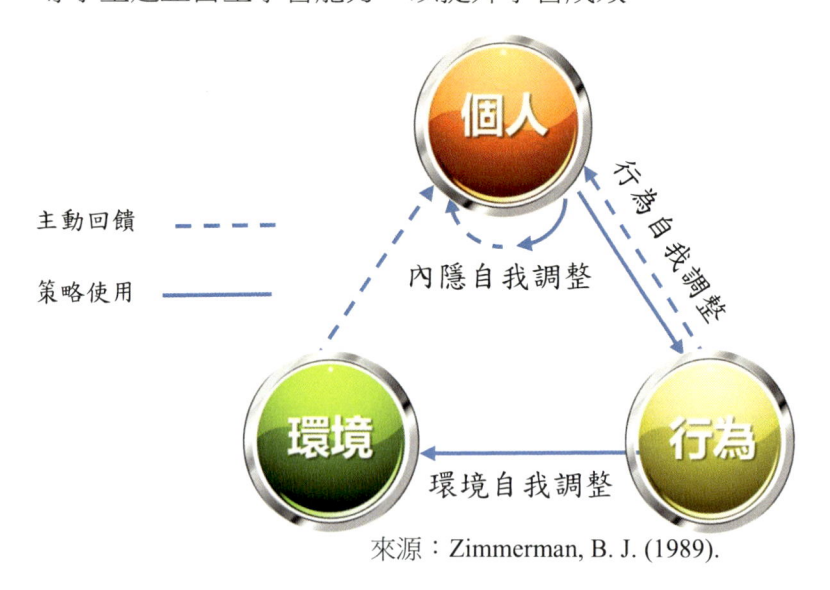

主動回饋 ----
策略使用 ——

來源:Zimmerman, B. J. (1989).

圖 3-1 自我調整功能分析圖

## 1. 自我調整學習的核心概念

SRL 的核心在於學習者透過計畫、監控與評估來主動調整學習方式,而非被動接受資訊(Winne & Hadwin, 2010)。技職教育強調理論與實作並重,因此 SRL 策略能幫助學生提升專業技能的掌握度,使其在學習過程中養成反思與調整策略的習慣。例如,在廚藝教育中,SRL 已被證實能有效提升學生在食材處理與烹飪技術上的準確性與效率(Jossberger et al., 2010)。

## 2. 自我調整學習在「食物製備原理」課程的應用

本課程依據 SRL 理論,設計四個學習歷程階段,幫助學生建立自主學習習慣,並透過數據回饋強化學習成效。

### (1) 目標設定(Goal Setting)

學習者需設定具體、可測量的學習目標,以確保學習

進度與成果（Puustinen & Pulkkinen, 2001; Panadero, 2017）。應用於《食物製備原理》課程時，學生可於學期初設定個人學習目標，例如「本學期食物製備原理學期成績達 80 分以上」。透過明確目標，學生能更聚焦於學習過程，提升學習效率。

**(2) 策略選擇（Strategy Selection）**

根據目標，學生需選擇適合的學習策略，如筆記摘要、心智圖、數位學習工具或實作練習，以增強學習成效（Hadwin et al., 2018; Shaheema et al., 2023）。例如，在學習大豆製品時，學生可透過心智圖整理不同發酵條件對大豆質地與營養的影響，並透過數位平台（Moodle）觀看相關大豆加工操作影片，加深對發酵原理的理解。

**(3) 自我監控（Self-Monitoring）**

學習者需在學習過程中持續監控自身進度，以確保策略的有效性，並適時調整（Howard-Rose & Winne, 1993; Schunk et al., 2008）。本課程運用 Quizizz 數位測驗，讓學生在每個學習單元後即時檢測自身理解程度，並根據測驗結果適時調整學習策略。例如，若發現錯誤率較高，學生可重新觀看示範影片或加強筆記整理，確保理論知識與實作技能的同步提升。

**(4) 自我評估（Self-Evaluation）**

學習者需透過測試、反思與學習歷程檔案（E-Portfolio），檢視學習成效，並規劃未來的學習策略（Boekaerts & Corno, 2005; Winne & Hadwin, 2008）。在本課程中，學生可透過反思日誌記錄學習心得，並

在學期末檢視學習目標是否達成。例如，學生可回顧自己在學習上的進步程度，並提出改進計畫。

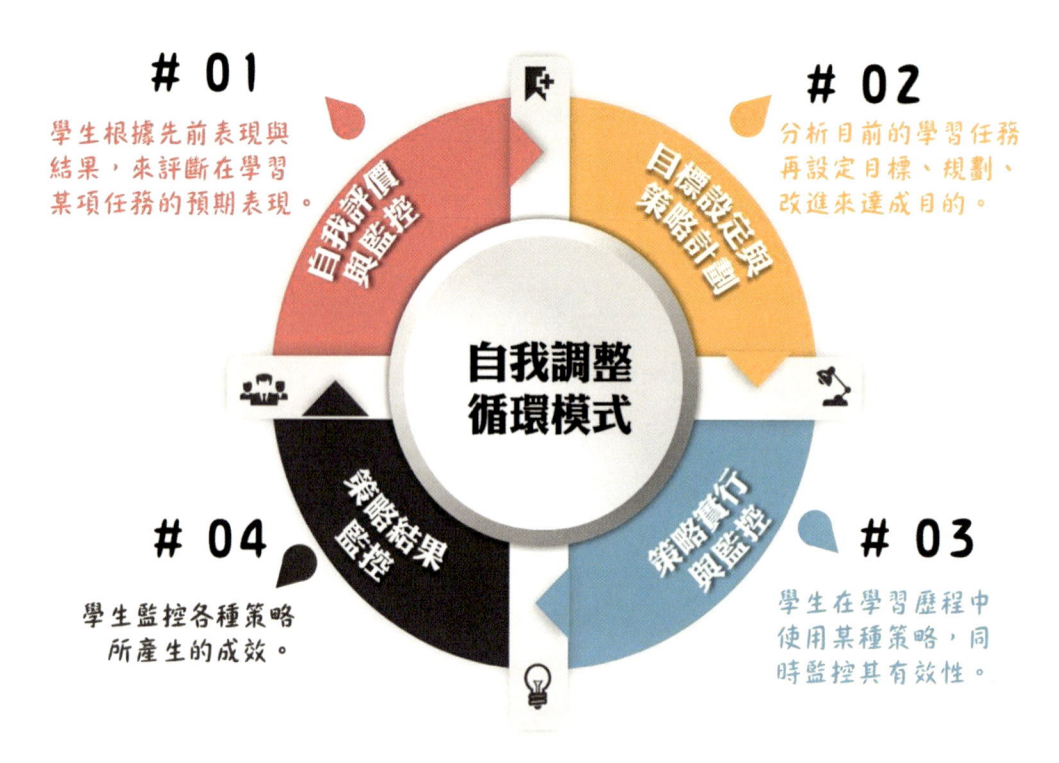

**# 01** 學生根據先前表現與結果，來評斷在學習某項任務的預期表現。

**# 02** 分析目前的學習任務再設定目標、規劃、改進來達成目的。

**# 03** 學生在學習歷程中使用某種策略，同時監控其有效性。

**# 04** 學生監控各種策略所產生的成效。

自我調整循環模式

- 自我評價與監控
- 目標設定與策略計劃
- 策略實行與監控
- 策略結果監控

圖 3-2　自我調整循環模式

## 3. SRL 於技職教育的實證研究與應用價值

過去研究顯示，SRL 策略能顯著提升技職院校學生的學習成效（Dörrenbächer & Perels, 2015），尤其在餐旅教育領域，透過 SRL 策略能夠：

**(1) 提升學習動機與自我效能（Zimmerman, 2002）**：學生能更有信心面對學習挑戰，減少「學習無助感」的情況。

**(2) 改善學習策略應用（Jossberger et al., 2010）**：學生能根據實作成果調整學習方式，強化專業技能的掌

握度。

此外，近年來多項技職教育研究發現，SRL策略與數位學習工具的結合，如 Moodle 與 Quizizz，即時回饋與學習分析，能有效提升學生的學習成效（Erhan, 2016）。本研究透過《食物製備原理》課程的實證應用，進一步驗證 SRL 策略在技職教育場域中的可行性，未來亦可拓展至其他餐旅相關課程，如烘焙技術、餐飲管理等，為技職教育課程設計提供參考。

## (三)自我效能 (Self-Efficacy)

自我效能（Self-Efficacy）理論由心理學家 Bandura 提出，並在學習、動機、職場表現等領域產生了深遠影響。該理論是社會認知理論的重要部分，強調個體對自身完成特定任務的能力所持有的信念如何影響其行為選擇、努力程度和抗挫折能力（Bandura, 1986; Zivlak & Stojanac, 2019)。

## 1. 自我效能的定義與重要性

### (1) 自我效能的定義

Bandura（1997）定義自我效能為**個體對自身在特定情境下完成特定任務的能力所持有的信念**。這種信念決定了一個人是否願意面對挑戰、如何應對困難，以及是否能夠堅持不懈地實現目標（Cleary & Zimmerman, 2006）。

### (2) 自我效能的重要性

在學習領域中，自我效能不僅影響學生的學習動機，還決定了他們的學習行為和學習成果

（Matthews et al., 2024）。高自我效能的學生更可能設定挑戰性的目標，投入學習、使用有效學習策略，並且能夠更持久地努力克服困難（Bai, 2023; Colecchia et al., 2025）。

自我效能能夠提升學習者的內在動機，使他們更願意挑戰自己、擁抱新知（Bandura, 1986）。同時，具有較高自我效能的學生通常能夠更好地應對考試壓力與焦慮，進而提升學習效率（Matthews et al., 2024）。相較於低自我效能者，高自我效能在學術成就、職業成功以及心理健康方面的表現通常較佳 (Jayanti & Wulandari, 2024)。

## 2. 自我效能與學習動機、學習成效之關係

自我效能與學習動機、學習成效間存在密切的關聯：

**(1) 自我效能與學習動機**

高自我效能的學生在學習過程中更可能保持內在動機（intrinsic motivation），並持續參與學習活動（Bandura, 1997; Zimmerman, 2000; Razavi & Amirian, 2016)。相對的，如果學生認為自己無法成功，他們可能會降低努力程度，甚至完全放棄學習（Schunk & DiBenedetto, 2020）。研究顯示，自我效能可以透過增強學生的學習興趣來提升學習動機 (Hidajat et al., 2023)。

**(2) 自我效能與學習成效**

大量研究證實，自我效能與學業成就之間存在顯著正相關關係（Pajares, 2006）。高自我效能的學

生傾向於採取更有效的學習策略，如自我監控和元認知策略，從而提升學業成績 (Schunk, 1995)。一項針對大學生的研究發現，自我效能較高的學生在考試成績和課程完成率方面表現更佳（Nourihamid Altome, Hassani, & Talebi, 2024）。

另外，在學習過程中，高自我效能學生比低自我效能學生更可能使用深度學習策略，如問題解決與批判性思維（Schunk et al., 2014）。研究發現，當學生的自我效能提升時，他們更能夠堅持學習，並在面對困難時展現更高的耐挫力 (Hassankhani et al., 2015)。

## 3. 影響自我效能的因素

根據 Bandura（1997）的理論，自我效能主要受到以下四種因素影響 (Schunk, 2003)：

**(1) 個人經驗（Mastery Experiences）**

過去成功的學習經驗能夠提升自我效能，而失敗則可能降低自我效能（Cleary & Zimmerman, 2012; Costa Filho et al., 2022)。學生若在學習過程中獲得適當的回饋與鼓勵，將更可能維持高自我效能。

**(2) 替代經驗（Vicarious Experiences）**

透過觀察他人的成功（如同儕或教師），學生會提升對自己能力的信念。（Winne & Hadwin, 2008; Huang, 2020)。這類觀察學習對於缺乏直接經驗的學生特別重要，特別是在學習新技能時。

**(3) 社會說服（Verbal Persuasion）**

來自教師、父母或朋友的積極鼓勵可以提升學生的自我效能（Dweck, 2006; Bernacki et al., 2015）。若學生在學習過程中獲得支持，他們更有可能相信自己能夠成功完成學習目標。

**(4) 情緒狀態（Physiological and Emotional States）**

當個體感到焦慮或壓力過大時，他們的自我效能可能會降低（Hadwin et al., 2018; Dantes et al., 2022）。

本研究在課程中，採用即時回饋機制，Quizizz 測驗來檢測食物製備原理的知識，並提供即時反饋，提高學生對自己知識掌握度的信心。

## (四)學習動機 (Learning Motivation)

學習動機（Learning Motivation）是學習者投入學習的內在驅動力，影響學生的學習行為、學業成就及學習策略（Ryan & Deci, 2000）。學習動機可分為內在動機（Intrinsic Motivation）與外在動機（Extrinsic Motivation），兩者在學習表現與學習持續性上扮演重要角色（Sansone & Harackiewicz, 2000）。

### 1. 學習動機的定義與類型

**(1) 學習動機的定義**

學習動機（Learning Motivation）指的是推動個體參與與持續投入學習活動的心理驅動力。它解釋了學習者為何會啟動、維持以及調整其學習行為，並在很大程度上決定了學習過程中的努力程度與方向 Ryan 和 Deci（2000）指出，學習動機決定了個體是否願

意投入學習、採取何種策略，以及能否持續專注於學習目標。

**(2) 內在動機（Intrinsic Motivation）**

內在動機指個體因自身興趣、挑戰感或成就感而進行學習，而非來自外部的強迫或獎勵（Deci & Ryan, 1985; Ryan & Deci, 2000）。例如，學生因為喜歡數學而自願花時間解數學題。

**(3) 外在動機（Extrinsic Motivation）**

外在動機則是受外部因素驅動，如獎勵、評價、社會認可或避免懲罰等（Ryan & Deci, 2020）。例如，學生為了獲得好成績或父母的認可而努力學習。雖然外在動機能夠在短期內促進學習行為，但當外部激勵消失時，學習者的投入可能也會隨之減弱 (Deci & Ryan, 2000)

## 2. 學習動機與學習成效之關係

學習動機與學習成效之間存在明顯的正向關聯，許多研究顯示，動機較高的學生往往能夠獲得更好的學習成果（Wu, Li, Zheng, & Guo, 2020）。

### (1) 內在動機與學習成效

內在動機較高的學生通常能夠更有效地管理學習時間，並採用深度學習策略，如批判性思考和問題解決（Baker, 2004）。具備強烈內在動機的學習者，通常表現出更長期的學習興趣與自主學習能力，這有助於其在面對困難時持續努力並達成學習目標 (Pintrich

& Schunk, 2002）。內在動機與學生的心理健康、學習滿意度和學業表現均呈正相關（Goodman, Jaffer, Keresztesi, et al., 2011）。

**(2) 外在動機與學習成效**

雖然外在動機能夠短期內提升學習成效，例如考試前的獎勵制度，但若長期依賴外在動機，可能會降低學生的內在興趣（Ryan & Deci, 2020）。高度依賴外部獎勵的學生在外部誘因消失後，學習成效可能下降（Trevino & DeFreitas, 2014）。

## 3. 提升學習動機的策略

為了提升學生的學習動機，筆者提出了多種方法（Ryan & Deci, 2020）。

**(1) 提高內在動機**

- **提供選擇權（Autonomy Support）**：讓學生在學習過程中擁有一定的自主權，可提升學習興趣（Liu, Wang, Kee, & Koh, 2014）。

- **設計有意義的學習內容**：幫助學生瞭解學習的目的與意義，並藉由達成這些目標獲得成就感，從而激發持續學習的動力 (Schunk, 2012)。將學習內容與學生的興趣或未來目標聯繫起來，有助於提升學習的主動性（Ryan & Deci, 2000）。

- **促進挑戰性任務**：適當的挑戰可使學生感受到成就感，進而提升學習熱情（Deci & Ryan, 1985）。

- **鼓勵自我反思與策略調整**：引導學生定期檢視自己的學習過程，發現問題並調整學習策略，進一步鞏固和提升學習動機 (Schunk, 2012)。

**(2) 增強外在動機**

- **情境化與互動式教學方法**：透過情境模擬、合作學習及問題導向教學，讓學習內容與現實生活連結，從而激發學生的興趣與好奇心 (Pintrich & Schunk, 2002)。

- **提供即時回饋（Feedback）**：適時的正向回饋可增強學生的學習動機（Mills & Blankstein, 2000）。

- **建立合理的獎勵系統**：外在獎勵（如成績、獎品）可用於激勵學生，但應避免長期依賴（Sansone & Harackiewicz, 2000）。

- **培養學習信念**：透過成功經驗累積，使學生相信自己能夠掌握學習內容（Ryan & Deci, 2020）。

學習動機是影響學業表現的重要因素，為提升學習動機，教育者可以提供自主選擇、設計有意義的學習活動、建立回饋與獎勵機制，幫助學生持續投入學習，並培養終身學習的能力，使他們在未來的職業生涯中受益。

## (五)自我效能（SE）、學習動機（LM）和自我調整學習（SRL）三者的關聯性

自我效能（Self-Efficacy）、學習動機（Learning Motivation）

與自我調整學習（Self-Regulated Learning, SRL）三者在教育心理學領域中具有密切關聯，影響學生的學業成就與學習效果。近年來，相關研究挑戰傳統觀點，指出 SE 與 SRL 可能呈現雙向互動，而非單向影響。

Faisal（2019）透過結構方程模型（SEM）分析 SE、LM 與 SRL 的關係，結果顯示 SRL 不僅影響 SE，學習動機（LM）亦顯著影響 SE 與 SRL（$\beta$ = .712, p < .001）。Alafgani & Purwandari（2019）進一步驗證 SRL 是否為 SE 和 LM 影響學業成就的中介變項，結果顯示 SE、LM、SRL 之間關係顯著，但 LM 與 SRL 間無明顯關聯，顯示學業表現可能受其他因素影響。

Fitriastuti et al.（2021）研究 SE 與目標導向對 SRL 的影響，發現二者對 SRL 具有顯著正向影響，並可解釋 58.4% 的 SRL 變異。Faisal（2019）另一項研究亦指出 SRL 可能促進 SE，而非單純由 SE 影響 SRL，並發現當 LM 作為中介變數時，SE 與 SRL 的關聯性更為顯著。

Lim & Yeo（2021）對 20 篇研究進行系統性回顧，發現 SE、內在學習目標及學習價值與 SRL 顯著正相關，而測試焦慮對 SRL 無顯著影響。Chen & Sukying（2024）研究則顯示，SRL 策略（如目標設定、監測與努力調節）可顯著提升中國高中生英語學習成就，且 SE 與 SRL 之間的關聯最為顯著。

Onwubiko（2024）提出 SRL 為 LM 與 SE 的預測因子，結果顯示具較高 SRL 能力的學生，學習動機與 SE 亦相應提高，形成正向迴圈。Outerbridge et al.（2024）研究分析工程課程學生的學習動機與 SRL，並透過聚類分析識別四類學生群體：高動機高 SRL、低動機低 SRL、深層學習動機高 SRL 及

表層學習動機低 SRL。結果顯示，深層學習動機與高 SRL 組別的學生 SE 最高，而低動機低 SRL 組別 SE 最低，進一步支持 SE、LM 與 SRL 之間的關聯性。

綜合上述研究，SE、LM 與 SRL 之間存在動態互動，具體因果方向可能受文化與情境影響。本研究將進一步探討學習動機、自我效能與自我調整學習策略對私立技職院校餐旅管理系學生「食物製備原理」學習成就的影響，以提供更具體的實證依據，優化餐旅教育之學習成效。

## (六)食物製備原理課程教學

### 1. 食物製備原理課程的目標與內容

「食物製備原理」課程主要旨在建立學生對食品加工及烹飪過程中涉及的基礎科學原理的全面認識。課程內容通常涵蓋食材選擇、食品安全、營養學基礎以及不同烹調技術的應用。此課程不僅注重理論知識的傳授，更強調實作操作，讓學生能夠將學到的原理運用於實際的食品製備過程中。例如，某研究顯示，透過課程設計的體驗式學習（experiential learning）方法，學生能夠將理論知識與實作結合，提升對食品科學的理解與應用能力 (Liu, Gu, Yin, & Shen, 2016)。此外，近年來許多高等教育機構開始引入混合學習（blended learning），例如使用教學影片來輔助食物製備課程，以提升學生的學習效果 (Jones & Rathman, 2020)。

### 2. 傳統食物製備原理課程教學的挑戰

**(1) 學生基礎知識不足**

許多學生缺乏基本的烹飪與食品科學知識，使得課程學習過程較為困難 (Jones & Rathman, 2020)。

**(2) 課程內容與實務脫節**

許多傳統課程過於側重理論，缺乏與實際食品製備產業的連結，導致學生無法有效應用所學 (Huelskamp & McCabe, 2021; Serhan & Yannou-Lebris, 2021）。

**(3) 評估與反饋機制不足**

課程評估方式往往以筆試為主，未能充分反映學生的實作技能與問題解決能力 (Tao et al., 2015)。

**(4) 缺乏創新與數位化教學**

許多課程仍採用傳統的講授方式，未能有效利用數位工具與線上學習資源來提升學習體驗（Trevino & DeFreitas, 2014）。

**(5) 學習方式過於單一**

傳統的以教師為中心的教學模式，容易使學生成為被動接受知識的對象，缺乏主動探索與實踐的機會，從而難以培養出創新能力與批判性思維（Lee & Chang, 2017）

## 3. 創新食物製備原理課程教學的趨勢

為了因應傳統教學模式的不足，近年來許多教育機構積極推動**課程創新**，其主要趨勢包括：

**(1) 翻轉教室與混合式學習（Flipped Classroom & Blended Learning）**

本研究有別於傳統餐飲技職教育以「示範+實作」為主的教學模式，將數位學習技術與即時反饋機制納入

課程設計，提供即時學習軌跡監測，使學生能夠自主調整學習進度。學生可透過 Moodle 數位學習平台事先觀看線上教學影片、閱讀相關理論資料，課堂中則透過 Quizizz 即時測驗、實作演練與案例討論 進行應用與深化學習。這樣的方式讓學生不僅能自主控制學習節奏，還能透過即時回饋機制快速修正學習盲點，進而提升學習成效（Jones et al., 2020; Kao & Huang, 2020）。Azizah et al. (2024)研究發現：使用機器學習技術分析學生在混合式學習模式 (Blended Learning) 環境中的學習行為，結果顯示學生的自主學習能力與學習成效呈正相關。

**(2) 數位與線上學習（Digital & Online Learning）**

線上互動平台與數據分析工具已逐漸融入技職教育，幫助學生更直觀地掌握食品加工中的科學原理（Kao & Huang, 2020）。本課程運用 Moodle 學習管理系統（LMS） 提供個人化學習建議，並透過即時回饋測驗（IRS, Quizizz），使學生在課堂內外皆能進行高互動的學習體驗 (Guo, 2024)。此外，透過 數據分析與學習歷**程追蹤**，教師能夠即時掌握學生的學習狀況，適時提供個別化指導，確保學生能夠有效內化知識，並運用於實務場域。線上互動平台與數據分析工具也逐漸融入教學中，幫助學生更直觀地掌握食品加工中的科學原理（Kao & Huang, 2020）。運用教學影片、虛擬**實驗室**及線上課程提升學生的自主學習能力 (Guo, 2024)。

**(3) 跨領域教學**

現代食品製備不僅涉及烹飪技術，還與**營養學**、食品

工程、感官評估及創業管理等領域密切相關。跨領域課程的設計能夠讓學生從多角度認識食品製作的全貌，提升其在真實工作環境中的應變與創新能力（Smith & Johnson, 2021; Rutland et al., 2015; Eisenberg et al., 2023）。例如，學生在學習烹飪技術的同時，可透過感官評估與數據分析比較不同烹調方式對食物品質的影響，並參考市場趨勢進行創新菜單設計與成本計算。這樣的設計不僅提升學生的綜合素養，也讓技職課程更符合產業需求。

**(4) 永續與健康飲食教育**

隨著全球食品科技發展與消費者健康意識提升，越來越多技職教育課程開始融入永續食品生產與健康飲食的概念。本研究的課程設計特別加入減少食物浪費、植物性飲食、低碳烹調技術等內容，讓學生理解食品科技對環境的影響，並能夠將其應用於未來的職場（Galanakis, 2021）。

透過這些趨勢的導入，**技職教育課程不僅提升了學生的學習成效，也使其更具備未來食品產業所需的創新能力與專業素養。**

# (七)相關研究

## 1. 自我調整學習在其他領域的應用研究

自我調整學習（Self-Regulated Learning, SRL）已廣泛應用於不同學科與領域，例如語言學習、工程教育、高等教育等。研究指出，學生在具備自我調整學習能力後，能夠更有效地管理學習過程，包括規劃、監控及評估自己的

學習表現。

**(1) 語言學習領域**

研究發現，在英語作為外語（EFL）學習環境中，SRL 的策略，如設定學習目標、時間管理和自我評估，能夠顯著提高學習成效（Krauel-Nix et al., 2019; Wang et al., 2024）。

**(2) 職業教育領域**

自我調整學習在職業教育（Vocational Education）領域的研究顯示，高度自主學習的學生在實作課程中的表現較佳（Jossberger, Brand-Gruwel, Boshuizen, & van de Wiel, 2010）。這些學生能夠透過自我監控與反思來提升技能，並有效應對挑戰。

**(3) 高等教育領域**

Šteh 和 Šarić（2020）分析了自我調整學習如何幫助高等教育學生培養深度學習和批判思維。他們發現，透過適當的學習模式與環境，學生可以獲得更滿意的學習體驗 (Šteh & Šarić, 2020)。

## 2. 自我效能與學習動機在食物製備相關領域的研究

自我效能（Self-Efficacy）與學習動機（Learning Motivation）在食物製備與營養教育中發揮關鍵作用。研究顯示，當學生具備較高的自我效能時，他們在學習食品製備技能時會更加積極，並提高其學習動機與實踐能力。

**(1) 自我效能與食物製備技能的關聯**

Santarossa 等人（2015） 研究了一項名為 Kinect-

Ed 的營養與烹飪教育計畫，發現該計畫顯著提高了青少年的烹飪自我效能（$p < 0.01$）、食品製備技能（$p < 0.01$）以及食品製備頻率（$p < 0.01$）。這表明，透過適當的教育計畫，學生能夠增強對食品製備的信心，進而影響其長期的健康飲食習慣。

**(2) 內在動機與食品製備能力的發展**

Miketinas 等人（2016）比較了兩種不同的營養教育課程對於高中生內在動機（Intrinsic Motivation, IM）與食品製備能力的影響。研究發現，參與六週課程的學生在內在動機（$p = 0.035$）和食品製備能力（$p = 0.018$）上均有顯著提升，而短期（1.5 天）的課程未能產生相同的效果。這顯示持續性的烹飪教育對於提升學生的食品製備技能與學習動機至關重要。

**(3) 高中生食品製備課程對自我效能的影響**

Miketinas 等人（2017）進一步研究了高中生參與食品製備課程後的學習動機，發現課程結束後，學生的內在動機、自我效能與食品製備能力均有顯著提升（$p < 0.0001$）。研究結果表明，透過動手實作的方式，學生更有可能在課堂之外運用食品製備技能。

**(4) 學習動機與健康飲食習慣**

Cheng（2020）指出，自我效能與學習動機在食品製備與營養教育中的影響是多方面的，內在動機促進學生更積極地參與學習，而外在動機則可能與短期行為改變有關。

目前沒有針對食物製備原理相關課程的自我調整學習 (SRL)研究，但許多相關領域的研究顯示，SRL 有助於提升學習動機、學習策略與實作能力。透過學習規劃、監控與反思、數位學習與自主實作等方式，可以有效將 SRL 整合到餐飲相關課程中，幫助學生更自主地學習與提升專業技能。

**有鑑於此**，本研究旨在探討自我調整學習策略應用於「食物製備原理」課程對於私立技職院校餐旅管理系學生學習成效的影響，並分析自我效能與學習動機在提升學習成效中的中介作用。**透過系統化的教學設計，本課程將逐步導入自我調整學習策略，培養學生自主學習與反思能力，進而提升其理論理解、實作能力與學習投入。**

# 三、創新教學設計與多元內容

## (一)課程規劃

### 1. 課程名稱與目的

本研究之教學實驗是以筆者任教之新北市某科技大學餐旅管理系 111 學年度第二學期的「食物製備原理」課程中進行。該課程為期一個學期，18 週，每週兩節課，共計 36 堂課的教學及活動，

「食物製備原理」課程學習目的主要在使同學了解各類食物在製備過程中之變化，以及各類食材之特性，以製備出最具有色香味的佳餚。同時學習各類食材之烹調方式，以作為中餐烹調或西餐烹調課程之基礎。並且透過課程教

導、分組討論、專題研討等教學方式，加深同學對物製備之瞭解。

為確保學生能有效地理解和學習「食物製備原理」相關知識與技能，訂定以下教學目標：

(1) **食物的分類**：學生將學習包括六大類食物之主要成分及營養價值，以及如何製備營養均衡的餐點。

(2) **基礎食材知識**：學生將學習各種食材的特性、保存方法以及其在烹調製備時，所發生的物理、化學變化。學生將瞭解食品安全的原則。

(3) **口頭表達能力**：學生將提高他們的口頭表達能力，尤其是在烹飪過程中解釋步驟和技巧。

(4) **團隊合作**：學生將學習如何在期末專題小組中有效地合作，協調工作和分配任務。

(5) **自主學習**：學生將被鼓勵在課堂外透過網路教學平臺的線上教材、測試題庫進一步深化學習。

(6) 本研究之教學實驗課程大綱和各週之教學進度以及學習目標範例，如附件一、二所示。

## 2. 授課對象和教學空間

本研究的授課對象是 111 學年度第 2 學期選修「食物製備原理」的學生。「食物製備原理」18 週的課程主要於備有數位講桌、單槍、螢幕和小組討論區桌椅之專業討論教室進行。

## 3. 教學設計與實施方式

本課程為期 18 週，分為**前測與學習社群建立 → 自我調整學習策略導入 → 自主學習與合作學習深化 → 成效評估與反思**四個階段，詳細教學計畫如下：

## 第一階段：前測與學習社群建立（第 1 週）

**目的：** 了解學生的基礎學習動機、自我效能與學習投入程度，並建立支持性的學習社群。

**實施方式：**

1. 進行學習動機、自我效能與自我調整學習能力的前測（使用標準化問卷）。
2. 建立課程學習社群，透過學習小組讓學生彼此觀摩與交流，營造支持性學習環境。

## 第二階段：自我調整學習策略導入（第 2-6 週）

目的：培養學生的學習規劃能力與策略選擇能力。

**實施方式：**

### 第 2-3 週：基礎知識與初步自我調整學習策略訓練

1. 傳統講述法結合 Quizizz 即時回饋，提升學生的參與度與學習興趣。
2. 運用 Moodle 線上學習平台，提供影片測驗與互動討論。
3. 介紹「自主學習規劃單」，引導學生開始進行個人學習規劃（對應 Zimmerman（2002）的「目標設定階段」）。

### 第 4-5 週：自主學習與案例分析

1. 透過案例討論（如食材處理與衛生安全實例），讓學生運用自我調整學習策略解決問題。
2. 使用「自主學習反思單」，記錄學生的學習歷程與策略應用情形。

### 第 6 週：正式導入自我調整學習策略

1. 詳細說明行動研究的實施流程，包含自我調整學習的概念、特色與操作方式。
2. 教師示範如何規劃學習目標、選擇適當的學習策略，並讓學生進行實作練習。

## 第三階段：自主學習與合作學習深化（第 7-17 週）

目的：讓學生透過專題實踐與合作學習，進一步發展自我調整學習（SRL）能力，並驗證其對學習成效的影響，提升學習動機與實作技能。

實施方式：

### 第 7-9 週：專題式學習（Project-Based Learning, PBL）

1. 以分組合作方式進行專題學習，每組負責不同的食材特性與烹調應用介紹。
2. 學生應用自主學習規劃單與反思單，訂定學習目標並定期評估學習進度與策略應用，確保學習成效。

3. 教師提供形成性回饋，透過 Quizizz 測驗、Moodle 討論區互動 以及個別諮詢，協助學生調整學習策略與行動計畫，以優化學習成效。

**第 9 週：中期評估**

1. 進行學習成效的中期測驗，評估學生在教學過程中的變化趨勢。
2. 導入「學習歷程檔案（E-portfolio）」學生透過紀錄學習歷程、策略應用與學習反思，進一步強化自我監控能力。

**第 10-17 週：深化自主學習與合作學習**

1. 持續運用 PBL 模式，讓學生在實際餐飲情境中應用學習策略，提升問題解決能力與創新思維。
2. **透過定期反思與教師回饋，強化學生的學習調整能力。**・透過學習日誌與數位紀錄（Quizizz 分析、Moodle 學習追蹤）提供數據支持，讓學生具體了解自己的進步幅度。

## (二)教學策略

本課程考量學生背景多元、先備知識與學習能力差異大，且多數學生因課餘打工影響學習時間與出席狀況，因此採取多元互動教學法，透過課堂集中教學與數位學習資源相結合，提升學習動機與自我效能，確保學生即使無法到校，也能持續學習與復習。具體策略如下：

### 1. 自編教材與多媒體輔助：

透過圖片、動畫與影片強化理論與實務連結，使學生更直

觀理解《食物製備原理》的核心概念，減少抽象知識的學習障礙。

## 2. 即時互動教學：

透過 Quizizz 等即時反饋工具設計課堂測驗，幫助學生專注學習，教師亦可依據回饋調整授課步調，提升學習效果。

## 3. 合作學習與同儕教學：

採用小組合作方式，讓學生輪流扮演講解者與學習者，透過互相討論與操作強化理解，並提供語言練習機會，提升跨文化交流與實務應用能力。

## 4. 自主學習支持：

建置線上學習資源，包括數位教材、測試題庫、操作示範影片等，引導學生運用零碎時間進行自主學習，強化技能掌握。

## 5. 多元評量機制：

除筆試外，採用口頭報告、同儕互評、影片測驗等多樣化評估方式，確保學生能以不同形式展現學習成果，提升自我效能感。

本課程透過上述策略，結合餐旅教育實務需求，提升學生在時間受限情境下的學習動機與能力，使其能夠有效運用所學於實務操作，進一步提升職場競爭力。

## (三)教材設計與教學方法

本課程透過數位學習工具，如 Moodle、Quizizz 及互動式影片測驗，來強化學生的學習動機與自我調整學習能力。

### 1. 影片測驗（Interactive Videos）與自我調整學習

現代學生更習慣於透過多媒體進行學習，因此，本課程運用學校數位學習平臺 Moodle 的「影片測驗（Interactive Videos）」功能，讓學生在觀看影片的同時，需完成嵌入式問題，確保其主動參與學習。

**(1) 學理基礎：**

此方法符合 Winne & Hadwin（2010）提出的**自我調整學習模型**，學生透過即時回饋調整提升學習效果。

**(2) 應用方式（請參閱圖 3-3）：**

- 教師依據教學目標在影片的特定時間點插入不同類型的題目，學生完成作答後才可繼續播放。
- 透過即時回饋機制，學生需停下來思考，而非單純被動接收資訊。
- 為增加學生反覆觀看的動機，測驗設計成**最高得分計算成績**。
- 教學者可透過 Moodle 平臺**即時追蹤學生作答情況和成績**，並據此提供適時的回饋與指導。

**(3) 個別化學習支持策略**

- 考量僑生專班學生的中文閱聽能力不一，測驗採不限次數作答模式，並以最高分作為最終成績，提供學生充足的練習機會，以提升學習成效。

啟動餐旅學習力

學生登入數位學習平臺 moodle 進行的「影片測驗」教學。

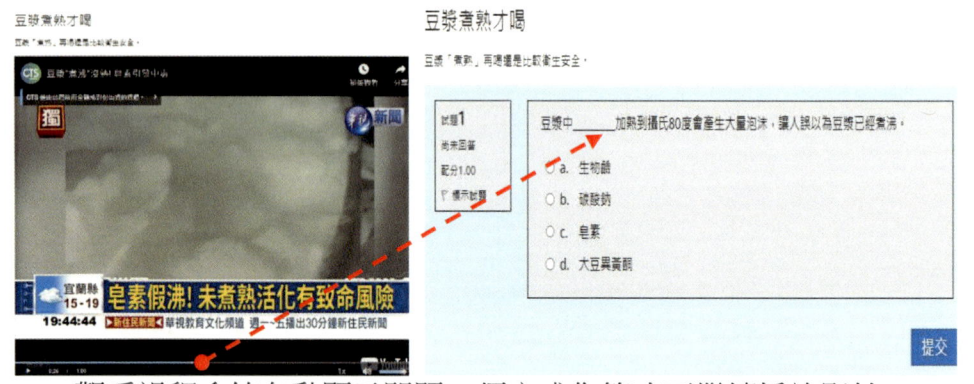

觀看過程系統自動顯示問題，須完成作答才可繼續播放影片，

| 科系/姓名 | 編號 | 作答狀態 | 開始於 | 完成時間 | 花費時間 | 分數/100.00 | Q:1 /50.00 |
|---|---|---|---|---|---|---|---|
| 餐旅二甲 張■■<br>回饋作答次 | 411180■■ | 已經完成 | 2023年04月27日 15:04 | 2023年04月27日 15:07 | 2 分鐘 17 秒 | 100.00 | ✓50. |
| 餐旅二甲 陳■■<br>回饋作答次 | 41118■■■ | 已經完成 | 2023年04月27日 15:05 | 2023年04月27日 15:06 | 1 分鐘 29 秒 | 50.00 | ✓50. |
| 餐旅二乙 林■■<br>回饋作答次 | 41118■■■ | 已經完成 | 2023年04月27日 15:05 | 2023年04月27日 15:07 | 2 分鐘 47 秒 | 50.00 | ✗0.0 |

【說明】教師透過作答紀錄瞭解學生學習狀況

圖 3-3　學生透過數位平臺進行影片測驗

## 2. 即時互動教學（Quizizz）與學習動機提升

教師在課程設計上，將每個單元拆解為數個小單元，並為每個小單元設計 1~3 題 Quizizz 練習題，讓學生隨堂作答。

**(1) 學理基礎：**

自我調整學習策略於食物製備原理課程之應用

Quizizz 的即時測驗與回饋功能，符合 Schunk（2012）所提出的**學習動機與自我效能的增強理論**。

學生掃描 QR code 登入 Quizizz 系統，作答後系統立即回饋

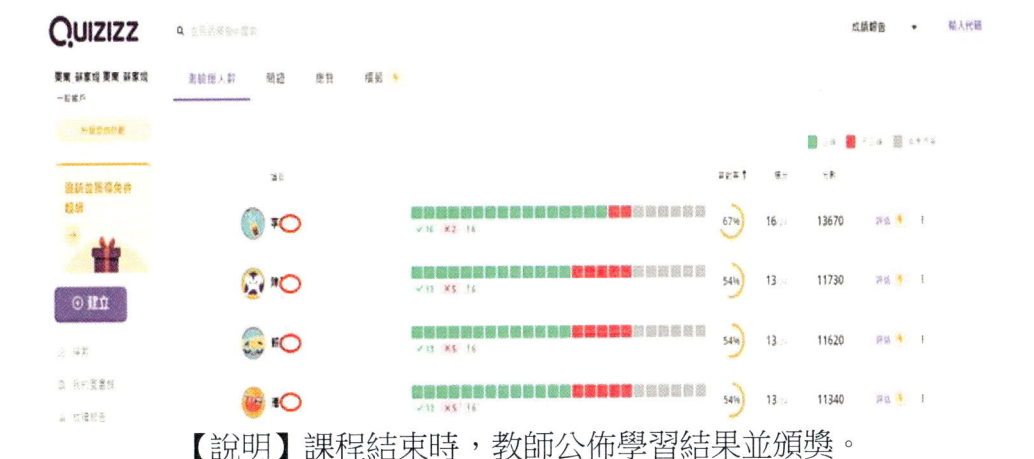

【說明】課程結束時，教師公佈學習結果並頒獎。

圖 3-4　學生參與 Quizizz 系統即時測驗

(2) 應用方式（請參閱圖 3-4）：
- 學生掃描 QR code 登入 Quizizz 系統，作答後系

統立即顯示反饋與排名。

- 透過即時解答與統計數據,教師可分析學習成效,並依據低正確率題目提供補充講解。
- 頒獎前三名予以獎勵,針對成績較低的學生,提供額外練習題與補救教學機制。
- 課後使用 Line 群組匯出錯誤題目分析,讓學生針對個人錯誤進行針對性複習。

**(3) 個別化學習支持策略:**

- 針對僑生專班學生中文閱聽能力的差異,依題目複雜程度適當延長作答時間,以確保學生能夠充分理解題意並完成測驗。

## 3. 數位學習平臺與學習歷程紀錄(E-portfolio)

為強化學生的學習自主性,本課程整合 Moodle 作為學習管理系統。

**(1) 學理基礎:**

- Winne & Hadwin(2010)自我調整學習框架:透過數位學習記錄與數據分析,幫助學生監控自身學習狀況,調整學習策略。
- Zimmerman(2002)自我調整學習三階段模型(前測-學習控制-後測反思):學生透過學習歷程檔案(E-portfolio)記錄學習策略應用情形,進行自我監控與反思。

**(2) 應用方式:**

提供自主學習規劃單,讓學生訂定學習目標,並透過數位平台進行學習歷程紀錄(請參閱圖 3-5)。

# 自我調整學習策略於食物製備原理課程之應用

| 日期 | 請完成下列各題以便老師知道你的初步現狀：本課程是什麼？ | 本課程的用途為何？ | 學了本課程可應用在哪些方面？ | 我認為本課程將是怎樣的課程？ | 我會將本課程學期成績目標訂為：幾分？(0-100) | 我將以什麼具體作法達到上題成績目標？ | 在本校學習生涯中，最擅長的科目是什麼？ | 在本校學習生涯中，最喜歡的科目是什麼？ | 在本校學習生涯中，最感無力的科目是什麼？ |
|---|---|---|---|---|---|---|---|---|---|
| 2023年02月23日(四)13:42 | 食物製備原理 | 了解食物製備的原理 | 未來餐飲業工作方面 | 能夠更了解食材的課 | 85 | 努力學習 | 中餐 | 體育 | 國文 |
| 2023年02月23日(四)13:42 | 食物製備原理 | 學習食物製備原理 | 食物 | 有趣的 | 75 | 認真上課 | | | |
| 2023年02月23日(四)13:43 | 食物製備原理 | ... | 我們實作的時候會有幫助 | 會學到一些食物相關的 | 80 | 認真上課，配合老師的要求，完成作業在規定時間 | 餐廳實作 | 英文 | 管理學 |
| 2023年02月23日(四)13:44 | 食物製備原理 | 食物製備 | 不知道 | 不知道 | 80 | 認真上課 | 英文 | 體育 | 沒有 |
| 2023年02月23日(四)13:44 | 食物製作準備 | 了解食物準備相關事情 | 日常生活 | 還不錯 | 70 | 認真聽課 | 體育 | 體育 國文 | 英文 |
| 2023年02月23日(四)13:46 | 食物製備原理 | 了解食物原理 | 生活上 | 非常棒 | 80 | 認真上課 | 烘培 | 烘培 | |
| 2023年02月23日(四)13:50 | 製備的原理 | 了解食物製備 | 餐飲方面 | 很多元的 | 80 | 乖乖上課 | 沒有特別 | 沒有特別 | 沒有特別 |

**圖 3-5　學期初學生設定課程達成目標及策略**

觀餐休閒與管理學院 › 餐旅管理系 › 餐旅一甲 › 111-2餐旅一甲食物製備原理(蘇家媚老師) › 報表 › 課程參與統計表

課程參與人數:48/51(94%)

以Excel 檔案格式下載
下載

| | 用戶 | 平台登入數 | 瀏覽次數 | 課程最後訪問 | 上線時數 | 檔案 | 資料夾 | 作業 | 測驗卷 | 回饋單 |
|---|---|---|---|---|---|---|---|---|---|---|
| 1 | 餐旅三甲 翁紊香 | 141 | 101 | 2023-11-08 09:47 | 15時9分4秒 | 3 | 0 | 17 | 1 | 1 |
| 2 | | 11 | 12 | 2023-06-15 12:11 | 18分20秒 | 0 | 1 | 2 | 2 | 0 |
| 3 | 餐旅三甲 曾漢森 | 125 | 76 | 2023-06-20 10:56 | 16時51分15秒 | 1 | 0 | 8 | 2 | 4 |
| 4 | 餐旅三乙 賴奕承 | 111 | 129 | 2023-06-14 23:41 | 18時56分13秒 | 4 | 1 | 10 | 1 | 2 |
| 3 | 餐旅三乙 林靖傑 | 287 | 304 | 2023-06-12 20:00 | 33時16分15秒 | 6 | 6 | 23 | 10 | 1 |
| 4 | 餐旅三甲 蘇珮諠 | 287 | 237 | 2023-06-15 13:24 | 34時2分47秒 | 1 | 0 | 12 | 26 | 1 |
| 5 | 餐旅三甲 陳志潔 | 123 | 140 | 2023-06-09 20:23 | 32時4分59秒 | 5 | 3 | 8 | 5 | 2 |
| 6 | 餐旅三甲 陳玉珍 | 187 | 151 | 2023-06-06 08:02 | 22時47分10秒 | 3 | 0 | 7 | 8 | 2 |
| 7 | 餐旅三甲 葉珮芫 | 143 | 141 | 2023-06-20 10:45 | 25時13分40秒 | 5 | 2 | 23 | 2 | 2 |
| 8 | 餐旅三甲 黃宜薰 | 130 | 75 | 2023-06-21 09:52 | 21時30分33秒 | 3 | 3 | 9 | 3 | 1 |
| 9 | | 85 | 169 | 2023-05-25 15:53 | 14時10分16秒 | 4 | 0 | 17 | 6 | 3 |
| 10 | 餐旅三甲 張宛栗 | 545 | 1046 | 2023-10-12 14:50 | 73時3分46秒 | 10 | 2 | 54 | 190 | 2 |
| 11 | 餐旅三乙 張芸珮 | 471 | 419 | 2023-07-09 12:01 | 61時19分33秒 | 16 | 3 | 38 | 40 | 7 |
| 12 | | 39 | 17 | 2023-03-02 14:18 | 2時49分24秒 | 0 | 0 | 0 | 0 | 5 |

**圖 3-6　數位平臺記錄學習活動**

啟動餐旅學習力

- 定期要求學生填寫「學習反思日誌」，記錄學習進展與自我調整策略。
- 透過數位平臺記錄學習活動（影片觀看、測驗結果、互動次數），教師可依據數據提供個別化學習回饋（請參閱圖 3-6）。

### 4. 學生簡報與同儕互評（Peer Assessment）

為提升學生簡報能力與學習參與度，本課程設計同儕互評機制，讓學生不僅扮演學習者，也參與評量者角色。

應用方式：

- 學生抽籤決定報告主題，發表 10 分鐘口頭報告。
- 報告者需擬定 3 個相關問題，與聽眾互動，確保專注度（請參閱圖 3-7）。

圖 3-7　學生簡報與出題策略

- 194 -

- 透過 Google 表單進行線上同儕互評（Peer Assessment），提供**標準化評分規範（Rubric）**，減少主觀性影響（請參閱圖 3-8）。
- 評分標準涵蓋**內容完整性、表達能力、創新性、互動性**，確保評分公正。

圖 3- 8　線上同儕互評標準化評分規範（Rubric）

| 簡報提問 | 學生個人簡報與同儕互評 |
| --- | --- |
| 學生個人簡報與同儕互評 | 學生個人簡報與同儕互評 |

## 5. 數位練習題庫與學習成效監控

本課程提供線上題庫,依據**基礎→進階→挑戰**三個層次設計,幫助學生進行系統性學習。

**(1) 應用方式:**

- 學生須完成前一階段測驗才能解鎖下一階段,提升學習動機與挑戰性。
- 測驗結束後,系統提供即時反饋,包括**作答正確性、正確答案、解釋及得分**,幫助學生理解錯誤原因。
- 為提高學生反覆練習的動機,設定可無限次作答,以最高得分計算。

**(2) 個別化學習支持策略**

- 由於進修部年長學生對電腦操作適應力較低,初期採用紙筆測驗,以降低技術門檻。經過教師講解操作流程並由同學協助練習後,學生逐步適應並順利進行自行測驗。

圖 3-9 數位練習題庫紀錄

本課程透過**數位學習平臺**（**Moodle**）、**互動式影片測驗**、**即時測驗**（**Quizizz**）、**學習歷程檔案**（**E-portfolio**）等數位學習工具，結合 Winne & Hadwin（2010）自我調整學習模型、Schunk（2012）學習動機與自我效能理論、Zimmerman（2002）自我調整學習三階段模型，建立完整的數位學習架構。這不僅能提升學生的學習動機，還能幫助學生發展自主學習能力，使數位學習真正發揮其效益。

## 6. 業師協同教學 & 合作學習

合作學習（Cooperative Learning）是一種以小組為基礎的學習方式，透過成員間的相互依賴與協作，提升學習成效與團隊合作能力。Johnson & Johnson（1999）指出，合作學習能透過**正向互賴**（**Positive Interdependence**）、**個人責任**（**Individual Accountability**）與**社會互動**（**Social Interaction**）來增強學習效果。此外，Vygotsky（1978）提出的**社會建構主義理論**（**Social Constructivism**）認為，透過同儕互動能促進知識內化，提升認知發展。

應用方式：

**(1) 初期導入與合作策略訓練**

為確保合作學習的有效實施，本課程在導入階段邀請**勞動部勞力發展署洪世明講師**進行專題演講，主題涵蓋分工、合作策略、團隊溝通與問題解決技巧，確保學生理解合作學習的基本原則。

**(2) 學期初：自主分組與主題探索**

- 學生以**自由分組**方式組成學習小組。
- 每組選擇一個食物製備相關主題、共同**搜尋資料**、

觀看相關影片，彙整資料並製作主題的簡介。
- 學生需針對主題提出**三個值得探究的問題**，透過討論深化對概念的理解。
- 此階段符合 Slavin（1995）提出的**協作學習模式（Collaborative Learning Model）**，透過彼此經驗交流來增強學生的**責任感與自信心**。

**(3) 學期末：隨機分組與異質合作學習**

- 學期末採用**抽籤方式（隨機分組）**，讓學生與不同背景與思維方式的組員合作。
- 透過隨機分組，學生需透過溝通、協調與任務分配，在**時限內完成指定專案**。
- 此模式對應 Vygotsky（1978）的**最近發展區（ZPD）**理論，透過不同能力層次的學生協作，促進彼此學習與認知成長。

**(4) 期末報告與學習反思**

- 期末報告要求學生回顧**個人簡報歷程**，涵蓋**資料蒐集、簡報製作與口頭報告**的學習經驗。
- 學生需撰寫**反思日誌（Reflective Journal）**，記錄自身在合作學習中的**角色、挑戰與成長**。
- 透過此方法，**學生**能根據 Zimmerman（2002）的**自我調整學習（SRL）理論**，提升學習監控與策略調整能力。

　　本課程透過業師協同教學、初期合作策略訓練、自由與隨機分組、主題探索與學習反思等方式，確保合作學習的有效性。此設計不僅符合社會建構主義與自我調整學習理論，亦能透過異質合作，提升學生的團隊合作能力、問

題解決能力與學習自信心,進而提高學習成效。

圖 3-10 業師協同教學

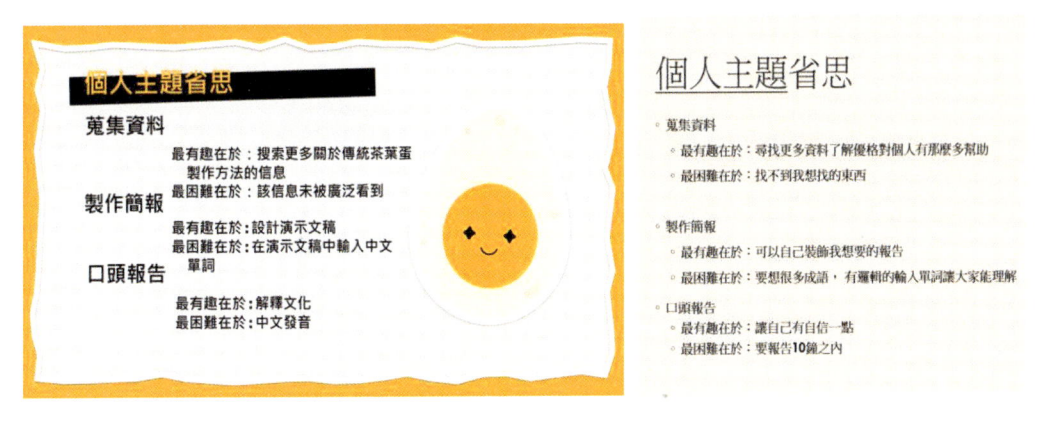

圖 3-11 學習歷程反思

## (四)學習成效評量工具

### 1. 成績考核方式

為確保研究數據的準確性,本課程採用**多元評量方式**,包含**量化與質化指標**,並透過數據分析**驗證學習成效**,具體評量標準如下:

**(1) 平時成績（課堂參與與表現）（70%）**

- **出席(40%)** – 準時到課(每周於學校規定遲到前到課，得 2 分；全學期準時到課總成績加 4 分)。
- 課堂參與(10%) – 數位學習平台（Moodle）、數位測驗（Quizizz）、即時回饋系統（IRS）、組內同儕互評。透過這些數位工具記錄學生的課堂互動頻率、問題提問、回應次數，以衡量學生的學習投入度。
- 個人報告(10%) – 書面報告，教師評分為主要依據。
- 課堂學習單、反思學習單(10%) – 納入「學習歷程檔案（E-portfolio）」，記錄學生的學習歷程與自我調整學習策略應用情形。

**(2) 期中評量（15%）**

- 電腦測驗（數位輔助教學平台 Moodle）：檢測學生對課程核心概念的掌握程度。
- 自我調整學習反思：期中評量前，學生填寫自主學習規劃單，評量後次週填寫自主學習反思單，以檢視學習策略的成效。
- 學習歷程檔案（E-portfolio）：結合學生自主學習計畫與期中回顧，幫助學生透過反思調整學習策略。。

**(3) 期末評量（15%）**

- 口頭報告（10%）：學生以專題式學習（PBL）成果發表，評估其問題解決能力與知識應用。
- 同儕互評（5%）：
  - 組間互評：由其他組的學生針對內容完整性、創新性與表達能力進行量化評分（Rubric），確保評分公正性。

- 組內互評：小組成員相互評估個人貢獻度，以調整個人成績。
- Google 表單評分系統：評分前提供案例分析與評分示範，確保學生理解評分標準，減少人情分數影響結果。

**(4) 特別加（減）分機制**
- 參與課外學習活動、專業競賽、學習社群等可獲得額外加分。

## 2. 學習成效評量工具

| 評量工具 | 說明 |
| --- | --- |
| 前後測測驗 | 第一週進行前測，最後一週進行後測，測試學習成效變化。 |
| 學習歷程檔案（E-portfolio） | 記錄學生學習歷程、策略應用與反思，包含自主學習計畫、學習成果與課程後自我評估。 |
| 學習單 | 由授課教師根據課程內容及學生回饋自編，評估學生對自我調整學習策略的應用成效。 |
| 即時回饋系統 | 透過 Quizizz 即時測驗了解學生學習現況，提升注意力與互動 |
| 訪談 | 期末於成績表現前、中、後段各抽取 2 名同學進行訪談，分析學習策略與自我調整能力的變化。 |
| 組內同儕互評(Rubric 評分表) | 評估學生在團隊合作中的貢獻與學習成長，確保評分公平。 |
| 組間同儕互評(Rubric 評分表) | 學生透過評量他人，深化對技術成果的認知，並促進跨組交流。 |

| 評量工具 | 說明 |
|---|---|
| 專家評量 | 期末報告由業界專家評審，提供多元視角的專業回饋，加強實務應用價值。 |
| 問卷調查表 | 第一週填寫「自我效能量表、學習動機量表、自我調整學習能力量表」，最後一週再次填寫，並完成學習成效評估量表。 |

本課程評量方式除了原有的**筆試、學習單與小組報告**，新增「**學習歷程檔案（E-portfolio）**」與「**自我調整學習反思單**」，並透過**數據統計與學生回饋雙重驗證學習成效**。結果顯示，透過**數位學習、即時回饋與專題式學習結合**，能有效提升**學生的自主學習能力、學習動機與學習成效**。本研究未來將進一步擴展至**其他技職院校課程應用**，提升更多學生的學習成效與職場適應力。

# 四、研究設計與執行規劃

## (一)研究設計

### 1. 研究過程

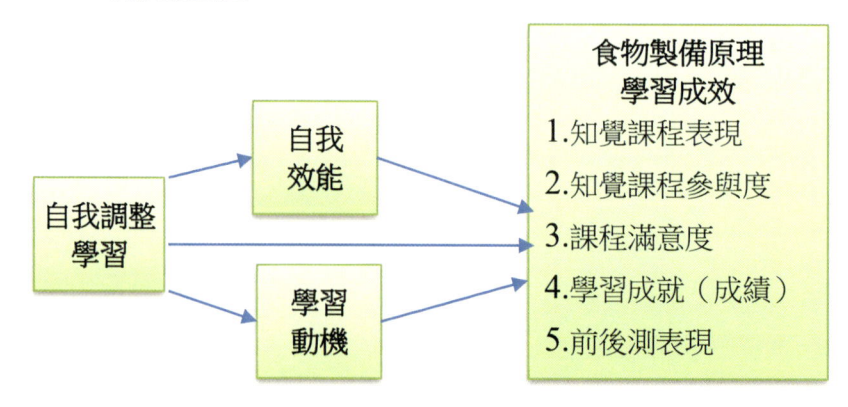

圖 3-12　研究架構圖

# 自我調整學習策略於食物製備原理課程之應用

　　本研究主軸為探討自我調整學習（SRL）運用在食物製備原理課程對於學習成效的影響，以及自我調整學習（SRL）、自我效能、學習動機之間的關聯性（研究架構請參酌圖 3-12）。課程的教學實踐研究流程包含準備期、執行期與資料處理期（請參酌圖 3-13）

　　本研究實施程序整理如研究流程圖所示，並分述如下：

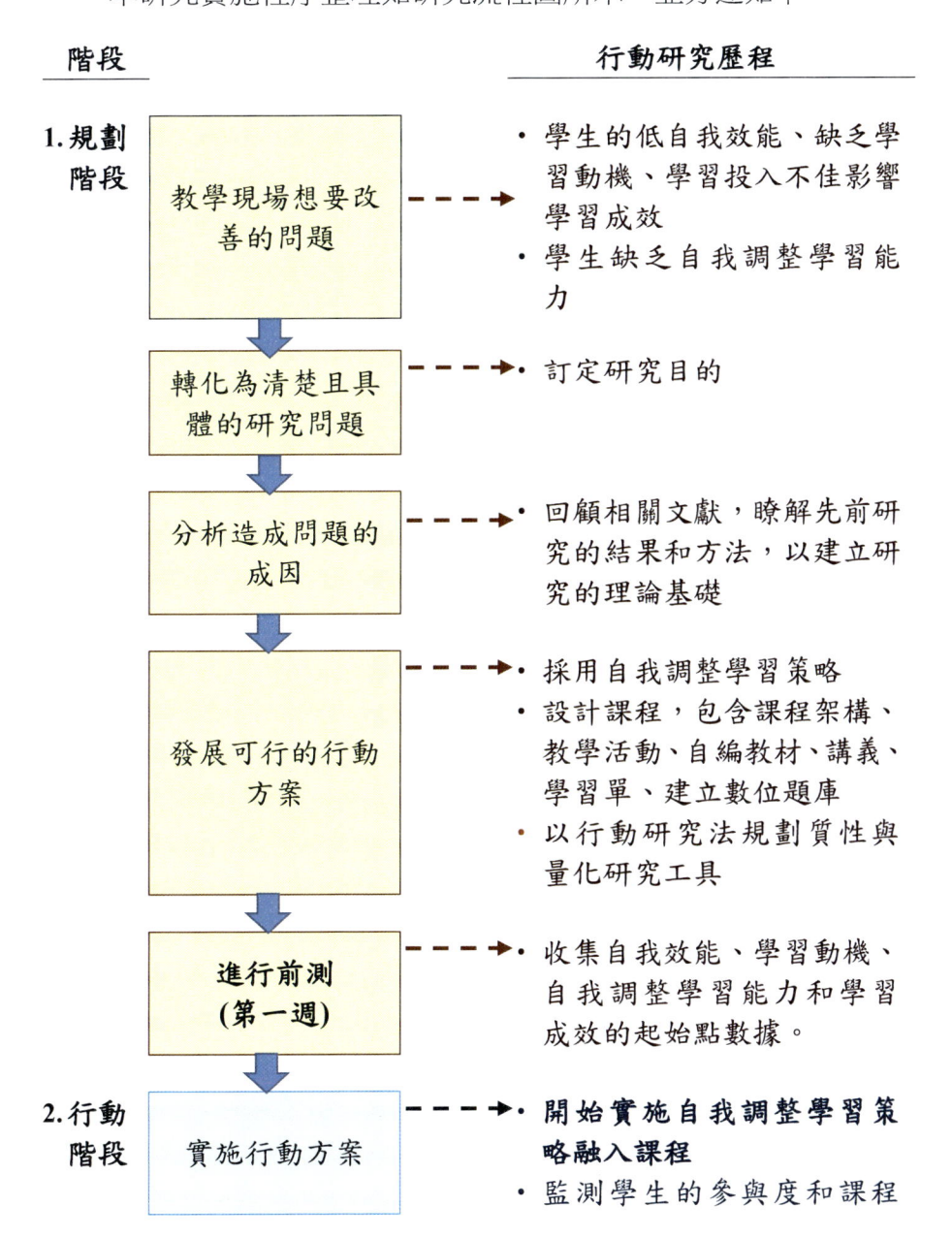

| 階段 | 行動研究歷程 |
|---|---|
| **1. 規劃階段**<br>教學現場想要改善的問題 | ・學生的低自我效能、缺乏學習動機、學習投入不佳影響學習成效<br>・學生缺乏自我調整學習能力 |
| 轉化為清楚且具體的研究問題 | ・訂定研究目的 |
| 分析造成問題的成因 | ・回顧相關文獻，瞭解先前研究的結果和方法，以建立研究的理論基礎 |
| 發展可行的行動方案 | ・採用自我調整學習策略<br>・設計課程，包含課程架構、教學活動、自編教材、講義、學習單、建立數位題庫<br>・以行動研究法規劃質性與量化研究工具 |
| 進行前測（第一週） | ・收集自我效能、學習動機、自我調整學習能力和學習成效的起始點數據。 |
| **2. 行動階段**<br>實施行動方案 | ・**開始實施自我調整學習策略融入課程**<br>・監測學生的參與度和課程 |

| 階段 | | 行動研究歷程 |
|---|---|---|
| 3.觀察階段 | 實施行動方案 | 進展。<br>• 定期收集學生的反饋，了解他們對自主學習的看法和體驗。<br>• 觀察學生在自主學習中的互動和學習歷程。 |
| 4.反思階段 | 檢視實施過程是否遭遇困難 | • **進行中期評估(第九週)**，分析學生的學習成效的變化趨勢。<br>• 與學生進行訪談，收集深入洞察。 |
| 5.修正階段 | 尋求解決方法並修改行動方案 | • 整理和分析資料，檢驗研究假設和評估實務改善的效果<br>• 根據中期評估的結果，檢討改進教學方案 |
| 6.反省評鑑階段 | 評鑑行動方案之效果 | • 介入課程結束，**進行後測(第十八週)**，收集學生自我效能、學習動機、自我調整學習能力和學習成效的最終點數據。 |
| | 分析是否達到預期目標 | • 根據資料分析結果，評鑑研究方案是否能夠有效地解決或改善研究問題 |
| | 撰寫研究報告 | • 使用統計方法分析前後測數據，評估自主學習對學習動機、自我效能和學習成效的影響。<br>• 將研究過程和結果，以及評鑑和反思，整理成一份完整的研究報告。 |

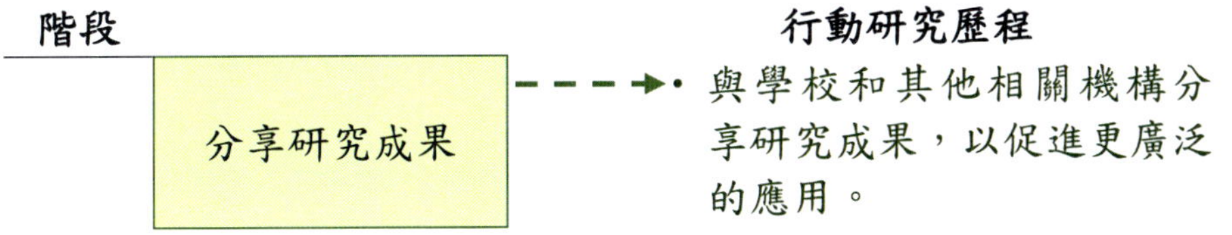

| 階段 | 行動研究歷程 |
|---|---|
| 分享研究成果 | ----▶ 與學校和其他相關機構分享研究成果,以促進更廣泛的應用。 |

圖 3-13 研究流程圖

## 2. 研究對象和場域

食物製備原理為餐飲相關類科學生重要基礎課程,本研究以筆者任教之台灣北部地區某科技大學餐旅管理系一年級修習「食物製備原理」課程三個班級 117 名學生為研究樣本,扣除缺席、拒絕參與、未回覆、未完成問卷等等因素,總計參與人數為 107 名。

表 3-1 參與研究者的背景

| 班級 | 日間部 | 僑生專班 | 進修部 | 總計 |
|---|---|---|---|---|
| 男 | 22 | 13 | 10 | 45 |
| 女 | 27 | 27 | 8 | 62 |
| 總計 | 49 | 40 | 18 | 107 |

本研究之研究現場主要是在申請者任教學校的專業教室。教室空間寬廣,有利於教學活動的進行,教室內備有數位講桌、單槍、螢幕和小組討論區可移動式桌椅。

## 3. 研究工具

本研究採用行動研究法,綜合蒐集質性與量化資料,以分析學生的學習狀況,並作為課程設計與實施檢討的依據。量化研究部分,本研究運用問卷調查法,採用自我效能量表(General Self-Efficacy Scale, GSES)、學習動機與學習策略量表(Motivated Strategies for

Learning Questionnaire, MSLQ)、自我調整學習量表（Self-Regulated Learning, SRL）和參與度與學習成效量表作為研究工具。

本研究根據文獻探討與研究需求選擇適切之問卷量表，為確保問卷內容清晰易懂，使學生能準確理解各題意涵，問卷經由專家學者審查與修訂，以排除語意不明或可能影響填答準確性的問題。問卷的參考來源如表 3-2。

表 3-2　本研究問卷參考來源

| 問卷 | 來源 |
| --- | --- |
| 自我效能量表 （General Self-Efficacy Scale, GSES） | Schwarzer, Mueller & Greenglass（1995）<br>(請參閱 132 頁) |
| 學習動機與學習策略量表」(Motivated Strategies for Learning Questionnaire，MSLQ) | Pintrich et al.（1993）<br>(請參閱 133 頁) |
| 自我調整學習量表 （Self-Regulated Learning， SRL） | Pintrich（2000）、程炳林與林清山（2001）、黃晴湄（2022）<br>(請參閱附件三) |
| 參與度與學習成效量表 | 林正木等人（2017） |

上述問卷均採用李克特五點量表（Likert Scale），根據受試者對題項的認同程度分為「非常不同意」、「不同意」、「普通」、「同意」與「非常同意」五個等級，分別賦予 1 至 5 分，數值愈高表示同意程度愈高。此外，「學生知覺學習成效」的滿意度構面亦採用李克特五點量表，評分範圍從「非常不滿意」至「非常滿意」，同樣依序給予 1 至 5 分。

質性資料的蒐集方面，本研究透過自主學習規劃表（附件五）與自主學習反思表（附件六），引導學生記錄其於「食物製備原理」課程中的學習目標、學習策略、學習困難、學習反思與學習成果，並回顧與檢討學習歷程，以提升自我調節學習能力。同時，教師於課程結束後填寫教師教學省思自評表（附件七），針對課程規劃與執行進行回顧與調整。

## 4. 資料分析

本研究以 Google 線上電子表單形式發放問卷，回收後進行編碼，並篩選填答內容不完整的問卷予以剔除。資料處理與分析方面，本研究使用 SPSS 20.0 進行資料整理，並運用 SmartPLS 4.0 進行量測模型（Measurement Model）分析，以驗證研究工具的信度與效度，隨後透過結構模型（Structural Model）分析（Hair et al., 2011）檢驗整體模型的顯著性。

本研究選用 SmartPLS 的原因在於其能夠有效處理小樣本量與複雜模型（Hair et al., 2019）。在本研究中，「學習動機」與「自我調整學習」作為高階構念（Higher-Order Constructs），同時扮演中介角色，使模型結構較為複雜。此外，研究樣本僅來自筆者授課班級的學生，樣本數較少且不服從常態分配。根據 Barclay 等人（1995）對 PLS-SEM 方法的樣本量建議建議至少收集 50-100 個樣本，以確保結果的穩健性。本研究最終樣本數為 107，符合統計需求。

針對模型中「學習動機」與「自我調整學習」之二階反映性構念（Reflective Higher-Order Constructs），本研

究採用 PLS-SEM 兩階段法（Two-Stage Approach）進行分析，以更精確地估計有限樣本條件下的母體參數，並提升對高階構念的檢驗可靠性（Becker et al., 2012; Sarstedt et al., 2019）。本研究透過拔靴法（Bootstrapping）進行 5,000 次重抽樣（Resampling），以計算模型係數的顯著性（Hair et al., 2011）

# 五、研究成果及學生學習成效

## (一)研究分析

本研究採用反映性測量模式，依據 Anderson 與 Gerbing（1988）及 Williams 與 Hazer（1986）的建議，將模型檢驗分為兩個階段：第一階段為測量模型評估，第二階段為結構模型評估。

在測量模型評估階段，本研究針對內部一致性信度、指標信度、收斂效度與區別效度進行評估。內部一致性信度的評估指標包括 Cronbach's α 係數與組合信度（Composite Reliability, CR），其標準為數值須大於 0.7（Hair et al., 2016）。Cronbach's α 用於衡量量表指標變數的內部一致性與穩定性，數值越高表示各指標之間的關聯性越強。同樣地，CR 值越高則代表測量變數能更準確地測量所屬構面（Hair et al., 2012; Hair et al., 2017）。表 3 顯示，本研究所有構面的 Cronbach's α 值與 CR 值皆超過 0.7，證實其具有良好的內部一致性信度。

指標信度則透過因素負荷量（Factor Loading）進行檢驗。因素負荷量為構面與指標的相關係數，數值越高，代表二者相關性越強。Hair 等人（2014）指出，標準化因素負荷量應大於

0.7 才具備指標信度。因此，在進行因素負荷量分析時，本研究剔除了未達標準的題項，以確保各指標的共同性（Ghasemy et al., 2020; Hair et al., 2019）。最終問卷結構與指標內容如表 3-3 所示。

表 3-3　問卷的構面信度與收斂效度分析

| 二階構面 | 一階構面 | 題目 | 指標 | 因素負荷量 |
|---|---|---|---|---|
| --- | 自我效能 | 如果我盡力去做的話，我總是能夠解決問題的 | SE1 | 0.730 |
| | | 即使別人反對我，我仍有辦法取得我所要的 | SE2 | 0.785 |
| | | 對我來說，堅持理想和達成目標是輕而易舉的 | SE3 | 0.815 |
| | | 我自信能有效地應付任何突如其來的事情 | SE4 | 0.822 |
| | | 以我的才智，我定能應付意料之外的情況 | SE5 | 0.808 |
| | | 如果我付出必要的努力，我一定能解決大多數的難題 | SE6 | 0.870 |
| | | 我能冷靜地面對困難，因為我信賴自己處理問題的能力 | SE7 | 0.792 |
| | | 面對一個難題時，我通常能找到幾個解決方法 | SE8 | 0.852 |
| | | 有麻煩的時候，我通常能想到一些應付的方法 | SE9 | 0.830 |
| | | 無論什麼事在我身上發生，我都能應付自如 | SE10 | 0.866 |
| | | Cronbach's α=0.945　　CR 值=0.953　　AVE 值=0.669 | | |
| 學習動機（ARCS） | 引起注意 | 老師的教學讓我對課程的內容感到有興趣 | AT1 | 0.866 |
| | | 學習的過程中，老師提出問題能激發我的好奇心 | AT2 | 0.895 |
| | | 我在課程中學習到原本沒有預期會學到的事物 | AT3 | 0.841 |
| | | 教學簡報中的圖片、動畫與影片能幫助我集中注意力 | AT4 | 0.860 |
| | | Cronbach's α=0.889　　CR 值=0.923　　AVE 值=0.750 | | |
| | 切身相關 | 課程與我個人期待學習的內容相關 | RL1 | 0.872 |
| | | 課程利用舉例方式說明內容的部分 | RL2 | 0.872 |
| | | 課程的教學安排能加深我學習的興趣 | RL3 | 0.871 |
| | | 老師舉的例子與生活經驗相關，使我感到很親切 | RL4 | 0.823 |
| | | 課程內容對我的未來就業有幫助 | RL5 | 0.879 |
| | | Cronbach's α=0.915　　CR 值=0.936　　AVE 值=0.746 | | |

| 二階構面 | 一階構面 | 題目 | 指標 | 因素負荷量 |
|---|---|---|---|---|
| | 建立信心 | 課程內容對我而言，難易適中，不會太難或太簡單 | CF1 | 0.876 |
| | | 我有信心達到課程的學習目標 | CF2 | 0.888 |
| | | 課程進行過程中，我有信心將這個課程學好 | CF3 | 0.858 |
| | | 我覺得任課老師給我們的成績是公平的 | CF4 | 0.838 |
| | | 我相信如果夠努力，認真就能在課程獲得好成績 | CF5 | 0.810 |
| | | Cronbach's α=0.907　　CR 值=0.931　　AVE 值=0.730 ||||
| 獲得滿足 | | 老師給我們很多的指導和鼓勵，我知道如何做的更好 | SF1 | 0.886 |
| | | 我很滿意老師對我的表現給予很高的肯定及分數 | SF2 | 0.832 |
| | | 我樂於投入自己的心力在這個課程內容中 | SF3 | 0.851 |
| | | 課程練習的回饋與建議的用語能夠給我鼓勵的感覺 | SF4 | 0.908 |
| | | 我很滿意我在課程上學到的東西 | SF5 | 0.871 |
| | | Cronbach's α=0.919　　CR 值=0.940　　AVE 值=0.757 ||||
| | | Cronbach's α=0.950　　CR 值=0.964　　AVE 值=0.869 ||||
| 自我調整學習（SRL） | 訊息處理 | 我知道食物製備原理課程每週設定的學習內容跟目標。 | CO1 | 0.857 |
| | | 我會隨時注意自己的學習進度。 | CO2 | 0.852 |
| | | 我會回想所學及相關經驗，幫助自己學習新知。 | CO3 | 0.879 |
| | | 我知道有哪些學習方式能夠幫助我學習 | CO4 | 0.869 |
| | | Cronbach's α=0.887　　CR 值= 0.922　　AVE 值=0.747 ||||
| | 後設認知 | 當學習進度落後時，我會調整目前的學習策略 | ME1 | 0.854 |
| | | 我會時常留意自己的學習狀態及學習困難。 | ME2 | 0.875 |
| | | 我會留意我自主學習的時間管理，並適時調整。 | ME3 | 0.860 |
| | | Cronbach's α=0.829　　CR 值=0.898　　AVE 值=0.745 ||||
| | 動機調整 | 我能在學習食物製備原理的過程中得到樂趣。 | MO1 | 0.875 |
| | | 我覺得學習食物製備原理所獲得的知能，對我未來有幫助 | MO2 | 0.816 |
| | | 我覺得完成自己所訂定的目標很有成就感。 | MO3 | 0.854 |
| | | Cronbach's α=0.805　CR 值= 0.885 AVE 值=0.720 ||||

# 自我調整學習策略於食物製備原理課程之應用

| 二階構面 | 一階構面 | 題目 | 指標 | 因素負荷量 |
|---|---|---|---|---|
| | 行動控制 | 當遇到困難時，我會主動尋求各種協助。 | RM1 | 0.817 |
| | | 學習食物製備原理時，我知道該如何運用相關學習資源。 | RM2 | 0.860 |
| | | 學習食物製備原理時，我會留意有哪些事情會干擾我學習，並試改善。 | RM3 | 0.779 |
| | | 我會設想可以找哪些人請教學習上的問題。 | RM4 | 0.852 |
| | | 我能克服環境中影響我學習進度的因素，如手機、同學聊天等。 | RM5 | 0.803 |
| | | Cronbach's α=0.881　　CR 值=0.913　　AVE 值=0.677 | | |
| | | Cronbach's α=0.929　　CR 值=0.950　　AVE 值=0.826 | | |
| --- | 課程參與度 | 我認真參與數位學習影片觀賞與作答。 | PA1 | 0.855 |
| | | 我對自己參與學習的情形感到滿意。 | PA2 | 0.870 |
| | | 我經常與其他同學分享經驗及交換意見。 | PA3 | 0.883 |
| | | 學習遇到困難或問題時，我會主動要求老師及其他同學的協助。 | PA4 | 0.881 |
| | | Cronbach's α=0.895　　CR 值=0.927　　AVE 值=0.761 | | |
| --- | 課程滿意度 | 我對本次的課程安排感到滿意。 | SA1 | 0.897 |
| | | 我對本次的老師表達方式感到滿意。 | SA2 | 0.879 |
| | | 我對本次的授課教材難易度感到滿意。 | SA3 | 0.852 |
| | | 我對本次的學習環境感到滿意。 | SA4 | 0.899 |
| | | 我對本次的行政支援及服務感到滿意。 | SA5 | 0.842 |
| | | Cronbach's α=0.923　　CR 值=0.942　　AVE 值=0.764 | | |

收斂效度則評估由單一構面發展出的多個指標是否能有效收斂至該構面。判斷構面收斂效度的標準（Hair et al., 2014）需同時滿足三項條件：（1）所屬指標的因素負荷量大於 0.7；（2）CR 值大於 0.7；（3）平均變異萃取估計值（Average Variance Extracted, AVE）大於 0.5。AVE 反映潛在變數對所屬指標的平均解釋程度，當 AVE = 0.5 時，表示指標可解釋構面 50% 的變異（Hair et al., 2017）。表 3-3 顯示，本研究所有構面的 AVE 值皆高於 0.5，顯示測量模式具備良好的收斂效度（DeVellis & Thorpe, 2021; Fornell & Larcker, 1981）。

構面之間應有所區別，PLS-SEM 模式的區別效度檢測方法包括（Chin, 1998; Hair et al., 2017）交叉負荷法和 Fornell and Larcker's criterion（FL 準則）。交叉負荷量是某特定構面的指標與模型中其他構面間的負荷量。在單一構面準則下，構面之因素負荷量應大於該指標與模型中其他構面間的負荷量。FL 準則是指每個構面平均變異萃取量（AVE）的平方根係數皆大於該構面與模型中其他構面的相關係數（Fornell & Larcker 1981）。表 3-4 和表 3-5 顯示，本研究各構面皆具有區別效度。

表 3-4 交叉負荷表

| 二階構面 | 一階構面 | 自我效能 | 學習動機 | 自我調整學習 | 知覺課程參與 | 課程滿意度 | 學期及格自信 | 知覺課程表現 |
|---|---|---|---|---|---|---|---|---|
| 自我效能 | SE1 | 0.730 | 0.218 | 0.246 | -0.053 | 0.002 | 0.131 | 0.201 |
| | SE2 | 0.785 | 0.271 | 0.204 | 0.002 | 0.058 | 0.293 | 0.352 |
| | SE3 | 0.815 | 0.165 | 0.315 | 0.136 | 0.136 | 0.260 | 0.262 |
| | SE4 | 0.822 | 0.277 | 0.301 | 0.192 | 0.162 | 0.268 | 0.257 |
| | SE5 | 0.808 | 0.141 | 0.182 | 0.196 | 0.216 | 0.248 | 0.243 |
| | SE6 | 0.870 | 0.218 | 0.369 | 0.255 | 0.210 | 0.337 | 0.266 |
| | SE7 | 0.792 | 0.242 | 0.293 | 0.138 | 0.178 | 0.175 | 0.146 |
| | SE8 | 0.852 | 0.263 | 0.279 | 0.167 | 0.160 | 0.246 | 0.254 |
| | SE9 | 0.830 | 0.213 | 0.323 | 0.168 | 0.119 | 0.148 | 0.204 |
| | SE10 | 0.866 | 0.210 | 0.257 | 0.192 | 0.179 | 0.301 | 0.219 |
| 學習動機 | 引起注意 | 0.251 | 0.939 | 0.407 | 0.245 | 0.269 | 0.281 | 0.282 |
| | 切身相關 | 0.249 | 0.916 | 0.296 | 0.166 | 0.246 | 0.181 | 0.249 |
| | 建立信心 | 0.246 | 0.938 | 0.383 | 0.180 | 0.184 | 0.173 | 0.266 |
| | 獲得滿足 | 0.282 | 0.937 | 0.364 | 0.130 | 0.116 | 0.217 | 0.191 |
| 自我調整學習 | 訊息處理 | 0.288 | 0.246 | 0.831 | 0.369 | 0.344 | 0.334 | 0.156 |
| | 後設認知 | 0.329 | 0.360 | 0.923 | 0.482 | 0.461 | 0.333 | 0.162 |
| | 動機調整 | 0.308 | 0.456 | 0.944 | 0.451 | 0.464 | 0.385 | 0.230 |
| | 行動控制 | 0.333 | 0.343 | 0.932 | 0.507 | 0.489 | 0.437 | 0.290 |
| 課程參與 | Pa3 | 0.140 | 0.181 | 0.389 | 0.855 | 0.725 | 0.178 | 0.152 |
| | Pa7 | 0.164 | 0.036 | 0.363 | 0.870 | 0.764 | 0.182 | 0.104 |
| | Pa8 | 0.132 | 0.221 | 0.529 | 0.883 | 0.730 | 0.200 | 0.121 |

自我調整學習策略於食物製備原理課程之應用

| 二階構面 | 一階構面 | 自我效能 | 學習動機 | 自我調整學習 | 知覺課程參與 | 課程滿意度 | 學期及格自信 | 知覺課程表現 |
|---|---|---|---|---|---|---|---|---|
| 度 | Pa10 | 0.173 | 0.232 | 0.461 | 0.881 | 0.796 | 0.243 | 0.100 |
| 課程滿意度 | Sa1 | 0.145 | 0.185 | 0.427 | 0.750 | 0.897 | 0.204 | 0.149 |
|  | Sa3 | 0.164 | 0.245 | 0.395 | 0.750 | 0.879 | 0.234 | 0.152 |
|  | Sa4 | 0.202 | 0.215 | 0.511 | 0.716 | 0.852 | 0.251 | 0.187 |
|  | Sa6 | 0.154 | 0.196 | 0.395 | 0.805 | 0.899 | 0.247 | 0.160 |
|  | Sa7 | 0.098 | 0.109 | 0.411 | 0.754 | 0.842 | 0.206 | 0.180 |
| 學期及格自信 |  | 0.295 | 0.231 | 0.412 | 0.231 | 0.261 | 1.000 | 0.682 |
| 知覺課程表現 |  | 0.293 | 0.265 | 0.235 | 0.136 | 0.189 | 0.682 | 1.000 |

表 3-5　區別效度檢定表 Fornell-Larcker Criterion

|  | 自我效能 | 學習動機 | 自我調整學習 | 知覺課程參與 | 及格自信 | 知覺課程表現 | 課程滿意度 |
|---|---|---|---|---|---|---|---|
| 自我效能 | **0.818** |  |  |  |  |  |  |
| 學習動機 | 0.273 | **0.933** |  |  |  |  |  |
| 自我調整學習 | 0.341 | 0.391 | **0.909** |  |  |  |  |
| 知覺課程參與 | 0.175 | 0.196 | 0.502 | **0.872** |  |  |  |
| 及格自信 | 0.302 | 0.231 | 0.412 | 0.231 | 1 |  |  |
| 知覺課程表現 | 0.298 | 0.266 | 0.235 | 0.136 | 0.682 | 1 |  |
| 課程滿意度 | 0.175 | 0.219 | 0.488 | 0.865 | 0.261 | 0.189 | 0.874 |

綜和上述分析結果，本研究中的測量模型，由內部一致性信度、指標信度、收斂效度與區別效度等四個面向的評鑑，皆已達學術要求，代表測量模型具有信度、收斂效度與區別效度。接下來將就各構面間的因果路徑關係進行評估。

## (二)評估結構模型

為避免各變數間之相關程度過高，本研究透過變異數膨脹因數（Variance Inflation Factor，VIF）進行共線性診斷。當 VIF 值大於或等於 5 時，即表示構面間可能有共線性問題存在（Hair et al., 2011）。表 3-6 顯示本研究各構面間的 VIF 值

皆小於門檻值 5，表示各構面的共線性問題應不會對結構模型之路徑係數估計造成不良影響。

表 3-6　各構面 VIF 值

|  | 自我效能 | 學習動機 | 自我調整學習 | 知覺課程參與 | 及格自信 | 知覺課程表現 | 課程滿意度 |
|---|---|---|---|---|---|---|---|
| 自我效能 |  | 1 | 1.081 |  | 1.132 | 1.156 |  |
| 學習動機 |  |  | 1.081 |  |  | 1.109 |  |
| 自我調整學習 |  |  |  | 1 | 1.466 |  | 1.336 |
| 知覺課程參與 |  |  |  |  | 1.336 |  | 1.336 |
| 及格自信 |  |  |  |  |  | 1.13 |  |
| 知覺課程表現 |  |  |  |  |  |  |  |
| 課程滿意度 |  |  |  |  |  |  |  |

在 PLS 模型中標準化路徑係數代表研究變數間關係的方向及強度。透過拔靴法計算取得 $t$ 值與顯著性檢定，在顯著水準為 5%時，路徑係數的 $t$ 值須大於 1.96 才具有顯著。本研究的結構模型各路徑系數與相關性分析結果請參閱表 3-7 和圖 3-14。

表 3-7　結構模型評鑑檢定表

| 路徑 | 路徑係數 | $t$ 值 | $R^2$ | $f^2$ | $Q^2$ |
|---|---|---|---|---|---|
| 自我效能 -> 學習動機 | 0.273 | 2.622** | 0.075 | 0.081 | 0.045 |
| 自我效能 -> 自我調整學習 | 0.254 | 3.134** | 0.213 | 0.076 | 0.096 |
| 學習動機 -> 自我調整學習 | 0.322 | 3.934*** |  | 0.122 |  |
| 自我調整學習 -> 知覺課程參與 | 0.502 | 5.496*** | 0.252 | 0.336 | 0.022 |
| 自我效能 -> 及格自信 | 0.182 | 1.659 |  | 0.037 |  |
| 自我調整學習-> 及格自信 | 0.333 | 2.358* | 0.200 | 0.095 | 0.049 |
| 知覺課程參與-> 及格自信 | 0.032 | 0.207 |  | 0.001 |  |
| 自我效能 -> 知覺課程表現 | 0.080 | 1.057 |  | 0.011 |  |
| 及格自信 -> 知覺課程表現 | 0.635 | 7.216*** | 0.483 | 0.691 | 0.052 |
| 學習動機 -> 知覺課程表現 | 0.098 | 1.250 |  | 0.017 |  |
| 自我調整學習 -> 課程滿意度 | 0.073 | 1.292 | 0.752 | 0.016 | 0.022 |
| 知覺課程參與 -> 課程滿意度 | 0.828 | 18.479*** |  | 2.066 |  |

\*\*$p < .01$.　\*\*\*$p < .001$.

解釋變異量 $R^2$ 為特定外生變數對內生變數解釋變異量的百分比（Kelley & Preacher, 2012）是迴歸模型中最常用來評估結構模型品質的指標，$R^2$ 值越大代表越有解釋能力，大致可分為 0.75 顯著的、0.50 中度的、0.25 微弱的解釋能力（Hair et al., 2014）。在模型解釋力上，本研究各構面迴歸解釋力 $R^2$ 值介於.08～.75 之間，其中，知覺課程參與和自我調整學習對於課程滿意度具顯著解釋能力（$R^2 \approx 0.75$），自我效能、學習動機、及格自信三者對於知覺課程表現（$R^2 \approx 0.50$）具中度解釋能力，自我調整學習對於知覺課程參與（$R^2 \approx 0.25$）具微弱解釋能力。

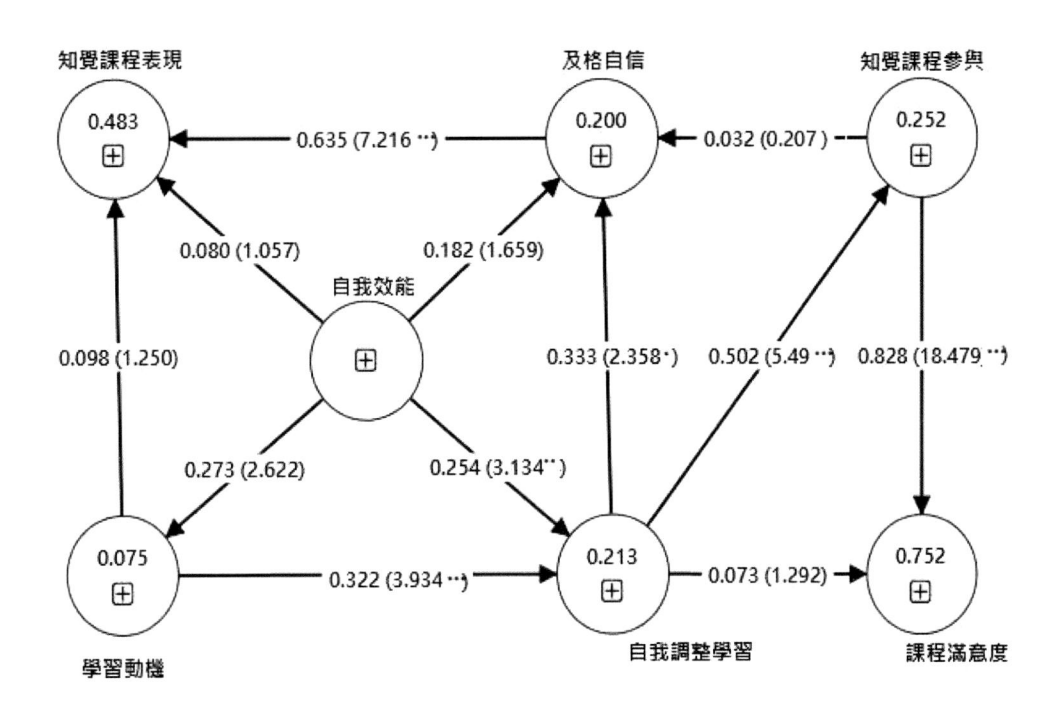

**圖 3-14　研究假設模式之標準化徑路係數圖**

解釋效果量 $f^2$ 為刪除模型中特定的外衍變數之後，檢視內因變數 $R^2$ 值的變化量，可用來評估評估外衍變數對內因變數是否具顯著的解釋能力。$f^2$ 值的檢定標準為 0.02 低度效果、0.15 中度效果、0.35 高度效果（Cohen, 1988）。由結果得知，

具有低度解釋能力（$0.15 > f^2 \geq 0.02$）包含：自我效能對於學習動機、自我調整學習和及格自信；學習動機對於自我調整學習；自我調整學習對於及格自信。具有中度解釋能力（$0.35 > f^2 \geq 0.15$）為自我調整學習對於知覺課程參與。具有高度解釋能力（$f^2 \geq 0.35$）：及格自信對於知覺課程表現，以及知覺課程參與對於課程滿意度（如表3-7）。

模型的準確性可以透過Stone-Geisser指標$Q^2$來評估。在SEM中，對於特定的內生潛在結構，測得的$Q^2$值必須大於零（Tenenhaus et al., 2005; Henseler et al., 2009）。表3-8結果顯示，本研究模型個構面的$Q^2$值皆高於閾值，證實了內生構建路徑模型的預測相關性是有效的。

本研究以 SRMR（Standardize Root Mean Square Residual）指標來觀察模型的適配度。其定義為觀察相關與預測相關的差異數，以瞭解觀察變數與潛在變數間適配程度，SRMR愈小，表示模型配適度愈好。本研究模型之 SRMR 係數分別為 Saturated Model 0.06 和 Estimated Model 0.065 皆小於門檻值0.08（Hair et al., 1998），代表本研究模型具有良好的配適度。

## (三)研究假設結果討論

### 1. 自我效能、學習動機與自我調整學習之關聯分析

本研究結果顯示，自我效能與學習動機對於餐旅管理系大一學生在「食物製備原理課程」的自我調整學習具有顯著正向相關性，惟其解釋力較低。此外，自我效能與該課程之學習動機未呈現顯著相關。然而，自我效能仍對學生的自我調整學習產生正向影響，顯示提升學生自我效能

有助於強化其學習自主性。

基於此發現，未來教學設計將透過**設定具可達成性的小目標、提供正向回饋及展示成功案例**來增強學生的自我效能感。此外，由於自我效能與學習動機對自我調整學習的解釋力有限，未來將導入**合作學習、問題導向學習等多元策略**，以提升學生的學習興趣與參與度。同時，課程將融入**學習契約、自我評估等自主學習機制**，培養學生規劃學習進度與調整學習策略的能力，以強化其自我調整學習能力。

## 2. 自我調整學習與學生學習成效之影響

研究結果顯示，自我調整學習與學生之知覺課程參與具有正向相關，並具有中度解釋力；同時，與學生的及格自信亦呈現正向相關，但解釋力較低。此結果驗證了**自我調整學習對學習成效的關鍵影響**，並突顯其在學習過程中的重要性。

因此，未來教學將強化**多元教學活動設計**，如課堂討論、小組合作與問題解決導向學習，以提高學生的學習興趣與積極性，進而提升課程參與度。此外，將提供學生更多**自主學習機會**，鼓勵其進行自我監控與學習策略調整。透過適切的引導與支持，幫助學生發展自我調整學習能力，以提升其學習成效。

## 3. 學習自信與課程表現之關聯性

根據表 3-7 分析結果，學生的及格自信與其知覺課程表現呈現極顯著正向相關，並具有高度解釋力，顯示提

升學習自信心對中後段學生的學習成效至關重要。由於學生的學習需求與動機存在個別差異，未來教學將透過**觀察與訪談**深入了解學生特質，並依其需求調整教學內容與方法，以提升學習效能。

此外，為營造**支持性學習環境**，課程將適當設計挑戰性任務，並建立**清晰的評估標準**，使學生理解達成及格標準所需的表現要求。同時，透過課堂回饋與成功經驗累積，增強學生的學習自信，以促進其持續學習動機。

### 4. 課程參與與學習滿意度之**關聯性**

研究結果亦顯示，學生的**知覺課程參與與課程滿意度呈極顯著正向相關**，且具有高度解釋力，顯示學生參與度越高，其對課程的滿意度亦越高，此結果與本課程採用**多元互動教學法**的目標相符。

基於此發現，未來課程設計將強化**課程內容與學生興趣及職業目標的連結**，提升學習的實用性與意義。同時，教學活動將引入**實驗操作**、**案例研究與模擬情境**等方法，提供學生實踐與應用所學的機會，以深化學習體驗並提升學習成效。

## (四)教學成果與學習成效

### 1. 學期成績分析

本課程學生成績的評量方式包含筆試、電腦測驗、書面報告、簡報、同儕互評等多元評量成績，學生學習表現如表 3-8。

表 3-8 學習表現

| 班級 | 人數 | 出席 | 平時 | 測驗 | 個人報告 | 期中評量 | 期末報告 | 學期平均成績 |
|---|---|---|---|---|---|---|---|---|
| 日間部 | 52 | 85 | 62 | 81 | 71 | 69 | 72 | 71.53 |
| 僑生專班 | 41 | 48 | 53 | 49 | 70 | 83 | 69 | 70.43 |
| 進修部 | 25 | 64 | 57 | 81 | 48 | 76 | 68 | 69.30 |

根據表 3-8 之數據，針對不同學生族群的學習表現差異，我們從出席率、學業成績及合作報告等指標分析影響因素，並提出教學改善策略。

日間部學生出席率最高(85%)，顯示他們的學習積極性較佳。相較之下，僑生專班學生出席率最低(48%)，可能是因為學習動機或生活因素的影響。進修部則介於兩者之間(64%)。

在平時成績方面，進修部(57 分)和僑生專班(53 分)略遜於日間部(62 分)，可能與學習投入度、時間管理及壓力等有關。但在測驗成績上，日間部(81 分)和進修部(81 分)較佳，僑生專班(49 分)則明顯落後。在期中評量上，僑生專班(83 分)表現優於日間部(69 分)，進修部(76 分)亦優於日間部，顯示部分學生在特定考核情境下，仍能發揮實力。

個人報告方面，日間部(71 分)和進修部(48 分)差距較大，代表進修部學生在自主學習上相對不積極。反之，僑生專班(70 分)接近日間部，顯示此類學生可能更善於利用報告提升學習。小組報告則是日間部(72 分)最佳，僑生專班(69 分)次之，進修部(68 分)稍遜。這暗示僑生專班學生雖然在出席和測驗表現較差，但在團隊合作上仍有一定投入。

將班級實際得分與學習規劃單「我會將本課程學期成績目標訂為預期得分相比」發現進修部差異最大(15分)，僑生專班次之，日間部學生則最接近預期。

整體而言，日間部學生學習表現較為穩定。僑生專班學生在部分評量指標上表現突出，但平時成績與測驗成績落差明顯，可能與其身分背景有關。該班學生主要來自越南、印尼、菲律賓、緬甸，中文聽說能力佳但讀寫能力較弱，且需兼顧每週五天的工作。進修部學生組成多元，包含年輕上班族與退休人士，前者到課率與參與度不佳，後者則學習意願高但電腦能力不足。有鑑於以上結果，**透過因材施教，充分發掘各類學生的潛能，是未來教學的重要方向**。

## 2. 學習成效分析

根據表 3-9 資料顯示，學生在整個學習期間各項指標均有顯著進步，具體分析如下：

表 3-9 學生學習成效

| 測驗項目 | 期初（第1週） | 期末（第18週） | 提升幅度（%） | 顯著性（p值） |
|---|---|---|---|---|
| 前後測(分數) | 34.52 | 42.13 | 22.05 | $P<0.01$ |
| 學習動機 | 3.44 | 3.60 | 4.80 | $P<0.001$ |
| 自我效能 | 3.39 | 3.56 | 5.13 | $P<0.001$ |
| 自我調整學習 | 3.41 | 3.61 | 6.05 | $P<0.001$ |

**(1) 前後測分數**

- **數據變化：** 期初分數為 34.52 分，期末上升到 42.13 分，整體提升幅度為 22.05%。

- **顯著性：** 此結果達到顯著水準（P<0.01），說明學生在知識或技能上的進步是統計上顯著的。

**(2) 學習動機：**
- **數據變化：** 從期初的 3.44 提升至期末的 3.60，提升幅度為 4.80%。
- **顯著性：** 統計結果達到極顯著水準（P<0.001），表明學生在學習動機上有顯著提升，反映了對學習內容或環境的積極反應。

**(3) 自我效能：**
- **數據變化：** 由 3.39 增加至 3.56，提升幅度為 5.13%。
- **顯著性：** 此提升同樣達到極顯著水準（P<0.001），顯示學生對自己解決問題和完成學習任務的信心顯著增強。

**(4) 自我調整學習：**
- **數據變化：** 期初 3.41 上升至期末 3.61，提升幅度達 6.05%。
- **顯著性：** 這一進步也具有極顯著水準（P<0.001），反映學生在學習策略、時間管理以及自我反思等方面的能力得到了明顯改善。

**(5) 知覺參與度和滿意度**

本課程透過「參與度與學習成效量表」來了解學生知覺在食物製備原理課程的學習成效，統計結果顯示(請參閱附表 3-3)。從結果來看，**學生在參與課堂學習、對課程的滿意度，以及學習後能應用在工作上的程度，評分都偏向中高。**

首先在參與度表現學生大致上都還滿投入學習的，不管是專心聽講、準備報告，還是參與小組討論，大家的評分都差不多在 3.72 到 3.78 之間，表示參與度還算穩定。不過，數位學習和即時問答這兩個部分，參與度稍微低一點，可能與部份學生對這種學習方式還不太習慣，或是不知道怎麼有效參與。

對於課程的滿意度整體來說，大家對課程安排、老師的教學方式，以及使用的教材、設備等，都給了蠻高的評價，尤其是老師的表達方式和設備品質，最受學生肯定（3.89）。不過，學習環境（3.67）和行政支援（3.72）這兩方面，相較之下評分稍微低一點，表示還有一些可以改善的地方。

就學習成效方面，這門課對學生的影響是蠻正向的，尤其是在提升工作態度（3.89）、思考能力（3.83）和知識統整能力（3.89）方面，學習效果很明顯。不過，在「是否能充分理解課程內容」這一點（3.72），分數稍微低一些，表示有些同學可能需要更清楚的講解或補充資料。因此，除了靜態教材，未來將製作語音互動式教材，並在課程社群上增加問題討論。

最後在工作的應用上，這門課帶來顯著的實際工作幫助，尤其是在提升工作效率（3.94）這方面最為明顯，學生普遍覺得學到的東西能夠應用在工作上。不過，在提升「自信心」、「溝通技巧」這些較軟性能力的部分，分數稍微低了一點（3.78）。未來將透過模擬職場場景，以及邀請業界專家來分享實務經驗，讓學生更容易將所學應用在真實的工作環境中。

「參與度與學習成效量表」結果顯示，這門課在提升學生的工作能力與態度方面表現不錯，整體滿意度也高。不過，在數位學習的參與度以及軟性技能（像是溝通技巧與自信心）的應用上，還有進步空間。未來將透過優化互動方式、提供更好的學習支援，以及增加實作訓練，提升學生的學習成效。

表 3-10 學生學習成效

| 構面項目 | 平均值 | 標準差 | 題目項目 | 平均值 | 標準差 |
|---|---|---|---|---|---|
| 參與度 | 3.76 | 0.85 | 我認真聽講 | 3.72 | 0.99 |
| | | | 我認真參與即時問答練習 | 3.72 | 0.99 |
| | | | 我認真參與數位學習影片觀賞與作答 | 3.72 | 0.87 |
| | | | 我認真準備個人簡報並準時繳交 | 3.78 | 0.79 |
| | | | 我認真參與小組報告討論和簡報製作 | 3.72 | 0.73 |
| | | | 我能參與的機會很多 | 3.78 | 0.71 |
| | | | 我對自己參與學習的情形感到滿意 | 3.78 | 0.85 |
| | | | 我經常與其他同學分享經驗及交換意見 | 3.78 | 0.85 |
| | | | 我會願意把我知道的知識和他人分享 | 3.78 | 0.85 |
| | | | 學習遇到困難或問題時，我會主動要求老師及其他同學的協助 | 3.78 | 0.85 |
| 學習滿意程度 | 3.80 | 0.81 | 我對本次的課程安排感到滿意 | 3.78 | 0.71 |
| | | | 我對本次的教學方式感到滿意 | 3.89 | 0.81 |
| | | | 我對本次的老師表達方式感到滿意 | 3.89 | 0.74 |
| | | | 我對本次的授課教材難易度感到滿意 | 3.78 | 0.79 |
| | | | 我對本次的教學設備感到滿意 | 3.89 | 0.81 |
| | | | 我對本次的學習環境感到滿意 | 3.67 | 0.88 |
| | | | 我對本次的行政支援及服務感到滿意 | 3.72 | 0.87 |
| 個人才能 | 3.80 | 0.79 | 整體而言我能充分了解本次的課程內容 | 3.72 | 0.73 |
| | | | 這次課程內容有助於提升我的工作能力 | 3.72 | 0.73 |
| | | | 這次課程內容有助於改善我的工作態度 | 3.89 | 0.81 |
| | | | 這次課程內容有助於提升我的工作自信 | 3.78 | 0.79 |

| 構面 | | | 題目 | | |
|---|---|---|---|---|---|
| 項目 | 平均值 | 標準差 | 項目 | 平均值 | 標準差 |
| 增進程度 | | | 這次課程內容有助於提升我的人際溝通技巧 | 3.78 | 0.79 |
| | | | 此種課程方式能增進我的思考能力 | 3.83 | 0.83 |
| | | | 此種課程方式能增進我的知識統整能力 | 3.89 | 0.81 |
| 工作應用的程度 | 3.83 | 0.79 | 我能將本次的學習內容運用於工作中 | 3.89 | 0.81 |
| | | | 應用這次學得的技能能提升我的工作效率 | 3.94 | 0.78 |
| | | | 應用這次學得的工作態度使我的工作更順利 | 3.78 | 0.79 |
| | | | 應用這次學得的工作自信有助於我追求自我成長 | 3.78 | 0.79 |
| | | | 應用這次學得的溝通技巧有助於提升我的人際關係 | 3.78 | 0.79 |

**(6) 學生回饋：**

為確保評量全面性，除量化數據外，本研究亦收集學生回饋，以了解學習經驗的深度影響。

「以前覺得理論的課程很無聊，但透過 PBL 專案，我發現自己能夠實際應用知識，讓學習變得更有意義。」（學生 C，期末訪談）

「透過數位學習與自主學習規劃單，我學會如何調整自己的學習進度，這對我未來在職場的適應很有幫助。」（學生 D，學習反思報告）

「與來自不同背景的組員合作，讓我更理解團隊協作的重要性，這是我以前沒有意識到的技能。」（學生 E，學習歷程檔案）

## (五)教學省思

　　學生課餘多趕赴工作，上課則疲憊的補眠休息，課業並非生活上重要的事。為解決學生對於講授內容漫不經心、隨便應付的情形，本課程導入多元互動教學法，確實提升部分學生的參與度，但在實施的過程中也產生許多新的問題。運用即時回饋（IRS）系統輔助教學時，問答的題目字數、時限、解答和反饋都需在課前反覆確認，並依學生特性做事到的調整。例如外籍學生作答的時限應由預設 30 秒延長至 45 秒以上。另外，進修部的中高齡學生在實施互動教學前必須給予更詳細的說明與示範，並提供操作上的協助，以降低對於使用科技設備的抗拒。

　　本課程透過個人簡報與同儕互評來提升學生口語表達和批判思考能力。經由期末反思報告，學生回顧從資料蒐集、簡報製作、口頭報告到小組合作的學習歷程，多數學生均表達從資料蒐集的過程中增進了個人專業知識與資料檢索能力，簡報製作的過程中增進了軟體使用技能，而上台報告讓他們體驗當眾發表自的緊張與恐懼。

　　多數學生在蒐集資料時最大困難是『不知道如何找資料』或『找不到資料』。相對於本國學生，僑生產攜專班的外籍學生感覺中文簡報製作的壓力更勝於口頭報告。因為蒐集資料時，除語文障礙還要面對文化差異的問題，而製作簡報時，中文輸入和詞語表達都是頭痛的問題。本國學生則對於在眾人面前發表感到不知所措以致於不知所云。時間控制則是所有學生都感到最困難的部份，完成後帶給個人的成就感也最大。期末報告以「隨機」分組方式進行，學生在合作學習的表現出乎意料的好，多數學生都積極投入討論並於期限完成小組報告，雖然內

容與品質仍有改進空間，但已屬難能可貴。

　　為瞭解學習成效，筆者以 Google 表單進行線上測驗。第二周（112/03/02）上課時進行前測，在第 18 週（112/06/15）進行後測，題目為華立圖書出版之食物製備（作者：施明智）補充題庫的題項。結果，後測平均成績雖較前測進步（前測平均 34.52；後測平均 42.13），但仍未達及格標準。個人檢討後認為這與測驗以選擇題的形式進行，並於施行前明確告知學生：<u>測驗結果不列入學期成績計算</u>，以致部份學生草草作答，甚至從頭到尾填寫同一答案。這個經驗也促使筆者將「有效的評量策略」列入未來的研究。

# 六、教學成果之創新性及擴散性

## (一)創新性（Innovativeness）

　　本課程之教學設計與實施方式，兼顧學生多元背景與餐旅業職場需求，展現以下創新特色：

### 1. 「自我調整學習」導向的課程設計

　　相較於傳統技職教育多依賴教師主導的操作訓練，本課程強調「自我調整學習（Self-Regulated Learning, SRL）」的概念，透過**自主學習規劃單、反思單與行動研究法**，引導學生發展學習目標設定、策略選擇與學習監控能力，培養終身學習素養。

### 2. 融合數位科技與實務導向的混成教學（Blended Learning）

本課程透過 **Moodle、Quizizz 等數位工具**，搭配傳統講授與案例分析，提供學生即時回饋與互動學習機會。此外，線上資源如 **操作示範影片與數位教材**，有效解決學生因工讀而無法全勤參與的學習困境，使學習時間與地點更加彈性，提升學習效果。

## 3. 專題式學習（PBL）與跨文化合作學習的結合

本課程導入**專題式學習（Project-Based Learning, PBL）**，讓學生在小組合作情境中，應用自主學習策略解決真實問題，如食材處理與衛生安全。透過**同儕教學**，學生在分組中互相擔任講解者與學習者，不僅深化對餐旅專業知識的理解，亦促進來自不同文化背景學生的語言與職場適應力。

## 4. 多元評量機制，強化學習歷程與能力認證

除傳統筆試外，課程評量納入 **口頭報告、同儕互評、影片測驗** 等多元方式，使學習成果能透過不同形式展現。此外，學生的學習歷程透過「自主學習規劃單與反思單」進行紀錄，未來可結合**學習歷程檔案（e-Portfolio）**，作為個人職場能力發展的重要依據。

## (二)擴散性（Scalability & Transferability）

本課程設計不僅適用於本校餐旅相關課程，亦可作為其他技職院校與餐旅企業培訓計畫之參考，其擴散潛力如下：

## 1. 適用於不同層級的餐旅教育與職場訓練

本課程模式可適用於 **技專院校、餐旅高中**，甚至企業內部員工培訓，特別是餐飲連鎖企業的人才發展計畫（如內部升遷培訓、見習管理制度）。透過自主學習策略與 **PBL** 的實踐，提升員工的問題解決能力與團隊協作能力，強化職場即戰力。

## 2. 數位學習資源的開放性與可擴展性

本課程所建置的數位學習資源（如 **Moodle 課程內容、Quizizz 測驗、示範影片**），可進一步發展為 **開放式線上課程（MOOCs）** 或 **微學分課程**，供更多技職院校與在職學習者使用。透過開放教育資源（OER）概念，與業界合作開發更具適應性的線上學習模組，推動餐旅教育數位轉型。

## 3. 可與產學合作專案結合，擴大影響力

課程設計可進一步與餐旅企業合作，透過**業界導師制（Industry Mentorship）**，讓企業主管參與專題式學習（PBL），提供學生更貼近實務的學習經驗。未來可推動**「企業內訓課程標準化」**，讓課程模式應用於技職學校與企業內部培訓，縮短學校教育與職場需求的落差。

## 4. 作為跨國技職教育合作的示範案例

由於本課程考量到海外華僑生的學習挑戰（如工讀與學習時間分配問題），因此亦具備跨國適用性。可與海外技職院校或企業建立合作機制，推廣 **「自我調整學習 × 數位學習 × PBL」** 的課程模式，提升華語系與國際學生的學習效能與職場競爭力。

本課程透過自我調整學習、數位工具輔助、專題式學習與多元評量等創新策略，成功提升學生的學習動機與職場適應力。其模式具高度可擴散性，不僅適用於技專院校，亦能與餐旅產業培訓計畫接軌，甚至成為跨國技職教育合作的參考標準，對未來餐旅人才培育具有深遠影響力。

# 七、參考文獻

Alafgani, M., & Purwandari, E. (2019). Self-efficacy, academic motivation, self-regulated learning and academic achievement. , 5, 104-111.

Anderson, J. C., & Gerbing, D. W. (1988). Structural equation modeling in practice: A review and recommended two-step approach. Psychological bulletin, 103(3), 411.

Azizah, Z., Ohyama, T., Zhao, X., Ohkawa, Y., & Mitsuishi, T. (2024). Predicting at-risk students in the early stage of a blended learning course via machine learning using limited data. Computers and Education: Artificial Intelligence, 7, 100261.

Bai, C. A Study On The Correlation Between English Learning Self-Efficacy And Learning Engagement Of Senior High School Students. Sholom-Aleichem Primorsky State University Conference: October 17–18, 2023 Organizers: Sholom-Aleichem Primorsky State University.

Baker, S. R. (2004). Intrinsic, extrinsic, and amotivational orientations: Their role in university adjustment, stress, well-being, and subsequent academic performance. Current Psychology, 23(3), 189-202.

Bandura, A. (1986). Social Foundations of Thought and Action: A Social Cognitive Theory. Prentice-Hall.

Bandura, A. (1997). Self-Efficacy: The Exercise of Control. W. H.

Freeman.

Barclay, D., Higgins C., & Thompson, R. (1995). The partial least squares (PLS) approach to causal modeling: personal computer adoption and use as an illustration, Technology Studies, 2(2), 285-324.

Bećirović, S., Ahmetović, E., & Skopljak, A.(2022). An Examination of Students Online Learning Satisfaction, Interaction, Self-efficacy and Self-regulated Learning. European Journal of Contemporary Education, 11(1), 16-35."

Becker, J.M., Klein, K., & Wetzels, M. (2012). Hierarchical latent variable models in PLS-SEM: guidelines for using reflective-formative type models. Long Range Planning, 45(5-6), 359-394.

Beltran-Zhizhko, G. A., Garcia-Arambula, C. G., Zhizhko, E. A., & Guerrero-Rodríguez, R. (2024). Review of learning theories applied to physics subject at university level. 30-40. CIERMMI Women in Science, 30.

Bernacki, M. L., Nokes-Malach, T. J., & Aleven, V. (2015). Examining self-efficacy during learning: Variability and relations to behavior, performance, and learning. Metacognition and Learning, 10(1), 99-117.

Bintang, S. C., & Sutomo, M. (2024). Analisis Kebutuhan Untuk Mengembangkan Media Pembelajaran Powerpoint Interaktif Berbasis Aplikasi Android Dalam Pembelajaran IPAS di Sekolah Dasar. Attadib: Journal of Elementary Education, 8(3).

Blackmore, C., Vitali, J., Ainscough, L., Langfield, T., & Colthorpe, K. (2021). A Review of Self-Regulated Learning and Self-Efficacy: The Key to Tertiary Transition in Science, Technology, Engineering and Mathematics (STEM). International Journal of Higher Education, 10(3), 169-177.

Boekaerts, M. (1997). Self-regulated learning: A new concept embraced by researchers, policy makers, educators, teachers, and students.

Learning and instruction, 7(2), 161-186.

Boekaerts, M., & Corno, L. (2005). Self-Regulation in the Classroom: A Perspective on Assessment and Intervention. Applied Psychology, 54(2), 199-231.

Broadbent, J. (2017). Comparing online and blended learner's self-regulated learning strategies and academic performance. The Internet and Higher Education, 33, 24-32.

Broadbent, J., & Poon, W. L. (2015). Self-regulated learning strategies & academic achievement in online higher education learning environments: A systematic review. The internet and higher education, 27, 1-13.

Campanilla, N. S., Francisco, L. P., & Arirao, J. P. B. Mathematics as a Field and Language of Science: An Exploration Through Different Learning Theories.

Castle, K. S. (1997). Constructing knowledge of constructivism. Journal of Early Childhood Teacher Education, 18.

Catalán Gallach, I., Viveros Contreras, R., Catalán Catalán, J. P., & Gallach Vela, M. J. (2020, April). Interactive Classroom Methods for Science classes. In 6th International Conference on Higher Education Advances (HEAd'20) (No. 30-05-2020, pp. 183-191). Editorial Universitat Politècnica de València.

Cerezo, R., Fernández, E., Amieiro, N., Valle, A., Rosário, P., & Núñez, J. C. (2019). Mediating role of self-efficacy and usefulness between self-regulated learning strategy knowledge and its use. Revista de Psicodidáctica (English ed.), 24(1), 1-8.

Chen, Z., & Sukying, A. (2024). The relationship between intrinsic motivation, self-efficacy, self-regulated learning, and English learning achievement in Chinese high school students. Journal of English Language and Linguistics, 5(3), 261-276.

Cheng, S. (2020). Roles of Self-Efficacy and Learning Motivation in Learning. . https://doi.org/10.23977/eeim2020028.

Chouhan, R. (2022, March). Enhanced engagement through instructor-created interactive video assignments in a flipped electrical engineering classroom. In 2022 IEEE Global Engineering Education Conference (EDUCON) (pp. 1095-1103). IEEE.

Cleary, T. J., & Zimmerman, B. J. (2004). Self-regulation empowerment program: A school-based program to enhance self-regulated and self-motivated cycles of student learning. Psychology in the Schools, 41(5), 537-550.

Cleary, T. J., & Zimmerman, B. J. (2006). Teachers' perceived usefulness of strategy microanalytic assessment information. Psychology in the Schools, 43(2), 149-155.

Cohen J. (1988). Statistical power analysis for the behavioral sciences, Erlbaum, Hillsdale, NJ.

Colecchia, F., Giunchi, D., Qin, R., Ceccaldi, E., & Wang, F. Machine Learning and Immersive Technologies for User-Centered Digital Healthcare Innovation. Frontiers in Big Data, 8, 1567941.

Costa Filho, J. D. O., Murgo, C. S., & Franco, A. F. (2022). Self-Efficacy in Medical Education: A Systematic Review of Literature. Educação em Revista, 38, e35900.

Cummins, S., Beresford, A. R., & Rice, A. (2015). Investigating engagement with in-video quiz questions in a programming course. IEEE Transactions on Learning Technologies, 9(1), 57-66.

Deci, E. L., & Ryan, R. M. (1985). Intrinsic motivation and self-determination in human behavior. Springer.

Deci, E. L., & Ryan, R. M. (2000). The "what" and "why" of goal pursuits: Human needs and the self-determination of behavior. Psychological Inquiry, 11(4), 227–268

DeVellis, R. F. (1991). Scale development: Theory and applications. Sage.

Dörrenbächer, L., & Perels, F. (2015). Volition completes the puzzle:

Development and evaluation of an integrative trait model of self-regulated learning. Frontline Learning Research, 3(4), 14-36.

Double, K. S., McGrane, J. A., & Hopfenbeck, T. N. (2020). The impact of peer assessment on academic performance: A meta-analysis of control group studies. Educational Psychology Review, 32, 481-509.

Dweck, C. S. (2006). Mindset: The New Psychology of Success. Random House.

Eisenberg, D. M., Pacheco, L. S., McClure, A. C., McWhorter, J. W., Janisch, K., & Massa, J. (2023). Perspective: teaching kitchens: conceptual origins, applications and potential for impact within food is medicine research. Nutrients, 15(13), 2859.

Erhan, G. (2016). An overview of self-regulated learning models. Educational Research Review, 3(1), 124-131.

Faisal, E. (2019). Does Self-Efficacy Enhance Self-Regulated Learning or the Other Way Around?. Proceedings of The International Conference on Advanced Research in Social Sciences. https://doi.org/10.33422/icarss.2019.03.88.

Faisal, E. (2019). Does Self-Efficacy Enhance Self-Regulated Learning or the Other Way Around?. Proceedings of The International Conference on Advanced Research in Social Sciences.

Faisal, E. (2019). Investigating relationships between self-regulated learning, self-efficacy, and motivation: A structural equation modeling approach. Proceedings of The International Conference on Advanced Research in Education. https://doi.org/10.33422/educationconf.2019.03.110.

Faisal, E. (2019). Investigating relationships between self-regulated learning, self-efficacy, and motivation: A structural equation modeling approach. Proceedings of The International Conference on Advanced Research in Education.

Fitriastuti, N., Mustami'ah, D., & Arya, L. (2021). Self-Efficacy, Goal

Orientation Dan Self Regulated Learning Pada Mahasiswa. Jurnal Psikologi Poseidon, 47-61.

Fornell, C., & Larcker, D. F. (1981). Evaluating structural equation models with unobservable variables and measurement error. Journal of Marketing Research, 18(1), 39-50.

Galanakis, C. M. (Ed.). (2021). Innovation strategies in the food industry: Tools for implementation. Academic Press.

Ghasemy, M., Teeroovengadum, V., Becker, J.-M., & Ringle, C. M. (2020). This fast car can move faster: a review of PLS-SEM application in higher education research. Higher Education, 80, 1121-1152.

Goodman, S., Jaffer, T., Keresztesi, M., et al. (2011). An investigation of the relationship between students' motivation and academic performance as mediated by effort. South African Journal of Psychology, 41(2), 373-385.

Guo, L. (2024). Research on the Design of Blended Teaching of "Food Physical and Chemical Inspection" Course. Journal of Higher Education Research 5(2):82

Hadwin, A. F., Järvelä, S., & Miller, M. (2018). Self-Regulation, Co-Regulation, and Socially Shared Regulation: Exploring Perspectives of Social in Self-Regulated Learning Theory. Teachers College Record, 120(2), 1-20.

Hair, J. F., Black, W. C., Babin, B. J., & Anderson, R. E. (2010). Multivariate data analysis: A global perspective (7th ed.). Upper Saddle River, NJ: Prentice Hall.

Hair, J. F., Ringle, C. M., & Sarstedt, M. 2011. PLS-SEM: Indeed a silver bullet. Journal of Marketing theory and Practice, 19(2), 139-152.

Hair, J. F., Risher, J. J., Sarstedt, M., & Ringle, C. M. (2019). When to use and how to report the results of PLS-SEM. European Business Review, 31(1), 2-24.

Hair, J.F., Hult, G.T., Ringle, C., & Sarsedt, M. (2014). A Primer on Partial Least Squares Structural Equation Modeling (PLS-SEM). Washington, DC: Sage Publications.

Han, J., Geng, X., & Wang, Q. (2021). Sustainable development of university EFL learners' engagement, satisfaction, and self-efficacy in online learning environments: Chinese experiences. Sustainability, 13(21), 11655.

Howard-Rose, D., & Winne, P. (1993). Measuring component and sets of cognitive processes in self-regulated learning. Journal of Educational Psychology, 85(4), 591-604.

Jayanti, N. D., & Wulandari, R. (2024). Motivation and self-efficacy are pivotal in driving science learning outcomes. Indonesian Journal of Education Methods Development, 19(2), 10-21070.

Jones, G., Robine, A., & Rathman, L. (2020). A Culinary Nutrition Course to Improve College Students' Food Preparation Ability. Journal of Culinary Science & Technology, 18, 428-437.

Jossberger, H., Brand-Gruwel, S., Boshuizen, H., & Van de Wiel, M. (2010). The challenge of self-directed and self-regulated learning in vocational education: A theoretical analysis and synthesis of requirements. Journal of vocational education and training, 62(4), 415-440.

Lim, S. L., & Yeo, K. J. (2021). A systematic review of the relationship between motivational constructs and self-regulated learning. Int. J. Eval. Res. Educ. ISSN, 2252, 8822.

Liu, W. C., Wang, C. K. J., Kee, Y. H., & Koh, C. (2014). College students' motivation and learning strategies profiles and academic achievement: A self-determination theory approach. Educational Psychology, 34(3), 338-355.

Liu, X., Gu, C., Yin, G., & Shen, H. (2016). The design and evaluation of the experiential teaching of food processing and cooking in the practice course of nutrition. Chinese Journal of Medical Education

Research, 15, 1158-1161.

Matthews, G., Dagnall, N., & López Sánchez, G. F. (2024). Reviews in personality and social psychology. Frontiers in Psychology, 15, 1449330.

Miketinas, D., Cater, M., Bailey, A., Rhea, K., & Tuuri, G. (2017). Evaluation of High School Students' Intrinsic Motivation and Perceived Competence to Cook Using the Adolescent Motivation to Cook Questionnaire. The FASEB Journal, 31, 432-8.

Miketinas, D., Cater, M., Craft, B., Roy, H., Bailey, A., & Tuuri, G. (2016). Comparing the Effectiveness of Two Nutrition Intervention Programs on Adolescents' Intrinsic Motivation and Perceived Competence to Cook Using the Adolescent Motivation to Cook Questionnaire. The FASEB Journal, 30, 896-2.

Mills, J. S., & Blankstein, K. R. (2000). Perfectionism, intrinsic vs extrinsic motivation, and motivated strategies for learning: A multidimensional analysis of university students. Personality and Individual Differences, 29(6), 1191-1204.

Nourihamid Altome, A., Hassani, M., & Talebi, M. (2024). Educational effectiveness of cognitive and metacognitive strategies on educational self-destructive behaviors and negative self-evaluation thinking in Arabic lessons. Management and Educational Perspective, 6(2), 259-278.

Onwubiko, E. C. (2024). Effect of Inclusiveness and Contemporary Teaching and Learning Environments on Students with Learning Disability.

Outerbridge, S., Taub, M., Nader, M., Pal, S., Zaurin, R., & Cho, H. J. (2024, June). Investigating Motivation and Self-Regulated Learning for Students in a Fundamental Engineering Course. In 2024 ASEE Annual Conference & Exposition.

Pajares, F. (2006). Self-Efficacy Beliefs in Academic Contexts: An Outline.

Pajares, F. (2006). Self-efficacy during childhood and adolescence. Self-efficacy beliefs of adolescents, 5(1), 339-367.

Panadero, E. (2017). A Review of Self-regulated Learning: Six Models and Four Directions for Research. Frontiers in Psychology, 8, 422.

Piaget, J. (1972). The Principles of Genetic Epistemology. Routledge.

Pintrich, P. R. (2000). The role of goal orientation in self-regulated learning. In M. Boekaerts, P. R. Pintrich, & M. Zeidner (Eds.), Handbook of selfregulation (pp. 451–502). The University of Michigan, Ann Arbor, Michigan, Academic Press. doi:10.1016/B978-012109890-2/50043-3

Pintrich, P. R., & Schunk, D. H. (2002). Motivation in education: Theory, research, and applications (2nd ed.). Upper Saddle River, NJ: Merrill Prentice Hall.

Puustinen, M., & Pulkkinen, L. (2001). Models of self-regulated learning: A review. Scandinavian Journal of Educational Research, 45(3), 269-286.

Rathman, M. S., & Schools, G. I. P. (2020). P10 Blended learning: use of instructional videos in an undergraduate food preparation lab. Journal of Nutrition Education and Behavior, 52(7S).

Ryan, R. M., & Deci, E. L. (2000). Self-determination theory and the facilitation of intrinsic motivation, social development, and well-being. American Psychologist, 55(1), 68-78.

Ryan, R. M., & Deci, E. L. (2020). Intrinsic and extrinsic motivation from a self-determination theory perspective: Definitions, theory, practices, and future directions. Contemporary Educational Psychology, 61, 101860.

Sansone, C., & Harackiewicz, J. M. (2000). Intrinsic and extrinsic motivation: The search for optimal motivation and performance. Academic Press.

Santarossa, S., Ciccone, J., & Woodruff, S. (2015). An evaluation of the

Kinect-Ed presentation, a motivating nutrition and cooking intervention for young adolescents in grades 6-8. Applied Physiology, Nutrition, and Metabolism, 40(9), 945-950.

Sarstedt, M., Hair Jr, J. F., Cheah, J. H., Becker, J. M., & Ringle, C. M. (2019). How to specify, estimate, and validate higher-order constructs in PLS-SEM. Australas. Mark. J., 27(3), 197-212.

Schunk, D. H. (1995). Self-efficacy, motivation, and performance. Journal of Applied Sport Psychology, 7(2), 112-137.

Schunk, D. H. (2012). Learning theories: An educational perspective (6th ed.). Boston, MA: Pearson.

Schunk, D. H., & DiBenedetto, M. K. (2020). Motivation and social cognitive theory. Contemporary educational psychology, 60, 101832..

Schunk, D. H., & DiBenedetto, M. K. (2020). Motivation and Social-Emotional Learning: Theory, Research, and Practice. Springer.

Schunk, D. H., Pintrich, P. R., & Meece, J. L. (2008). Motivation in Education: Theory, Research, and Applications. Pearson.

Schunk, D. H., Pintrich, P. R., & Meece, J. L. (2014). Motivation in Education: Theory, Research, and Applications (4th ed.). Pearson.

Serhan, H., & Yannou-Lebris, G. (2021). The engineering of food with sustainable development goals: policies, curriculums, business models, and practices. International Journal of Sustainable Engineering, 14(1), 12-25.

Sharma, P. N., Shmueli, G., Sarstedt, M., Danks, N., & Ray, S. (2021). Prediction-oriented model selection in partial least squares path modeling. Decision Sciences, 52(3), 567-607.

Supe, A., Dandekar, S., Rege, N., & Mahdi, F. (2024). Self-Directed Learning. In Global Medical Education in Normal and Challenging Times (pp. 69-80). Cham: Springer Nature Switzerland.

Tenenhaus M, Vinzi VE, Chatelin Y-M, Lauro C. PLS path modeling.

Comput Stat Data Anal. 2005;48(1):159–205.

Vygotsky, L. S. (1978). Mind in society: The development of higher psychological processes. Harvard University Press.

Wang, C. J. (2023). Learning and academic self-efficacy in self-regulated learning: validation study with the BOPPPS model and IRS methods. The Asia-Pacific Education Researcher, 32(1), 37-51.

Wang, S., Pan, Z., & Wang, Y. (2024). A mixed-methods investigation into complex components of multilingual international students' self-regulated learning in English as a foreign language context: A social cognitive perspective. Learning and Motivation, 88, 102055.

Williams, L.J. & Hazer, J.T. (1986). Antecedents and consequence of satisfaction and commitment in turnover models:A reanalysis using latent variable structural equation models.Journal of Applied Psychology, 71,219-231.

Winne, P. H., & Hadwin, A. F. (2008). The Weave of Motivation and Self-Regulated Learning. In D. H. Schunk & B. J. Zimmerman (Eds.), Motivation and Self-Regulated Learning: Theory, Research, and Applications (pp. 297-314). Routledge.

Winne, P. H., & Hadwin, A. F. (2010). Self-regulated learning and socio-cognitive theory. International encyclopedia of education, 503-508.

Wu, H., Li, S., Zheng, J., & Guo, J. (2020). Medical students' motivation and academic performance: The mediating roles of self-efficacy and learning engagement. Medical Education Online, 25(1), 174-2964.

Yan, Z. (2020). Self-assessment in the process of self-regulated learning and its relationship with academic achievement. Assessment & Evaluation in Higher Education, 45, 224 - 238.

Yin, S., Chen, F., & Chang, H. (2022). Assessment as Learning: How Does Peer Assessment Function in Students' Learning?. Frontiers in Psychology, 13, 912568.

Zimmerman, B. (1990). Self-Regulated Learning and Academic Achievement: An Overview. Educational Psychologist, 25, 3-17.

Zimmerman, B. (2000). Self-Efficacy: An Essential Motive to Learn.. Contemporary educational psychology, 25 1, 82-91 .

Zimmerman, B. J. (1989). A Social Cognitive View of Self-Regulated Learning. Journal of Educational Psychology, 81(3), 329-339.

Zimmerman, B. J. (2000). Attaining Self-Regulation: A Social Cognitive Perspective. In M. Boekaerts, P. R. Pintrich, & M. Zeidner (Eds.), Handbook of Self-Regulation (pp. 13-39). Academic Press.

Zimmerman, B. J. (2002). Becoming a Self-Regulated Learner: An Overview. Theory into Practice, 41(2), 64-70.

Zimmerman, B. J., & Schunk, D. H. (2011). Self-regulated learning and performance: An introduction and an overview. Handbook of self-regulation of learning and performance, 15-26.

林正木、曾琤萌、劉興榮. (2017). "農民學院學員課程滿意度,自我增能及工作應用之相關研究-以花蓮區訓練中心為例." 花蓮區農業改良場研究彙報(35): 89-101+ 103.

程炳林 and 林清山 (2001). "中學生自我調整學習量表之建構及其信效度研究." 測驗年刊 48(1): 1-41.

黃晴湄 (2022). 自我調整學習策略介入對綜合型高中學生自主學習成效之影響. 工業教育學系. 臺北市, 國立臺灣師範大學. 碩士: 167.

蘇芳儀、邱兆民、楊文淵 (2022). "應用刺激－有機體－反應理論與心流理論以探討 Instagram 限時動態使用者黏著度之影響因素." 資訊管理學報 29(4): 397-432.

# 八、附件

## 【附件一】教學大綱

| 課程名稱 | （中文）食物製備原理<br>（英文）Principles of Food Preparation | | 課程類別 | 專業必修 | 學分/時數 | 2 / 2 |
|---|---|---|---|---|---|---|
| 上課班級 | | | 開課單位 | 餐旅管理系 | | |
| 授課教師 | | 教科書 | 自訂教材：參考國內外相關專業書籍編撰教學內容 | | | |
| 參考書 | 1 食物學原理與實驗　陳肅霖、徐近平等合著／2015.07出版／華格那企業有限公司<br>2 食物製備原理與烹調科學（四版）徐阿裡、賴奕瑄、蘇烈頎、許淑真、曾鑫順、張惠琴、王正方等/2021.05.30出版／華格那企業有限公司<br>3 食物製備：餐飲工作者必備的基本常識（四版）施明智編著2021.08.01/華立圖書<br>4 食物製備學：理論與實務（第四版）李錦楓、林志芳、楊萃渟合著／2018.09.01出版/揚智<br>5 食物學原理與實驗　謝明哲、劉芳珍、郭鈺安、施純光/2016.09.01 出版/臺北醫學院保健營養學系 | | | 參考網站 | 1 食力 foodNEXT<br>https://www.foodnext.net/<br>2 台灣地區食品營養成分資料庫<br>https://reurl.cc/jvG5lL | |

| 週次 | 授課要項 | 教學目標 |
|---|---|---|
| 1 | 1.說明上課相關規範。<br>2.前測、學生特性分析量表 | 課程教學目標旨在確保學生在「食物製備原理」課程中獲得綜合性的知識和技能。<br>1 食物的分類：學生將學習包括六大類食物之主要成分及營養價值，以及均衡營養餐 |
| 2 | 澱粉的結構與加熱變化 | |
| 3 | 澱粉分類、常用的澱粉簡介 | |
| 4 | 米與小麥的種類、特性與製備 | |
| 5 | 雜糧種類、特性與製備 – 學生簡報 | |

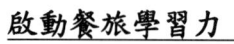

| | | |
|---|---|---|
| 6 | 豆類的結構、分類與製作簡介 | 點製備。 |
| 7 | 豆類與穀類之差異 | 2 基礎食材知識：學生將學習各種食材的特性、保存方法以及其在烹調製備時，所發生的物理、化學變化。 |
| 8 | 豆製品（豆類加工品）–學生簡報 | |
| 9 | 期中考試 | |
| 10 | 蛋的結構、儲存 | 3 食品安全：學生將瞭解食品安全的原則，包括食材處理、貯存、烹飪和食品保存的基本規則，以確保食物的安全性。 |
| 11 | 蛋的分級與品質鑑定 | |
| 12 | 蛋的食用安全性 | |
| 13 | 蛋的製備（7種）、加工–學生簡報 | |
| 14 | 牛乳的加熱性 | 4 口頭表達能力：學生將提高他們的口頭表達能力，尤其是在烹飪過程中解釋步驟和技巧。 |
| 15 | 牛乳的起泡性 | |
| 16 | 牛乳的食用安全性 | |
| 17 | 牛乳的組成及其製品（10種）–學生簡報 | |
| 18 | 期末分組書面報告、後測 | 5 團隊合作：學生將學習如何在期末專題小組中有效地合作，協調工作和分配任務。 |
| | | 6 自主學習：學生將被鼓勵在課堂外透過網路教學平臺的線上教材、測試題庫進一步深化學習。 |

| SDGs指標 |||
|---|---|---|
| 氣候行動,消除飢餓,海洋生態,健康與福祉,陸地生態, |||
| 教學型態 | 課堂教學+小組討論　授課語言 | 授課語言1:國語 / 授課語言2:英語 |
| 補救教學 | moodle數位學習網站，食物製備原理課程line群組<br>和平樓一樓辦公室（上午8:30~下午17:00非上課時間，請先以line連絡） ||
| 輔導證照 | 無 ||
| 評量方式 | 1.期中：15%（筆試）、2.期末：15%（報告）、3.平時：70%（簡報、測驗、作業30%＋出席40%）、4.特別加減分：(1)上課回答問題 (2)認真聽講 (3)填寫評量表 ||

## 【附件二】各週之教學進度及學習目標（範例）

| 週次 | 教學內容 | 配合教材或教具 | 學習目標 |
|---|---|---|---|
| 1 | 1.說明上課相關規範<br>2.前測、學生特性分析量表 | 前測評估（學習動機、自我效能、自主學習能力） | 確保學生理解課程運作方式和學習需求。<br>為課程順利進行提供一個清晰的指導框架。 |
| 2 | 澱粉的結構與加熱變化 |  | 學生能夠解釋澱粉是由多醣體組成<br>學生理解澱粉包含直鏈與支鏈澱粉組成。<br>學生能夠描述澱粉在加熱過程中的變化，包括凝膠化、膨脹和糊化等過程。 |
| 3 | 澱粉分類、常用的澱粉簡介 | 學習單、Quizizz互動測驗 | 學生能夠理解澱粉是一種多醣體，由葡萄糖分子組成。<br>學生能夠識別常見的澱粉來源，如小麥、馬鈴薯、玉米和大米等。 |
| 省略 ||||
| 9 | 期中考試 | 數位平台期中測驗 | 學生應該能夠理解課程中涵蓋的核心概念、理論和基本知識。 |
| 10 | 蛋的結構、儲存 | 數位平台影片測驗 | 學生能夠描述蛋的基本結構，包括蛋殼、蛋白、蛋黃和蛋膜等部分。<br>學生能夠了解蛋的營養價值。<br>學生能夠了解如何儲存蛋以確保其安全性和新鮮度。 |
| 11 | 蛋的分級與品質鑑定 | 學習單、Quizizz互動測驗 | 學生能夠了解蛋的分級系統，包括根據外殼的品質和內部特徵對蛋進行分類的方法。<br>學生能夠了解如何評估蛋白和 |

| 週次 | 教學內容 | 配合教材或教具 | 學習目標 |
|---|---|---|---|
|  |  |  | 蛋黃的品質,包括色澤、透明度、粘性和味道。 |
| 12 | 蛋的食用安全性 | 數位平台影片測驗 | 學生能夠了解如何適當地儲存蛋以保持其品質。<br>學生能夠了解影響蛋品質的因素。 |
| 13 | 蛋的製備、加工－學生簡報 | 同儕互評表單 | 學生蒐集、組織資料,製作10分鐘簡報。<br>學生清楚表達主題資料<br>學生學習同儕互評的評量方式<br>學生能夠識別各種蛋類製品及其特性 |
| 14 | 牛乳的加熱性 | Quizizz 互動測驗 | 學生能夠列出牛乳的主要成分,包括水分、乳脂肪、蛋白質、乳糖和礦物質等。<br>學生能夠了解當牛乳受熱時會發生的變化。牛學生能夠了解牛乳的加熱過程對其營養價值的影響。 |
| 省略 ||||
| 17 | 牛乳的組成及其製品－學生簡報 | 同儕互評表單 | 學生蒐集、組織資料,製作10分鐘簡報。<br>學生清楚表達主題資料<br>學生學習同儕互評的評量方式<br>學生能夠識別各種牛乳製品及其特性 |
| 18 | 期末分組書面報告、後測 | 同儕互評,評分規準,業師、教師及同學回饋。後測評估(學習動機、自我效能、學習成效、參與度與學習成效量表)及訪談 |  |

# 【附件三】自我調整學習能力量表

| 構面 | 題號 | 題項 |
|---|---|---|
| 認知 | 1. | 我知道食物製備原理每週設定的學習內容跟目標。 |
| | 2. | 我會隨時注意自己的學習進度。 |
| | 3. | 我會回想所學及相關經驗，幫助自己學習新知。 |
| | 4. | 我會主動蒐集資料並有效整理歸納。 |
| | 5. | 我知道有那些學習策略能幫助我進行食物製備原理學習 |
| 後設認知 | 6. | 當進度落後時，我會調整目前的學習策略。 |
| | 7. | 當食物製備原理學習成果不如預期時，我會嘗試找出問題設法解決 |
| | 8. | 我會留意自己的學習狀態及學習困難。 |
| | 9. | 依據不同的學習主題，我會採取不同的學習策略。 |
| | 10. | 我會留意我食物製備原理學習的時間管理，並適時調整。 |
| 動機 | 11. | 我覺得食物製備原理學習過程中所獲的知能，對我未來有幫助 |
| | 12. | 我在食物製備原理學習過程中得到樂趣。 |
| | 13. | 食物製備原理學習面臨困難時，我會冷靜且鼓勵自己。 |
| | 14. | 我覺得完成自己所訂定的目標很有成就感。 |
| | 15. | 我會留意自己信心或情緒的高低變化，及對我學習動力的影響 |
| 資源管理 | 16. | 當遇到困難時，我會主動尋求各種協助。 |
| | 17. | 食物製備原理學習時，我知道該如何運用相關資源。 |
| | 18. | 我會調整學習環境，以避免不相關因素干擾學習。 |
| | 19. | 我會檢討自己學習的執行力。 |
| | 20. | 我能克服環境中影響我學習進度的因素，如手機、同學聊天等 |

## 【附件四】自我覺知學習成效量表

| 構面 | | 題項 |
|---|---|---|
| 反應 | 教材編排 | 1.我對課程教材的內容感到很滿意 |
| | | 2.課程教材內容，能符合我目前的學習需要 |
| | | 3.課程教材內容，能合乎我的學習目標 |
| | | 4.課程教材內容生動，能帶領我在學習方面的興趣 |
| | | 5.對於課程教材編輯方式，我認為十分良好 |
| | 教學設備 | 6.教學設施能配合我學習的需要 |
| | | 7.課程教室的室內溫度控制讓我感到舒適 |
| | | 8.我對課程教室的照明亮度感到滿意 |
| | | 9.我對課程教室的清潔感到滿意 |
| | 訓練師資 | 10.老師口齒清晰，表達能力良好 |
| | | 11.老師能掌握學生的需要 |
| | | 12.老師與學生互動良好 |
| | | 13.老師的學識與經驗豐富 |
| | | 14.老師講課時能深入淺出、簡明易懂 |
| | 課程設計 | 15.我認為課程很有實用價值 |
| | | 16.我對課程很感興趣 |
| | | 17.課程內容符合我個人的需要 |
| | | 18.課程對我在處理日常生活上有幫助 |
| 學習 | 學習投入 | 19.課程所傳授的知識和技能，我能完全吸收 |
| | | 20.上課的期間，我很努力學習 |
| | | 21.我會利用課餘時間復習課程講義 |
| | | 22.在學習過程中，不清楚的地方我會請教老師或同學 |
| | 學習態度 | 23.課程對我具有啟發的作用 |
| | | 24.課程能激發我對學習的興趣，增加學習成效 |
| | | 25.課程能讓我學習態度更加認真 |
| 行為 | 知識應用程度 | 26.課程能讓我的專業知識與技能都能夠應用與發揮 |
| | | 27.我能將課程所學，應用在日常生活上 |
| | | 28.課程後，我對食物製備的原理能更熟悉 |
| | | 29.課程後，我能接受新的業務 |
| | | 30.食物製備的原理課程讓我學會用自己的方法解決問題 |

# 【附件五】自主學習規劃單

請完成下列各題以便老師知道你的初步現狀：

1. 本課程是什麼？

2. 本課程的用途為何？

3. 學了本課程可應用在哪些方面？

4. 我認為本課程將是怎樣的課程？

**5. 我會將本課程學期成績目標訂為：幾分？**

**6. 我將以 什麼具體作法達到上題成績目標？**

7. 在本校學習生涯中，最擅長的科目是什麼？

8. 在本校學習生涯中，最喜歡的科目是什麼？

9. 在本校學習生涯中，最感無力的科目是什麼？

10. 我期望未來這一年的學習生涯是什麼？

# 【附件六】自主學習反思單

1. 期中測驗，我實際獲得了幾分？＿＿＿＿＿＿分

2. 在這堂課的學習努力程度，我給自己打幾分？

| 0 | 10 | 20 | 30 | 40 | 50 | 60 | 70 | 80 | 90 | 100 |
|---|---|---|---|---|---|---|---|---|---|---|
|   |    |    |    |    |    |    |    |    |    |     |

3. 完成期中測驗後，你認為自己是否有學習好這門課呢？
   ☐ 有，我覺得自己學得很好。
   ☐ 一半一半，我覺得有些概念我還不是很懂。
   ☐ 沒有，我覺得我還沒有把這門課的知識學得很好。

4. 請回想當初設定的目標，你是否確實依照自己目標執行呢？
   ☐ 有，我當初很有把握；我現在確實完成。
   ☐ 一半一半，我還需要依據自己的程度調整目標。
   ☐ 沒有，目標跟我的表現差異很大。

5. 你實際採用哪些方法進行預習或複習呢？
   ☐ 我下課會用5-10分鐘時間進行學習。
   ☐ 我會再加多觀看老師提供的資料(影片)來學習。
   ☐ 我會上網蒐集跟本單元相關的資料(影片)進行學習。
   ☐ 我會完成作業，並詢問老師或者班上教厲害的同學。
   ☐ 我會完成作業，並詢問學校以外的專業人士。
   ☐ 其他，說明＿＿＿＿＿＿＿＿＿＿＿＿＿＿＿＿＿＿

6. 根據你自己的學習成果以及學習方法，你覺得有那些需要待改進的地方?(開放性問題)

# 【附件七】教師教學省思自評表

| 教學活動規劃概要 |||||
|---|---|---|---|---|
| 授課班級 | | 教學科目 | | |
| 教學單元 | | 使用教材 | | |
| 單元節數 | 共　　節 | 教學日期 | 　月　日 ~ 　月　日 ||

| 教師教學省思與學生評量回饋 ||
|---|---|
| (可結合教案、教材、學習單、考卷、教學照片……等方式呈現) ||
| 1.教學單元目標的達成 | ☐已達成　☐未達成，請說明： |
| 2.分段能力指標的達成 | ☐已達成　☐未達成，請說明： |
| 3.教學方法的設計 | 本單元教學方法：☐適當<br>☐需要修改，請說明： |
| 4.教學資源的運用 | 本單元運用的教學資源：☐適當<br>☐需要修正，請說明： |
| 5.多元評量的達成 | 本單元使用的學習評量方式：☐適當<br>☐需要修正，請說明： |
| 6.學生學習成效與反應 | ☐很有興趣，積極參與 ☐願意配合進行活動<br>☐反應平平，需要鼓勵 ☐興趣缺缺，請說明<br>☐其他，請說明： |
| 7.課程計畫實踐的程度 | ☐符合　☐部分符合，請說明： |
| 省思與回饋<br>條列式質性敘述 | |

(表格不敷使用請自行延伸)

# 啟動餐旅學習力
## ——STEAM-6E與自我調整學習策略的教學設計與實踐

作　　者／蘇家嫻
出　版　者／揚智文化事業股份有限公司
發　行　人／葉忠賢
總　編　輯／閻富萍
地　　址／新北市深坑區北深路三段258號8樓
電　　話／(02)8662-6826
傳　　真／(02)2664-7633
網　　址／http://www.ycrc.com.tw
　E-mail　／service@ycrc.com.tw
　ＩＳＢＮ　／978-986-298-444-4
初版一刷／2025年2月
定　　價／新台幣500元

＊本書如有缺頁、破損、裝訂錯誤，請寄回更換＊

國家圖書館出版品預行編目（CIP）資料

啟動餐旅學習力：STEAM-6E 與自我調整學習策略的教學設計與實踐/蘇家嫻著. -- 初版. -- 新北市：揚智文化事業股份有限公司, 2025.02
　　面；　公分

ISBN 978-986-298-444-4（平裝）

1.CST: 餐旅業　2.CST: 餐旅管理　3.CST: 教學設計　4.CST: 技職教育

528.8358　　　　　　　　　　　　114002216